EL PROTOCOLO

DRA. EMILIE STEINBACH
@TheBrainGutScientist

EL PROTOCOLO

Descubre los 10 hábitos más eficaces para perder grasa, retrasar el envejecimiento y potenciar tu cerebro

zenith

Nota: Este libro debe interpretarse como un volumen de referencia. La información que contiene está pensada para ayudarte a tomar decisiones adecuadas respecto a tu salud y bienestar. Ahora bien, si sospechas que tienes algún problema médico o de otra índole, la autora y la editorial te recomiendan que consultes a un profesional.

Los contenidos ofrecidos en el sitio web accesible a través del código QR que incluye este libro se ofrecen sin ningún tipo de garantía sobre su exactitud. Estos contenidos podrían estar incompletos o ser incorrectos, así como ser retirados o modificados en cualquier momento sin previo aviso por parte del titular del sitio web o por terceros.

Editorial Planeta no tiene el control sobre los contenidos accesibles a través del código QR ni sobre la naturaleza del sitio web y declina toda responsabilidad por los posibles errores o modificaciones que se pudieran producir en dichos contenidos.

Título original: *Votre Santé Optimisée: Le protocole quotidien qui va changer votre vie*

Zenith es un sello editorial de Editorial Planeta, S. A.
Avda. Diagonal, 662-664, 08034 Barcelona (España)
www.zenitheditorial.com
www.planetadelibros.com

Primera edición: enero de 2026
ISBN: 978-84-08-31370-0
Fotocomposición: Realización Planeta
Depósito legal: B. 22.544-2025
Impresión y encuadernación: Liberdúplex
Printed in Spain - Impreso en España

PEFC Certificado
Este libro procede de bosques gestionados de forma sostenible
PEFC
PEFC/14-38-00305
www.pefc.es

A Matthieu

SUMARIO

PRÓLOGO

Si has abierto este libro, probablemente deseas aprender a mejorar tu estilo de vida y tu alimentación con el objetivo de optimizar tu salud física, mental y cognitiva y sentirte bien en tu piel. Has llegado al lugar adecuado.

Los conocimientos científicos que voy a compartir contigo son cruciales y pueden aportar toda una serie de beneficios en cascada. Pueden cambiar literalmente tu vida, a cualquier edad e independientemente de tu estado de salud; no se trata solo de mejorar, sino también de estar bien el mayor tiempo posible y de prevenir la aparición de problemas de salud. Los nuevos hábitos que adoptarás hoy definirán tu bienestar mañana. Te permitirán mejorar tu estado de ánimo, recuperar un sueño reparador, potenciar la sensación de energía; te ayudarán a reforzar tus funciones intelectuales, desde tu memoria a tu capacidad de atención, y mucho más. Te ayudarán a controlar tu apetito y a recuperar y mantener un peso óptimo.

Los últimos estudios científicos sugieren que, al modificar así tu estilo de vida a los treinta y a los cuarenta años, podrás ganar hasta diez años de esperanza de vida con buena salud[1] (física y mental)[2] y, si empiezas a los veinte años, ¡el beneficio será aún mayor! Si optas por estas prácticas a los cincuenta, aprenderás a controlar mejor los cambios en la composición corporal e incluso los insomnios provocados por las variaciones hormonales relacionadas con la (peri)menopausia; a los setenta años, podrás mejorar tus capacidades cerebrales, incluso ante un declive cognitivo ya existente.[3] Estos nuevos hábitos de vida también podrían retrasar la pérdida de facultades intelectuales siete años y medio y reducir el riesgo de padecer la enfermedad de Alzheimer en un 53 %.[4]

Este libro te ofrece un verdadero protocolo de estilo de vida para una salud óptima.

No te propongo *una* solución milagrosa que arregle *la* causa de todos los problemas de salud. Aquí hablamos de un conjunto de prácticas, interconectadas, que movilizan el cuerpo en su conjunto. Porque, si se suele considerar al cerebro como el director de orquesta que regula nuestros comportamientos, descubrirás que no los conduce de manera aislada, sino que se comunica constantemente con los otros órganos, como con nuestro intestino y su microbioma* o con nuestro tejido adiposo (la grasa), y que cada célula, cada parcela de nuestro cuerpo, está en constante interacción. A la mayoría nos cuesta imaginar esta estrecha colaboración o las repercusiones que implica el fallo de uno de ellos y la perturbación de sus ejes de comunicación.

Y nuestro modo de vida, es decir, el conjunto de nuestros comportamientos cotidianos —la forma de alimentarnos, movernos, descansar, trabajar, reflexionar, divertirnos, entablar relaciones sociales y hasta de pensar y nuestras creencias— afecta profundamente a este equilibrio, con efectos dramáticos sobre nuestra salud. Esta es la causa de una verdadera pandemia de enfermedades de la civilización «occidental» que cada vez afectan a más personas.**[5] Entre ellas, hay algunas más o menos visibles, como las diferentes partes de un iceberg. La que se sitúa por encima del agua y de la que todos

* El microbioma intestinal designa al conjunto de microorganismos vivos del tubo digestivo. Participa en la digestión de los alimentos, nos protege contra agentes patógenos e influye poderosamente en nuestra salud.

** A nivel mundial, ocho de las diez principales causas de fallecimiento en 2020 se atribuyeron a enfermedades no transmisibles en países de ingresos medios y nueve de cada diez en los países con ingresos altos.

hablan y la que todos ven es la obesidad (y el resto de las enfermedades «cardiometabólicas», como la diabetes, la hipertensión, las enfermedades del hígado...), que, en 2030, afectará a uno de cada dos individuos,[6] lo que aumentará el riesgo de desarrollar múltiples dolencias. La parte un poco más sumergida es nuestro *gut feeling*, todos esos «problemas del vientre» (dolores crónicos, trastornos del tránsito intestinal, hinchazón...) que mucha gente padece y que empiezan a ser mejor comprendidos gracias a los grandes avances en las ciencias. En un nivel más profundo, el desatado incremento de los trastornos de salud mental (depresión, problemas de ansiedad...), que en gran medida siguen siendo un tabú, es para muchos una consecuencia de nuestro estilo de vida. Por último, bajo el agua, lo que muy pocos sospechamos, se encuentra el hecho de que nuestro estilo de vida influye en las facultades intelectuales* y en el riesgo de desarrollar enfermedades neurodegenerativas que nos arrebatan la autonomía y nuestros más bellos recuerdos, como el alzhéimer. Sin embargo, todos podemos actuar para reducir el riesgo de padecer estos trastornos de la salud. Gracias a la ciencia, tenemos más recursos de los que creemos para hacer frente a estas plagas. Tenemos el poder de optimizar nuestra salud.

De entrada, todo esto puede parecer complicado, sobre todo en un mundo en el que nos bombardean con consejos y soluciones supuestamente «mágicas». No te preocupes. En este libro te guiaré durante una jornada completa, en diez etapas, de forma muy sencilla y accesible. Descubrirás cómo mejorar la rutina del despertar para hacerlo con toda la energía y el buen humor; cómo optimizar la composición de tu primera comida del día para controlar tu apetito y tu peso y fomentar tu motivación; cómo estimular tu cerebro para reforzar su rendimiento y prevenir su declive; cómo entrenar tus músculos para que te sostengan hasta el último día. También te ayudaré a implementar rituales para aprender a gestionar tu estrés y facilitar el descanso nocturno, en particular eligiendo bien lo que

* A fin de simplificar los términos para el lector, utilizaré «capacidades intelectuales» en lugar de «capacidades cognitivas», que representan las aptitudes mentales que permiten pensar, comprender, aprender, memorizar, razonar y resolver problemas.

servimos en el plato, a fin de dormir como un lirón. Te indicaré todos los pequeños cambios inteligentes y fáciles de aplicar que transformarán tu vida. Poco a poco. Sin frustraciones, ¡porque a mí misma me gusta disfrutar por encima de todo! Abrir este libro supone el primer día de tu transformación.

Antes de ir más lejos, tengo que decirte que cambiar de hábitos no es fácil, no es solo una cuestión de voluntad. Te invito a cuidar de ti mismo con una inmensa benevolencia. Este proceso lleva tiempo y tendrás que modificar tus hábitos de forma muy progresiva para que puedan arraigar en buenas condiciones. ¡No hay que tener prisa, muy al contrario! Algunos necesitarán unas semanas; otros, muchos meses. Yo estaré a tu lado, como guía. Además, tu nuevo estilo de vida podría confundir a las personas de tu entorno y tendrás que considerarlas con la misma benevolencia y, tal vez, quién sabe..., ¡ayudarlas a su vez!

¿POR QUÉ ESTE LIBRO?

ESTE LIBRO ES EL FRUTO DE AÑOS DE INVESTIGACIONES Y DE MI HISTORIA PERSONAL

Soy doctora en biología integrativa, tengo dos másteres en neurociencias cognitivas y fundamentales y una especialización en neuronutrición. He investigado durante muchos años el microbioma intestinal, la obesidad, el sueño y la biología de nuestras mitocondrias.* He tenido experiencia directa con pacientes en el ámbito hospitalario, especialmente en endocrinología y neurología. Creo que la pasión me ha impulsado a llegar al final de mi itinerario académico y de mis proyectos, pero también he pretendido demostrar a los demás, y sobre todo a mí misma, mi valía personal.

Porque durante toda mi infancia me dijeron que no llegaría a ninguna parte. Recomendaron a mis padres que abandonara el bachillerato general** y me desaconsejaron emprender estudios universitarios. Los médicos me advirtieron de que tendría grandes

* Las mitocondrias son las centrales de energía de nuestras células y juegan un papel clave para la salud, el envejecimiento y las enfermedades crónicas, lo que las convierte en un objetivo fascinante y lleno de esperanza para los avances médicos.

** En Bélgica, es lo opuesto al bachillerato de enseñanza técnica.

dificultades para tener una vida estable, conservar un trabajo e incluso establecer relaciones felices. Y los creí. Creí sinceramente que jamás sería feliz ni lograría realizarme, como en el presente, y siempre arrastraré ese trauma: sentir que no valgo nada.

Soy lo que algunos llaman una «neuroatípica». Siendo muy joven me diagnosticaron una serie de trastornos: dislexia, discalculia y, sobre todo, trastorno de la atención con hiperactividad (TDAH) pronunciada. Para mí, todo era una pesadilla: me costaba mucho concentrarme, no tenía amigos, no practicaba ningún deporte de grupo debido a mis problemas de coordinación, no podía quedarme quieta y escribía lo que me apetecía y no lo que el profesor dictaba. Durante toda mi etapa escolar sufrí un proceso de estigmatización y aislamiento.

A los diez años, me trataron con metilfenidato, un poderoso psicoestimulante; fue mágico. Mi escritura se volvió redonda y legible de la noche a la mañana. Fui capaz de aprobar mis exámenes en las mismas condiciones que el resto de los alumnos y por fin logré progresar. Los episodios de acoso por parte de los otros niños llegaron a su fin e hice mis primeros amigos. Este medicamento, esta muleta, me ayudó a concluir mi itinerario escolar y a reforzar la confianza en mí misma, al menos durante un tiempo. Por desgracia, mi descanso nocturno y mi salud mental se fueron deteriorando progresivamente; empecé a desarrollar ideas oscuras y una fuerte ansiedad que me impedía dormir de noche y que me persiguió hasta la universidad. Cuando dejaba de tomar el medicamento, en vacaciones, se me desencadenaban terribles crisis de angustia, temblores y vómitos cíclicos, tan mal me sentía.* En dos ocasiones acabé en el hospital, donde me hicieron ingerir un me-

* Nunca se supo a qué se debían estas crisis. Sin embargo, mucho más tarde fui paciente de médicos que me explicaron que esto formaba parte del síndrome de abstinencia del medicamento, al que era «adicta» desde hacía unos años. Atención: no critico el metilfenidato, sin duda sin su ayuda no estaría donde estoy hoy, quizá ni siquiera habría logrado sobrevivir. Implica una lista de efectos secundarios graves, pero cada experiencia es única y cada decisión debe ser rigurosamente estudiada y contextualizada por un médico. Creo simplemente que en aquella época me habría gustado que me propusieran otras opciones, no una mera píldora para hacerme encajar en un molde, sin importar las consecuencias.

dicamento de color azul con sabor a anís, un ansiolítico que me sumergía en una nube desprovista de emociones.

Sobreviví como pude,* hasta que, a los dieciséis años, descubrí, de una forma casi instintiva, que mi salud mental, el funcionamiento de mi cerebro y, por lo tanto, mi TDAH, estaban muy influidos por... el contenido de mi plato. En efecto, de pronto y de forma inexplicable, me asaltó un intenso deseo de cambiar mi alimentación, empezando por evitar los desayunos a los que estaba acostumbrada, formados principalmente por tostadas de pan y mermelada o diversas cremas para untar, o bien cereales. Dejé de comer la carne o el pescado que me servían por la noche y pedí que me lo guardaran para la mañana. Mi «padre proveedor» —su apelativo oficial en nuestra familia de chicas— se puso a elaborar táperes etiquetados para su pequeña «marta cibelina voraz». A las siete de la mañana, yo devoraba, como ese pequeño animal carnívoro, el bistec del día anterior, un filete de pescado o una salchicha acompañada de verduras y un poco de legumbres, cereales integrales o pan proteico.** Mi cuerpo reclamaba los restos de espinacas y quinoa con un buen filete de salmón en salsa de pimientos rojos en lugar de las tostadas con miel; un trozo de pollo al limón o las gambas de una paella servida en la cena en lugar de un bol de muesli. Empecé a sentirme mejor. Tenía menos hambre; antes experimentaba muchas dificultades para concentrarme y no dormirme a lo largo por la mañana y ahora había encontrado una nueva energía que me motivaba durante todo el día y me obligaba a esforzarme; mi estado de ánimo y, por lo tanto, el descanso nocturno, mejoraron claramente y todo ello contribuyó a un círculo virtuoso; dominaba mejor mis capacidades intelectuales. Me sentía tan bien que decidí dejar de tomar mi medicamento definitivamente.

* En este punto, debo dar las gracias a mis padres y a mis hermanas: su amor incondicional, el apoyo que me ofrecieron en cada etapa y la preocupación constante para valorarme fueron muy valiosas y me permitieron seguir avanzando.

** Era un pan «paleo» de la panadería vecina, creado en un primer momento para mujeres que hacían «régimen», rico en fibra y proteínas.

En paralelo, empecé a practicar deporte de forma intensiva y aposté por los ejercicios de cardio y de refuerzo muscular, como CrossFit, correr, *spinning* y danza clásica, porque tenía un gran deseo de desahogarme, de saltar en todas direcciones. Cuanto más practicaba estas actividades, más orgullosa me sentía y la confianza en mí misma no paraba de crecer. Cada día me notaba llena de energía y mucho más tranquila. Si me angustiaba, salía a correr y a menudo eso me hacía sentir mejor.

Al mismo tiempo, se ocupó de mí un formidable equipo de neuropsicólogos que contribuyeron a cambiar radicalmente la percepción de mis capacidades y mejoraron la valoración que tenía de mí misma y me convirtieron, por fin, en un objeto de interés positivo. Unos años después, yo era una nueva Émilie, en un ambiente universitario completamente diferente del que había conocido, con profesores amables que se fijaban en mí y me proponían proyectos de prácticas interesantes y, más tarde, doctorados. Evidentemente, seguía siendo presa de terrores que regresaban, sobre todo en época de exámenes* y en cada nueva etapa de mi vida. Sin embargo, en líneas generales, al fin tenía la sensación de abandonar los sufrimientos psíquicos importantes y apaciguar mi angustia. ¡Un verdadero renacimiento!

Me apasionaban las ciencias, la única asignatura que siempre se me dio bien, y me animaba especialmente la voluntad de comprender cómo funcionaba el cuerpo y, sobre todo, el cerebro. Durante mi experiencia universitaria, cuando encadené las especializaciones en psicología, neuronutrición y neurociencias fundamentales y estudié el microbioma y en líneas generales el estilo de vida y su impacto en la salud, descubrí que lo que había sabido de manera intuitiva en la adolescencia tenía fundamentos científicos:** mi cerebro no era un

* Antes de mi primer examen en la universidad, con dieciocho años, tuve que dormir con mi madre y vomité de terror hasta el momento de verlo.

** Atención: he contado mis experiencias personales en la infancia y la adolescencia. No son resultados extraídos de la literatura científica. Una experiencia personal no constituye una verdad, no es serio ni científico universalizarla y extraer conclusiones. Un estudio serio no se basa en los resultados de un participante sesgado.

pequeño cofre aislado que dirigía mis comportamientos de forma arbitraria. En realidad, mi estilo de vida, desde la composición de mi plato y la hora de mis comidas a la actividad física que practicaba, pasando por el entorno social en el que me desenvolvía y la calidad de mi descanso nocturno, tenía un impacto fundamental en el funcionamiento de mi cerebro y de mi cuerpo. Los cambios que había aplicado me permitieron controlar mi vida, mejorar considerablemente mi salud mental, crear relaciones más estables y sanas, confiar en mí misma y afrontar proyectos ambiciosos..., en pocas palabras, ser feliz.

Así es como decidí dedicarme plenamente a esta cuestión. Soñaba con crear una herramienta que permitiera que los demás realizaran todo su potencial y disfrutaran al máximo de la vida. Al concluir mis estudios, lancé mis redes sociales bajo el nombre @TheBrainGutScientist y mi empresa, FeedYourBrain®, para compartir mis conocimientos y los de otros investigadores a través de diversos contenidos y medios de comunicación y conferencias, en especial para los empleados de empresas en suelo europeo. Y sigo mi camino con el libro que tienes entre las manos.

SOMOS UN ECOSISTEMA

Soy doctora en biología integrativa, un ámbito relativamente nuevo de la investigación médica y científica que estudia el cuerpo en su conjunto, observando cómo cada órgano, célula y factor ambiental interactúan para influir en la salud. Esta disciplina pretende comprender el equilibrio y las conexiones entre todos los sistemas de nuestra salud: ¿cómo mi estrés psicológico puede favorecer una inflamación crónica y aumentar el riesgo de padecer depresión? ¿Por qué los alimentos ultraprocesados nos vuelven «adictos»? ¿Qué hace que un ratón se enganche al azúcar como si fuera cocaína? ¿Por qué estamos programados para ser recompensados cuando persistimos en una actividad física ardua (el famoso *runner's high* o «embriaguez del corredor», véase pág. 129) o cuando tomamos alimentos azucarados? La biología integrativa estudia la comunicación entre los órganos: ¿cómo la grasa y el cerebro se comunican entre sí? ¿Por qué la acumulación excesiva de masa grasa puede perturbar por completo mi apetito y, paradójicamente, por qué mi hambre no disminuye e incluso sigue aumentando, de modo que perder peso se vuelve casi imposible? ¿Por qué siento náuseas e incluso vómitos si experimento mucha ansiedad?*

Como ocurre con la salud de todo ecosistema, por ejemplo, el de un bosque, es esencial comprender que nuestro bienestar global, tanto físico como mental y cognitivo, se apoya en una multitud de factores interdependientes y que operan en red, de manera dinámica. Más allá de la salud de una sola célula o de un único órgano, debemos cuidar de la salud de la red interior. Y, mucho más allá de un solo factor del entorno, como la nutrición, se trata de optimizar nuestro estilo de vida global, porque *cada uno* de estos factores influye en el *conjunto* del ecosistema de nuestro bosque.

El sueño, por ejemplo, es crucial para la «regeneración celular» o incluso para nuestra «memoria»,** la capacidad para hacer frente a nuestras emociones, la salud metabólica y el resto de los aspectos que rigen nuestra salud. En cuanto a la actividad física, podemos decir que nos transforma por completo: entre otras cosas, estimula la liberación de mensajes que benefician el estado de ánimo, nos ayuda a regular los ciclos del sueño y el metabolismo y permite la mejora de la neuroplasticidad, a la vez que nos vuelve más resistentes al deterioro cognitivo. La exposición a la luz natural durante el día, sobre todo por la mañana, regula nuestro reloj biológico interno, lo sincroniza con el entorno y contribuye así a la vigilancia, a disponer de una energía vibrante, un estado de ánimo óptimo e

* Responderé a estas preguntas y a muchas otras en este libro.

** Utilizaré el término *memoria* para facilitar la lectura, en lugar de *funciones mnésicas*, que designan los mecanismos implicados en la formación de los recuerdos, su almacenamiento, recuperación y utilización. No diferenciaré entre los diferentes tipos de memoria.

incluso a la síntesis de pequeñas moléculas implicadas en el control de la alimentación compulsiva. Y su efecto se deja sentir por la noche, pues mejora la calidad del sueño. En los próximos capítulos exploraremos cómo cada uno de estos elementos y muchos otros entran en interacción para una salud integrativa y llena de vitalidad. Y cómo nuestro modo de vida actual va completamente en contra de nuestra programación.

CÓMO PASAMOS DEL ESTADO DE CAZADOR-RECOLECTOR AL DE LARVA DE SOFÁ ADICTA A LA COMIDA BASURA*

En efecto, durante millones de años, evolucionamos en un entorno frugal para convertirnos en atletas resistentes, capaces de caminar muchos kilómetros al día, correr, trepar y llevar diversas cosas con el objetivo fundamental de alimentarnos (y reproducirnos). Nos adaptamos a una alimentación diversificada, muy poco transformada, a base de verduras y frutas ricas en fibra y pobres en azúcares, frutos secos, semillas y legumbres, tubérculos, pescados y carnes magras (¡en efecto, los animales salvajes tienen muy poca masa grasa!) sin aditivos ni conservantes, sin hormonas ni antibióticos. Nuestros ancestros, los cazadores-recolectores, llevaban así una vida basada en la actividad física cotidiana obligatoria y una alimentación frugal que los impulsó (a ellos y a nosotros) a desarrollar el instinto de supervivencia. Buscaban los alimentos más energéticos, ricos en azúcares y grasas, y descansaban en cuanto era posible, sobre todo cuando estaban saciados, para facilitar la acumulación de reservas en previsión de momentos más difíciles. Jamás habrían levantado pesas mirándose a un espejo, gimiendo de dolor sin razón alguna. «Un gasto de energía inútil», se habrían dicho.

* Me refiero a nuestra tendencia a permanecer sentados o echados, a menudo delante de una pantalla, consumiendo alimentos de escasa calidad nutricional.

Por lo tanto, es fácil entender por qué nuestro cuerpo y nuestro cerebro actuales están *configurados* para ayudarnos a almacenar masa grasa y reservas de energía y por qué prefieren enviarnos a tumbarnos al sofá y a comer «porquerías»,* como se dice en Bélgica, en lugar de dar una vuelta al parque corriendo. En cierto sentido, es como si estuviéramos programados para que sobrevivan «los más gordos».

Sin embargo, nuestro entorno y estilo de vida han cambiado profundamente en el transcurso de los dos últimos siglos (y, más radicalmente, en las últimas décadas), pero nuestro organismo no ha evolucionado para hacer frente a ese cambio. ¡En aquella época no existían los alimentos ultraprocesados! Era prácticamente imposible encontrar una acumulación de masa grasa como la de la actualidad, en que, paradójicamente, la mayoría de nosotros sufrimos (y morimos) por comer mal, y no tanto a la inversa... La industria agroalimentaria ha creado productos irresistibles, ricos en azúcares añadidos, grasas saturadas, aditivos o muy salados, lo que induce a nuestro cerebro a consumir sin tregua. Se ha enriquecido con nuestra adicción a la comida basura, que literalmente nos enferma. Además, la Revolución Industrial y la invención de tecnologías que ahorran esfuerzo han supuesto una reducción drástica del ejercicio físico: la mayor parte de las ocupaciones ya no nos exigen que nos movamos, el transporte de puerta a puerta es la norma, y eso convierte al ejercicio cotidiano en una actividad optativa.

Por otra parte, la posibilidad de comer a cualquier hora, incluida la noche, está hoy en día muy arraigada en nuestra vida cotidiana. Tomamos *snacks* como si creyéramos que nuestro cuerpo no es capaz de funcionar de forma óptima entre dos comidas. Sin embargo, nuestro cerebro, que ha evolucionado en condiciones frugales, ¡está optimizado para responder a este desafío! Los refrigerios pueden ser ocasionalmente necesarios para los niños en pleno crecimiento (y por refrigerio entiendo, por ejemplo, una fruta,

* Alimentos ultraprocesados.

frutos secos, un yogur, no una barrita de chocolate con sirope de glucosa-fructosa), pero no para la mayoría de los adultos con buena salud y, en especial, con sobrepeso (la mitad de la población). No tenemos la necesidad fisiológica de comer cada dos horas. El «ayuno intermitente» es un nuevo término de moda, pero en realidad hace referencia a una práctica ancestral. Nuestro cerebro funciona bien, e incluso muy bien para ciertas tareas, cuando tenemos hambre y estamos físicamente activos, ¡como el león hambriento al rastrear y perseguir a su presa! Hemos evolucionado para eso. Espaciar las comidas cuatro horas y ayunar al menos doce durante la noche es una prescripción de salud, como veremos en esta obra.

Además de la calidad de la alimentación, el ayuno intermitente, el ejercicio físico enérgico y frecuente, habrá que reconocer la necesidad de retos intelectuales y de aprendizaje continuo para una salud cerebral óptima a lo largo de toda la vida. No adoptar estas prácticas favorables para el cerebro y todos sus «asociados»[1] puede tener graves consecuencias para la población: aumentan las enfermedades cardiometabólicas, como la obesidad, la diabetes y los trastornos cardiovasculares, así como la depresión, la ansiedad o el alzhéimer. Estos diferentes problemas de salud están, de hecho, estrechamente vinculados. El estilo de vida occidental prende fuego a todo nuestro bosque.*

Nuestros sistemas de salud no insisten lo suficiente en la importancia del régimen alimentario y el estilo de vida. La industria farmacéutica se concentra en el tratamiento de las enfermedades y no tanto en su prevención y manifiesta un escaso interés en planteamiento preventivos, como el ejercicio y la restricción alimentaria. ¿Quién obtendría las ganancias? Los márgenes de beneficio obtenidos por los comprimidos de vitamina C son mucho más interesantes que los que pueda aportar un pimiento (muy rico en este nutriente). Sin embargo, los agricultores deberían poder vivir

* No olvido el impacto del cigarrillo y de todas sus versiones: el tabaquismo es uno de los principales factores de riesgo de innumerables enfermedades actuales (por cierto, es el primer factor de riesgo evitable que se ha identificado en la insuficiencia ovárica y la menopausia precoz).

de los productos de nuestras regiones, que son buenos para la salud, antes de depender de alimentos ultraprocesados.

Pero ¡hablar es más fácil que actuar! Superar todos estos obstáculos es una tarea hercúlea. Los gobiernos deberían adoptar medidas rigurosas en los ámbitos de la educación, la formación y la práctica médica, controlar mejor las industrias que favorecen los hábitos poco saludables e incentivar la prevención de las enfermedades en lugar de concentrarse casi exclusivamente en su tratamiento. Sin duda, esto ayuda a quienes sufren, pero no reduce el riesgo de padecer la enfermedad. A pesar de que la ciencia ha demostrado reiteradamente que muchas enfermedades graves relacionadas con la edad se pueden prevenir o retrasar de manera significativa a partir de cambios en el estilo de vida, hay pocos esfuerzos significativos para implementar prescripciones adaptadas. Por suerte, ¡podemos actuar a escala individual! Es lo que estás haciendo al leer estas líneas.

CÓMO UTILIZAR ESTE LIBRO

Si quieres entender el impacto del estilo de vida en el funcionamiento de nuestro cuerpo y de nuestro cerebro, no te pierdas la primera parte de este libro. Estoy convencida de que el conocimiento nos empodera, nos ayuda a despertar, cambiar de vida, desarrollar un espíritu crítico y distinguir con lucidez la desinformación y la promoción de soluciones «mágicas», tan habituales en el presente.

Quienes prefieran sumergirse directamente en la práctica, pueden abordar la segunda parte: el protocolo de tu nueva vida te espera y es apasionante. Te detallaré un día ideal en diez etapas; los gestos, las rutinas, los rituales que hay que efectuar para optimizar la salud. ¡No tienes por qué leerlo del principio al final de un tirón! ¿Padeces insomnio? ¡Ve al capítulo 10! ¿Te encuentras bien y quieres optimizar tu alimentación para mejorar tu microbioma? Dirígete al capítulo 6. Escribe en los márgenes, haz marcas en las páginas o arráncalas para pegarlas al frigorífico; olvídate de mí y regresa en un mes para leer los dos capítulos abandonados. En pocas palabras, utilízame como una caja de herramientas o un *coach* disponible las veinticuatro horas. ¡Vamos allá!

¿Conflicto de intereses?

Al convertirme en doctora en ciencias, he prestado el juramento de integridad científica ante mis iguales.

Mi único objetivo es compartir conocimientos científicos de gran calidad para ayudarte a optimizar tu salud física, mental y cognitiva gracias a una mejora de tu estilo de vida.

No tengo ningún conflicto de intereses y soy completamente independiente en mis reflexiones, métodos y resultados. Esto significa que no tengo ninguna empresa ni interés, acción o participación en las empresas que venden productos relacionados con la salud. No mantengo ninguna relación con grupos industriales u otros *lobbies*, como los de la carne. No comparto códigos promocionales ni mi opinión personal, sino únicamente el resultado de estudios científicos de calidad. Soy un ovni en las redes sociales.

Los vínculos que tengo con las empresas tienen un objetivo exclusivamente educativo. Imparto conferencias a grandes empresas a fin de sensibilizar a sus empleados sobre el impacto de su estilo de vida en la salud de su cerebro. O comparto contenidos educativos en las redes sociales y rara vez en colaboración con marcas comerciales, pero siempre con el único objetivo de que el gran público mejore su estilo y su calidad de vida.

A día de hoy, este libro es el único producto de cuya venta me beneficio económicamente.

Mi metodología

Todos los contenidos que encontrarás en esta obra provienen de los conocimientos que he adquirido durante mi formación y mis investigaciones universitarias, así como de una profunda revisión de la literatura científica reciente. Como científica, me esfuerzo por dejar a un lado mis sesgos personales y por no compartir nunca mis creencias, sino conocimientos de gran calidad. Con este código QR podrás consultar todas las referencias bibliográficas.

(En francés)

Para no sobrecargar el texto, voy a explicar aquí, de una vez por todas, cuáles son los criterios que me han permitido seleccionar estudios fiables y de calidad.

He ilustrado mis afirmaciones con estudios de intervención del tipo ensayos controlados aleatorizados (ECA). Los ECA son estudios clínicos en los que se han comparado grupos de personas para estudiar los efectos de una intervención o un tratamiento. Por ejemplo, los efectos de un régimen en individuos que se someten a él en comparación con quienes no modifican su alimentación (el grupo de control). Estos estudios implican que los participantes se reparten al azar en los diferentes grupos para garantizar la fiabilidad de los resultados.

Las informaciones que comparto contigo no han surgido de un único estudio, cuyos resultados podrían ser anecdóticos e incluso falsos, por muchas razones. Evidentemente, he seleccionado descubrimientos científicos que han sido replicados por otros investigadores. La totalidad de los estudios citados ha sido publicada en revistas científicas de calidad y de confianza, en las que expertos en el ámbito en cuestión han desafiado, verificado, criticado y a veces exigido comprobaciones a los autores, incluso experimentos adicionales para validar los resultados antes de la publicación (evaluación por pares). He aplicado un espíritu crítico riguroso para evaluar la calidad y los sesgos potenciales de estos estudios.

Aunque los estudios con roedores son útiles, he utilizado fundamentalmente estudios clínicos (¡con seres humanos!) para facilitar la comprensión. Además, ¡no somos ratones! Sin embargo, en su casi totalidad, los conocimientos también han sido demostrados en modelos no humanos, como los roedores, en los que los estudios de intervención pueden llegar a extremos que no se consideran éticos en los seres humanos.

Como es obvio, he comprobado la credibilidad de los autores y las fuentes de financiación de los estudios para descartar conflictos de intereses que pudieran sesgar los resultados (por ejemplo, la mayor parte de los estudios que avalan los efectos del consumo de complementos alimenticios de colágeno están financiados por organismos que venden estos productos y que emplean a los investigadores de esos estudios).

Por último, he verificado otros criterios, como el hecho de evaluar la salud de los individuos ANTES y DESPUÉS de la intervención. Imaginemos que un estudio señala que el grupo A, que toma un complemento alimenticio, es más feliz que el grupo B, que no lo toma. Este estudio carece de valor alguno si desconocemos cómo estaba el grupo A antes de la intervención, porque ¡quizá su nivel de felicidad era mayor y sus integrantes ya gozaban de buena salud! Del mismo modo, los estudios a ciego o doble ciego son esenciales. A ciego: el participante no sabe si ha recibido o no la intervención o el tratamiento (o a la inversa). A doble ciego: el investigador tampoco sabe quién ha recibido la intervención o el tratamiento. De no ser así, se producen sesgos: el efecto placebo puede actuar sobre el participante y el investigador puede albergar el deseo de confirmar los resultados de su hipótesis. ¡Y esto no es válido desde el punto de vista científico!

Es evidente que la ciencia es un proceso dinámico. Si como lector identificas investigaciones adicionales, sesgos o nuevas informaciones que invaliden ciertos descubrimientos, te ruego que me lo hagas saber. Por mi parte, también haré este trabajo y cada reimpresión de esta obra estará actualizada.

PRIMERA PARTE

CÓMO NOS ENFERMA NUESTRO ESTILO DE VIDA

Hace un año, tras convertirme en doctora, después de trece años de estudio e investigación académica, aproveché la oportunidad de publicar un libro y llevar una vida más calmada y me fui a vivir a Brasil para escribir y disfrutar de un lugar paradisiaco y que nunca había visitado. He descubierto bosques que jamás había visto. La vegetación es tan variada que hace fresco y humedad a pesar de la canícula en Río ¡y hay tantos animales e insectos desconocidos y diferentes! ¡Tenía la impresión de estar en *Jurassic Park*! Así es como imagino nuestra salud: un ecosistema complejo, formado por multitud de elementos que funcionan en red, como en un bosque. Nos gustaría disfrutar de un bosque amazónico primordial, con una fauna y una flora ricas, diversas y en perfecta simbiosis, en armonía, en el que cada elemento contribuye al bienestar de todos los demás.

Hay que entender nuestra salud como un sistema. Somos una acumulación de factores genéticos, células, órganos y pensamientos que guardan relación entre sí, con el entorno y con los demás individuos. Somos un sistema digestivo, un sistema inmunitario, un sistema nervioso..., y cada uno de nuestros comportamientos influye en ellos, sutil o agresivamente. La perturbación de uno de los sistemas tendrá consecuencias, a veces rápidamente visibles; en otras ocasiones, invisibles durante años, antes de manifestarse.

Voy a explicarte por qué el estilo de vida «occidental» prende fuego a nuestro bosque, por qué cada vez sufrimos más enfermedades crónicas: dolencias cardiovasculares, respiratorias o neurodegenerativas, diabetes tipo 2, obesidad, reumatismos, dolores crónicos, depresión y otros trastornos mentales, enfermedades autoinmunes... ¡y un largo etcétera!

NUESTRO ESTILO DE VIDA FAVORECE EL AUMENTO DE GRASA Y LA PÉRDIDA DE MASA MUSCULAR

NUESTRO ESTILO DE VIDA CONTRIBUYE A LA EXPLOSIÓN DE OBESIDAD

La acumulación excesiva de masa grasa o de tejido adiposo es algo que todo el mundo ve y es un asunto habitual de conversación.*[1] Si miras a tu alrededor, al cruzar la calle o en el metro, descubrirás que a la mayor parte de la gente que te rodea le incumbe esta cuestión. También comprobarás que cada vez se ven más niños que padecen obesidad, incluso antes de alcanzar la pubertad. En Francia, en 2020, casi la mitad de la población tenía sobrepeso y una de cada seis personas era obesa.[2] Es indudable que nos encontramos ante una situación de pandemia.

La pandemia de obesidad en cifras[3]

«La *obesidad* se define como una acumulación anormal o excesiva de grasa que representa un riesgo para la salud», según la OMS. Desde 1975, la prevalencia de la obesidad en

* A veces de forma obsesiva y sin razón, ya que la grasa es sana y en cierta medida fundamental.

Francia se ha disparado en un 155 %, y ha pasado de una de cada once personas a una de cada seis en 2020.

Las últimas estadísticas[4] consideran que:

- La obesidad es responsable de más de 4,7 millones de fallecimientos prematuros en todo el mundo; al menos una de cada doce muertes es atribuible a la obesidad.
- La obesidad no solo afecta cada vez a más personas; desde 1990 se ha doblado en los adultos (la padecen el 16 %) y cuadruplicado en niños y adolescentes (el 8 %); además, el peso medio de la población mundial sigue aumentando progresivamente.
- Dos de cada cinco adultos tienen sobrepeso y uno de cada cinco niños o adolescentes.

Para 2030, se prevé que ¡una de cada dos personas sufrirá obesidad a nivel mundial!

A veces oímos hablar de sobrepeso y de obesidad como si solo se tratara de un «problema estético». Sin embargo, es una enfermedad grave, y lo que no se entiende necesariamente es el hecho de que contribuye en gran medida al desarrollo de otras enfermedades «cardiometabólicas»; se habla de «comorbilidad» de la obesidad porque a menudo están asociadas. Están relacionadas con nuestro estilo de vida, con la nutrición occidental moderna (*Western diet*),* con nuestro sedentarismo e incluso con el tabaquismo. Pero, cuidado, no solo afectan a personas con sobrepeso u obesidad: podrías ser considerado «delgado» y padecerlas a pesar de ello. Y esto es problemático, porque cada vez hay más jóvenes con una apariencia de buena salud que presentan un deterioro invisible de su estado físico y mental.

* O, en mi jerga, nutrición estadounidense estándar (*standard American diet*).

Estos trastornos cardiometabólicos son, por ejemplo, un elevado nivel de azúcar en sangre de forma permanente (prediabetes o incluso diabetes tipo 2), una presión arterial excesiva (hipertensión), una acumulación de sedimentos en los vasos sanguíneos que perturban la buena circulación (arteriosclerosis), un «hígado graso» (esteatohepatitis asociada a una disfunción metabólica o MASH, *metabolic dysfunction-associated steatohepatitis*) o también un estado de inflamación permanente de todo el organismo (inflamación crónica de grado bajo o sistemática). Si hablo de estas enfermedades, no es para estigmatizar a quienes las padecen. Es porque tienen una repercusión sobre la salud mucho mayor de lo que imaginamos. En la actualidad, el exceso de nutrición es más letal que la falta de alimentos. Recientemente, los trastornos cardiovasculares se han convertido en la primera causa de mortalidad a nivel mundial. La hipertensión arterial, el tabaquismo y la hiperglicemia eran los tres principales factores de riesgo de muerte prematura y de mala salud en el mundo en 2021, seguidos de un peso o un nivel de colesterol malo muy elevado en la sangre (LDL-c).[5] El riesgo de padecer diversos tipos de cáncer, infertilidad y otras patologías aumenta fuertemente con la obesidad y sus enfermedades asociadas, así como el riesgo de depresión o trastornos de la ansiedad, del sueño o de las capacidades intelectuales, por no hablar de las enfermedades neurodegenerativas. Este impacto en la salud mental, en nuestra capacidad de ser felices, de realizar todo nuestro potencial, de sentirnos simplemente bien, suele pasar inadvertido y esto es quizá lo que más me entristece.

La gordofobia es, por desgracia, la norma, porque hay muchas personas que no saben que la obesidad es una verdadera enfermedad, difícil de entender, de prevenir y de cuidar. La estigmatización de las personas con sobrepeso es tenaz. Son muchos los que siguen pensando, de forma equivocada, que la obesidad es culpa de los individuos que la sufren; la sociedad no les ofrece las mismas oportunidades que a los demás a diferentes niveles, y el estrés crónico que eso produce alimenta un círculo vicioso que favorece directa e indirectamente el aumento de peso y, así, se agrava la enfermedad (y el riesgo de desarrollar otras comorbilidades). Sí, son muchos los factores que explican la obesidad, mucho más allá de lo que podemos imaginar, y esto es lo que vamos a examinar juntos.

¡No clasifiquemos a las personas en función de su peso en una báscula!

Antes de estudiar estos factores, me gustaría aclarar un aspecto. Clasificar a la gente en función de su peso es reduccionista; su composición corporal y, más exactamente, la localización de su tejido adiposo, es muy importante para predecir el estado de su salud.

Los límites del IMC

La medida más utilizada para definir nuestro «umbral» de peso es el índice de masa grasa (IMC). Se calcula dividiendo el peso corporal en kilos por el cuadrado de la altura en metros: IMC = peso en kilos / (altura en metros)^2.

- Un IMC inferior o igual a 18,5 kg/m^2 define la delgadez.
- Un IMC superior o igual a 25 kg/m^2 define un peso normal.
- Un IMC superior o igual a 30 kg/m^2 define una obesidad moderada.
- Un IMC superior o igual a 35 kg/m^2 define una obesidad severa.
- Un IMC superior a 40 kg/m^2 define una obesidad extrema.

Lo ideal, si solo consideramos el IMC, es intentar situarse por encima de 18,5 y por debajo de 23 kg/m^2, porque la acumulación de masa grasa es el factor principal a la hora de padecer diabetes tipo 2 y parece que este es el umbral límite que permitiría predecir el riego de desarrollar esta enfermedad.

Aunque el IMC sigue siendo la herramienta más frecuentemente utilizada para clasificar a los pacientes, su gran problema es que no tiene en cuenta la composición corporal, en especial, la masa muscular ni la localización del tejido adiposo.* Así, se podría considerar que un atleta muy musculado tiene sobrepeso cuando su masa grasa se mantiene en un rango saludable, mientras que otra persona puede tener una corpulencia normal según el IMC, pero tener una masa muscular insuficiente y un exceso de masa grasa: se habla entonces de «obesidad oculta». Además, la célebre «barriga cervecera»,** que se refiere a la masa grasa que se acumula en el abdomen, en el interior y alrededor de los órganos,*** presenta peligros para la salud, al contrario que la grasa subcutánea y «ginoide», en la parte superior de los muslos y los michelines, que se considera más bien beneficiosa.

¿Los picos de azúcar causan diabetes?

No, los «picos» de glicemia no forman parte de las causas principales de la diabetes tipo 2. Se trata, de hecho, de una reacción fisiológica normal que demuestra que se tiene una buena salud: la insulina cumple bien con su función. Solo hay que preocuparse cuando el nivel de glicemia se mantiene elevado de forma crónica.

De lejos, el principal factor de riesgo de padecer diabetes tipo 2 es la acumulación de masa grasa.[6] A mayor volumen de masa grasa, mayor riesgo de diabetes de forma dramática.

El segundo factor de riesgo es la falta de ejercicio físico.**** Una de las muchas explicaciones es que los músculos captan mucho azúcar (bajo la forma de glicógeno), además de

* Algunas básculas de impedanciometría te permiten evaluar tu composición corporal y la localización del tejido adiposo.

** Término muy ilustrativo que remite, a menudo erróneamente, al consumo de alcohol, cuando esta acumulación de grasa corporal en muchos casos más bien se debe a la alimentación.

*** La «masa grasa visceral y ectópica».

**** Las personas que realizan ejercicio físico siete horas a la semana (o más) tienen un riesgo notablemente reducido de padecer diabetes tipo 2.

consumirla en grandes cantidades. A eso se suma una mala alimentación global.*

¡La grasa es crucial para estar sanos, todo depende de su localización!

Las mujeres en edad de procrear tienen una capacidad de almacenar grasa suplementaria por una razón evidente: ¡crean vida! Se benefician entonces de una pequeña capa de grasa bajo la piel, conocida como «grasa subcutánea», y especialmente de bellas redondeces en torno a los muslos y los michelines que les confieren forma de pera: es la «grasa ginoide». No deberíamos luchar contra ella, ya que es una señal de buena salud y de fertilidad.

Cuando se supera la capacidad de almacenamiento de estas localizaciones subcutáneas y el balance energético es positivo,** la energía suplementaria se almacenará en lugares menos saludables: en el abdomen, dentro y alrededor de los órganos. Es importante señalar que la «barriga cervecera», o el hecho de tener forma de manzana, con brazos y piernas delgados, afecta más a menudo a los hombres que a las mujeres. En efecto, desde el punto de vista de la evolución, los hombres no necesitan almacenar tantas reservas como las mujeres. El rango de masa grasa considerado óptimo en las mujeres se sitúa entre el 21 y el 36% y, en los hombres, entre el 7 el 25%. A partir de la perimenopausia, con la caída de los estrógenos, experimentamos una pérdida de masa muscular y una acumulación de masa grasa en el abdomen. Aumenta el contorno de la cintura y se dispara el riesgo cardiovascular. Y es que, mientras que los tejidos

* En cuanto a la alimentación, el hecho de consumir una dieta rica en fibra (procedente de cereales integrales) y grasas poliinsaturadas, además de pobre en grasas saturadas y trans, así como una carga glicémica baja, es el principal factor de prevención contra la aparición de la diabetes tipo 2.

** Es decir, el aporte calórico de la alimentación es superior al gasto energético debido a la actividad física.

adiposos subcutáneo* y ginoide se consideran más beneficiosos para la salud, la grasa visceral y ectópica adquiere la consideración contraria.

La pérdida de masa muscular: ¡el músculo es vida!

Si observamos nuestra masa muscular, aproximadamente a partir de los treinta años,[7] y al margen del sexo, los músculos empiezan a «fundirse» si no los trabajamos activamente. ¡Perdemos entre el 5 y el 8% de la masa muscular cada década! Este proceso se acelera a partir de la perimenopausia en las mujeres, y especialmente pasados los sesenta años en ambos sexos.

Desde hace algunas décadas, el número de calorías que los seres humanos consumen en reposo ha disminuido de manera considerable.[8] Sin embargo, este gasto energético en reposo (el número de calorías que quemamos sin hacer nada cada día) se explica fundamentalmente por nuestra masa muscular.[9] Esto viene acompañado de una acumulación progresiva de masa grasa si comemos más en relación con nuestras necesidades, que son menores. En efecto, la masa muscular consume más calorías en reposo que la masa grasa.** Además, es más densa: un kilo de músculo es menos voluminoso que un kilo de grasa. Tener una mayor musculatura y menos grasa permite quemar más calorías en reposo y tener un aspecto más en forma, «tonificado» o esbelto.

Sin embargo, ¡la masa muscular no solo tiene que ver con la apariencia! Es uno de los principales predictores de la buena salud y de la longevidad. Permite reducir la mortalidad, las caídas y las fracturas, sostener las articulaciones y, por lo tanto, evitar los dolores articulares, conservar una mejor autonomía y movilidad, lo que resulta esencial para las actividades cotidianas, en especial, al

* En cierta medida, porque la acumulación excesiva de masa grasa no es deseable, aunque sea subcutánea.

** Si la masa muscular desaparece hasta un nivel peligroso para la salud, hablamos de sarcopenia, que se define como una pérdida progresiva y generalizada de los músculos.

envejecer, ¡lo que nos permitirá jugar al fútbol con nuestros nietos a los ochenta años! Todo ello además de reducir en gran medida el riesgo de padecer diabetes tipo 2 y otros muchos trastornos de la salud.

El ejercicio físico también permite prevenir el deterioro cognitivo relacionado con la edad. Un estudio ya ha demostrado una mejora de las funciones cognitivas gracias al refuerzo muscular, especialmente, en las piernas, en adultos que presentan este deterioro.[10] Esto se explica sobre todo por el aumento del flujo sanguíneo y el aporte de oxígeno y de nutrientes hacia el cerebro, la mejora de la glicemia y de la sensibilidad a la insulina, la salud cardiovascular (principales factores de riesgo de la enfermedad de Alzheimer), la reducción de la inflamación de bajo grado y el aumento de la síntesis de las moléculas que estimulan la neuroplasticidad (el *brain-derived neurotrophic factor*).

Moverse permite mejorar el estado de ánimo, los sentimientos positivos y la autoestima y reducir los síntomas de depresión y ansiedad,[11] así como gestionar mejor el estrés. La actividad regular se asocia igualmente a mejores relaciones en el seno de la pareja, de la familia y del grupo de amigos. También permite regular el comportamiento alimentario: paradójicamente, un nivel relevante de sedentarismo «aumenta el apetito» en relación con las necesidades reales.[12] En resumen: la musculatura predice la longevidad y la buena salud. Por suerte, es el único órgano sobre el que podemos actuar voluntaria y fácilmente. Así que... ¡haz ejercicio!

Objetivos

Independientemente del IMC, un contorno de cintura elevado es un factor de riesgo importante de padecer diabetes tipo 2 o enfermedades cardiovasculares. He aquí algunos objetivos recomendados:

- Refuerza tus músculos: carga peso, camina, sube cuestas... (véase pág. 133).
- Procura mantener un contorno de cintura inferior al de la cadera o, más exactamente, igual o inferior a 80 centímetros si eres mujer y a 94 centímetros si eres hombre, con el objetivo de controlar tu masa grasa visceral y ectópica (más allá de estos valores, existe el riesgo de desarrollar comorbilidades).

EL CONTROL DE TU PESO NO ES SOLO UNA CUESTIÓN DE VOLUNTAD

La obesidad está influida por factores genéticos transmitidos por los padres, pero su impacto es limitado.[13] El reciente incremento de la obesidad se explica sobre todo por factores relacionados con el estilo de vida.

La obesidad no solo tiene que ver con los genes, ni tampoco es el resultado de una simple falta de autocontrol ni de voluntad ni únicamente de un exceso de calorías (por un exceso de alimentación) y un escaso gasto de energía (por poca actividad física). De hecho, la obesidad es una enfermedad extremadamente compleja y multifactorial. Diversos factores desatendidos desempeñan un papel en su aparición: la experiencia personal, los traumas vividos en la infancia, la educación de los padres en relación con la alimentación, los trastornos psicológicos preexistentes, los disruptores endocrinos (que están en los productos que ingerimos, vestimos y utilizamos todos los días), la falta de sueño, el estrés y el dolor crónicos, ciertos medicamentos, los cambios drásticos en el peso corporal. Además, vivimos en un mundo en el que cada vez resulta más difícil encontrar alimentos naturales y poco procesados que nutran efectivamente nuestro «bosque» y en el que las calorías vacías y la comida basura se disfrazan de alimentos proclamados como saludables gracias a tácticas diabólicas de marketing. El paseo y las escaleras son sustituidos por patinetes eléctricos, las escaleras mecánicas y los ascensores son más visibles (y a veces constituyen el único medio) que las escaleras convencionales, los juegos con balón han sido sustituidos por deslizar los dedos por la pantalla...

Si nuestro estilo de vida es demasiado «occidental», con o sin acumulación de masa grasa, nuestro organismo padece transformaciones profundas que alimentan numerosos círculos viciosos que a veces actúan en sinergia, lo que aumenta su impacto negativo, perjudica la salud de cada componente de nuestro ecosistema y favorece los trastornos cardiometabólicos. A continuación, veremos algunos ejemplos de mecanismos desatendidos que fomentan los círculos viciosos de la obesidad y los trastornos cardiometabólicos.

Algunas personas tienen más predisposición que otras a subir de peso

La base de su intestino y su microbioma pueden ser notablemente diferentes o padecer cambios que fomentan el aumento de peso, a veces incluso antes de consumir un exceso de calorías. Algunas personas, o su microbioma, pueden extraer y absorber más energía de los alimentos y, por lo tanto, obtener más energía de una simple manzana que otras.[14] Esta es una de las razones por las que ciertas personas no llegan a controlar su peso mientras que otras se esfuerzan por subir de peso y no lo consiguen.

Estos fenómenos se explican, entre otras causas, por modificaciones del intestino y de su microbioma. Por ejemplo, en lo que respecta a este último, el consumo de emulsionantes, presentes en los alimentos ultraprocesados, puede inducir cambios que fomentan la acumulación de masa grasa, incluso sin un consumo excesivo de calorías.[15] Estos emulsionantes pueden favorecer la capacidad de movimiento de las bacterias, que se vuelven capaces de atacar nuestra barrera intestinal, lo que desencadena una inflamación local y luego sistémica que promueve los trastornos cardiometabólicos. En cuanto a tu intestino,* se produce una modificación en la secreción

* El intestino delgado proximal contribuye a la mayor parte de la absorción de los nutrientes y presenta una arquitectura «aterciopelada».

de «mensajeros»* del hambre o incluso de su arquitectura. Si pudieras verlo de cerca, con una lupa, observarías que hay muchas pequeñas excrecencias, como si se tratara de terciopelo. Todos estos pequeños «pelos» permiten aumentar la superficie de absorción de los nutrientes. Y, en las personas que padecen obesidad, aumentan la cantidad y el tamaño de estas «vellosidades intestinales»,[16] lo que podría aumentar la capacidad de su intestino de extraer calorías de los alimentos.

El cerebro puede no escuchar a los mensajeros «supresores del hambre»

El estilo de vida occidental y la acumulación excesiva de masa grasa provocan igualmente cambios en la capacidad de nuestras células para emitir y recibir ciertos mensajeros. Se sabe, por ejemplo, que alteran la comunicación entre los órganos, especialmente, entre el intestino y el cerebro, y también entre la grasa y el cerebro.

Es importante señalar que el tejido adiposo no es solo una simple reserva de energía de la que muchos querrían deshacerse por completo. Es un órgano de pleno derecho, posee la capacidad de emitir una multitud de mensajeros que informan a los otros integrantes de nuestro sistema: mensajeros relevantes para la fertilidad, otros que controlan el apetito y otras muchas cosas.**

Un ejemplo de mensajero del tejido adiposo es la leptina, una hormona que viaja de las células grasas al cerebro y que le dice: «Eh, para de comer, ya tenemos reservas». En una palabra, es una hormona «saciadora». Por desgracia, cuando la masa grasa se acumula, este mensajero inunda el cerebro. ¡Está harto! Y puede, en cierto modo, declararse en huelga: resiste. Hablamos entonces de resistencia a la leptina: a pesar de la cantidad de mensajeros que vienen a llamar a la puerta del centro de control del hambre, el cerebro ya no reacciona a esta infor-

* Sin duda habrás oído hablar de ellos: el GLP-1, con el auge de los nuevos medicamentos contra la obesidad (Ozempic, Mounjaro y otros análogos del GLP-1).

** Ejemplos de mensajeros: estrógenos, leptina y adiponectina.

mación y no adapta los comportamientos. Y, a pesar de la acumulación excesiva de masa grasa, siempre tenemos hambre. Sin duda, quienes controlan fácilmente su apetito no pueden entender esta sensación de hambre intensa: es un verdadero sufrimiento al que resulta imposible resistirse.

La acumulación de masa grasa fomenta la inflamación de bajo grado*

Cuando la masa grasa se extiende demasiado, los vasos sanguíneos no pueden deslizarse bien entre las células adiposas, que ya no funcionan correctamente. Estas células enferman y a veces incluso llegan a «morir», pero siguen en su lugar y el cerebro las ignora. Esta masa enferma libera mensajeros, en especial, citoquinas proinflamatorias, que progresivamente siembran el terror. Crean una especie de embotellamiento en la comunicación entre los órganos. El cerebro deja de estar atento y cree, de manera equivocada, que no disponemos de suficientes reservas de energía, de masa grasa. En consecuencia, nos empuja a adoptar una conducta más sedentaria y a consumir más alimentos, lo que pone en marcha un círculo vicioso. La acumulación de masa grasa es el fuego principal que alimenta lo que llamamos inflamación de bajo grado, aunque hay otros fuegos que fomentan esta inflamación que puede alterar nuestro estado de ánimo (véase pág. 83). Debo aclarar, no obstante, que todo esto no se asocia sistemáticamente con el hecho de tener sobrepeso. Los individuos con un peso normal también pueden padecer esta situación: el estrés, el sedentarismo, el tabaquismo, la alimentación y la falta de sueño de nuestro estilo de vida occidental también son factores que contribuyen a la inflamación de bajo grado.

Como las consecuencias no siempre son visibles, son muchos los que no sienten que esta inflamación de bajo grado ni que los

* La inflamación de bajo grado o inflamación sistémica es una respuesta inmunitaria crónica, generalizada y discreta del organismo, a menudo provocada por una acumulación excesiva de masa grasa o un estilo de vida o factores medioambientales que alteran el equilibrio global y fomentan la aparición de enfermedades metabólicas y crónicas.

trastornos cardiometabólicos los atañan. Y a veces es demasiado tarde. A veces no se comprende o se relativiza: «¡No es grave, los médicos y científicos os asustáis por nada!». Desconocen que la prediabetes, la hipertensión o un nivel muy elevado de colesterol malo pueden provocar muchas complicaciones y un final de la vida con mucho sufrimiento, que estos trastornos influyen en sus capacidades intelectuales y podrían abocarlos a la demencia (véase pág. 87).

Las dietas hacen que algunos de nosotros engordemos más que antes

Una parte nada desdeñable de la población sigue regímenes restrictivos de manera cíclica (se habla de yoyó, que describe el esquema de pérdida de peso, recuperación del peso y nuevo régimen). Durante un régimen restrictivo, es frecuente experimentar una pérdida de masa muscular, un efecto indeseable y que tiene consecuencias nefastas en el mantenimiento de un peso estable a lo largo de la vida. En efecto, la pérdida de masa muscular implica una caída del gasto energético en reposo: el metabolismo básico decae y quemamos menos calorías.[17] Este tipo de régimen también puede provocar un aumento del apetito después de la pérdida de masa grasa. Ahora lo sabes: la leptina, hormona sintetizada por el tejido adiposo, permite experimentar una sensación de saciedad: tiene un efecto anorexígeno, de alguna forma transmite a nuestro cerebro que hemos acumulado suficiente masa grasa y que tenemos menos hambre. Durante un régimen restrictivo, esta drástica pérdida de peso no pasa desapercibida. El cerebro toma nota e intenta que el cuerpo conserve más energía. Estos mecanismos,[18] y otros muchos, explican por qué en la gran mayoría de los casos se produce una recaída: disminuye el gasto energético en reposo, aumenta el apetito, acabamos por comer más de lo que necesitamos para mantener la pérdida de peso[19] y la mayor parte de las veces recuperamos el peso perdido.[20] En consecuencia, una parte importante de los individuos que siguen este tipo de régimen restrictivo acaban por ganar más peso y, sobre todo más grasa, que antes de empezar el régimen.

De hecho, es como si tu organismo entendiera que le estás jugando una mala pasada y activara una serie de estrategias opuestas para promover tu supervivencia y la acumulación de energía.[21] Más allá del peso, que aumenta en función de la cantidad de regímenes, es importante insistir en el hecho de que es, sobre todo, la masa grasa, y no la masa muscular, la que contribuye a la subida de peso. Es lo contrario de lo que se pretendía. De hecho, en ciertos estudios, el efecto yoyó conduce a una alteración de la composición corporal. Tras estos regímenes, que a menudo implican una pérdida de masa muscular, es mucho más fácil recuperar la masa grasa, sobre todo porque, por desgracia, a partir de los treinta años es bastante difícil (re)construir la masa muscular en comparación con la recuperación de la masa grasa.

Un porcentaje elevado de grasa corporal y una mayor cantidad de grasa abdominal incluso se pueden llegar a predecir a partir del número de regímenes restrictivos.[22] En general, el peso de los individuos aumenta de manera proporcional al número de regímenes a los que se someten. Este cambio de composición corporal con una disminución de masa muscular nos debilita y puede reducir nuestro deseo de realizar cualquier actividad deportiva y gastar energía.[23] ¡Se trata de un nuevo círculo vicioso!

La pérdida de peso obtenida gracias a un régimen hipocalórico puede resultar difícil o incluso imposible de mantener y puede ser muy frustrante descubrir cómo el trabajo encarnizado desaparece al recuperar el peso. Las personas víctimas de este efecto yoyó declaran sentirse insatisfechas con su vida y con su salud. Otros efectos indeseables incluyen déficits, trastornos de la conducta alimentaria, una reducción de la densidad ósea, problemas que pueden afectar a la fertilidad y otros muchos, incluso un aumento de la mortalidad.[24]

Por lo tanto, los regímenes restrictivos son estrategias a corto plazo que rara vez ofrecen ventajas para nuestra salud. Para romper este ciclo, el protocolo de este libro te permitirá mejorar tu estilo de vida de una forma eficaz y duradera. Aunque tu pérdida de peso sea más lenta, persistirá a lo largo de tu vida. Además, el cuerpo conserva una «memoria obesogénica» que contribuye al efecto yoyó, a la inmensa dificultad de perder peso e incluso a la transmisión de la obesidad de una generación a otra.*[25]

Dieta *détox*: monodietas y dietas de zumo[**26]**

Al contrario de lo que podrás leer en las redes sociales, las monodietas no dejan «descansar» a tu intestino: no existe ab-so-lu-ta-mente *ningún* dato científico que confirme esta afirmación. Tampoco permiten «desintoxicar» tu organismo. Tu hígado, tus músculos y otros órganos lo hacen en menor medida.

El término *détox* no se debe utilizar para promover un régimen. Si te quieren vender un régimen, un tratamiento o una píldora *détox*, desconfía, ¡tienen muy poco que ver con la ciencia! Lo mismo puede decirse de un régimen divulgado por un mago estadounidense (Penn Jillette), que se alimentó exclusivamente con patatas para perder muchos kilos. Otras personas sin titulación científica o médica seria se jactan de las monodietas compuestas por manzanas u otros alimentos. ¿Realmente te apetece seguir los consejos de un mago y de otros charlatanes?

One apple a day, keeps the doctor away. Yes! En efecto, nutrir nuestro microbioma con pectina es una idea excelente, pero ¡no olvides que la diversidad es la clave de todo! Una manzana al día en una alimentación equilibrada es una buena idea, pero diversificar es aún mejor (véase pág. 205).

Como ocurre con los regímenes basados en una monodieta, las dietas de zumo tampoco están avaladas por la in-

* Incluso después de haber perdido mucho peso, nuestras células adiposas conservan una especie de «memoria» de la obesidad a través de los cambios químicos que afectan al funcionamiento de los genes (epigenética). Estas modificaciones pueden dificultar el mantenimiento de un peso saludable, porque predisponen a las células a almacenar grasa nuevamente y con mayor facilidad.

** Salvo que este tipo de régimen te haya sido prescrito por un médico en el contexto de una situación médica particular, no se recomienda al no estar avalado por la literatura científica.

vestigación científica. En cambio, se las señala por sus riesgos. Sus adeptos defenderán los mismos argumentos que en el caso de las monodietas. Pero estas curas son aún más restrictivas, porque el zumo extraído de frutas y verduras está casi completamente desprovisto de fibra. ¿Por qué querríamos hacer pasar hambre a nuestro microbioma, que necesita esta fibra?

Además, la fructosa contenida en la fruta y desprovista de fibra no es óptima para la regulación de la glicemia y, a menudo, estos zumos carecen de ciertas vitaminas que se degradan rápidamente sin su matriz alimentaria. En otras palabras, salvo que lo prescriba tu médico, evita cualquier régimen extravagante. Si no, tendrás que asumir los riesgos y peligros que conlleva...

NUESTRO ESTILO DE VIDA ALTERA LA SALUD DE NUESTRO INTESTINO Y SU MICROBIOMA

Al reflexionar sobre ello, descubres que el estado de tu intestino influye en cómo te sientes. El vientre parece ser el receptáculo físico de nuestras emociones, el lugar en el que se anclan y se expresan, a veces más deprisa que en la mente. Confiamos en nuestro instinto, en lo que experimentamos en el fondo de nuestras tripas cuando no logramos reflexionar de manera racional.

El miedo o el estrés no se limitan a paralizar nuestro ánimo, sino que invaden por completo nuestro ser y podemos literalmente vaciarnos ante un acontecimiento estresante (un proceso más bien inteligente en el que el sistema nervioso «tira de la cadena» de la vejiga y del intestino —o los bloquea— para detener la digestión y redirigir toda nuestra energía hacia lo que garantiza la supervivencia en una situación de estrés). En mi caso, ¡vomitaba por estrés! No es casual el dicho según el cual sentimos mariposas en el vientre cuando estamos excitados o un nudo en el estómago cuando afrontamos una situación estresante. Y, cuando las dudas nos asaltan, solemos experimentar la sensación pesada y agobiante de tener una bola en el estómago, que nos recuerda nuestras emociones.

Estas expresiones populares dan cuenta de una realidad: el sistema digestivo y el cerebro están conectados. Durante mucho tiempo considerado un simple «tubo», hoy se reconoce que el intestino es un actor principal en nuestro bienestar mental y físico. Siente, comunica y nos influye mucho más de lo que creemos. Además, ciertas enfermedades o trastornos crónicos del intestino a menudo se asocian a trastornos de salud mental, como los problemas de ansiedad o la depresión.[1]

EL EJE INTESTINO-CEREBRO TIRA DE LOS HILOS DE NUESTRO ESTADO DE ÁNIMO Y DE NUESTRO APETITO

El cerebro, ¿un simple servidor del intestino y de su microbioma?

El árbol más bello de nuestro «bosque», aquel que atrae nuestra mirada, es el cerebro. Se lo considera el «gran jefe», ya que gestiona diversas funciones vitales, dirige el lenguaje y los movimientos y es la sede de la conciencia, de la inteligencia, de la memoria, de las emociones y de los pensamientos; integra todas las señales de nuestro entorno y de nuestra salud para crear respuestas que decide apropiadas o no para la supervivencia.

Se trata de un órgano muy complejo y cuyo estudio es «prestigioso», pero, para que quede bien claro, no está aislado y quizá no sea más que un simple servidor... Si pensamos en ello, ha evolucionado para asegurar nuestra supervivencia y esto incluye funciones tan fundamentales como nutrir el intestino para acumular reservas de grasa.* No actúa solo, funciona como un sistema, en red con otros colaboradores igualmente importantes. Los espías y los informadores discretos se lo cuentan todo. La masa grasa le habla en secreto, sin que nos demos cuenta de ello. Es lo que ocurre con numerosos órganos, y el intestino y su microbioma —que forman lo que llamamos el «segundo cerebro»— son los informadores principales del cerebro.

* De hecho, tanto desde el punto de vista de la evolución como de nuestro desarrollo personal, somos, ante todo, intestinos con patas, y el cerebro, tal como lo conocemos hoy, llegó más tarde.

El segundo cerebro

Lejos de ser un simple tubo, el intestino alberga una densa red de neuronas: el sistema nervioso entérico. Con sus cientos de millones de neuronas, esta red regula los procesos digestivos y otros muchos y funciona sin necesidad de decisiones conscientes, sin molestar al cerebro superior.

Con sus pliegues y sus (micro)vellosidades, el intestino posee una superficie de absorción inmensa —equivalente a un campo de tenis— que optimiza la asimilación de nutrientes y también permite la síntesis de más de veinte hormonas necesarias, entre otras cosas, para la regulación del apetito y del metabolismo. Este sistema es, además, un actor clave en nuestro sistema inmunitario, ya que en torno al 70 % de las células inmunitarias residen en el intestino, donde interactúan con microorganismos para defendernos.

Somos holobiontes: ¡medio humanos, medio microbianos!

Nuestro cuerpo también alberga una población fascinante de bacterias, hongos, virus y otras formas de vida microscópica: el microbioma, un verdadero órgano de pleno derecho. Tenemos tantas células microbianas en nuestro estómago como células humanas hay en nuestro cuerpo.* Estamos literalmente recubiertos. Los microbios que viven en nuestro sistema digestivo —el microbioma intestinal— juegan un papel esencial: digieren lo que no podemos digerir solos, sintetizan moléculas que no encontramos en la alimentación, como algunas vitaminas o los famosos ácidos grasos de cadena corta,** nos protegen contra los patógenos, modulan nuestro sistema inmunitario, interpretan las señales que provienen del entorno y de la alimentación y envían señales al resto del cuerpo.

* El peso del microbioma intestinal es ligeramente superior al peso del cerebro superior.

** Estos microorganismos descomponen ciertas fibras en ácidos grasos de cadena corta, como el butirato, una molécula esencial para reforzar la barrera intestinal y reducir la inflamación.

Cuando el cerebro de abajo sufre perturbaciones

Cuando están en armonía con el resto de nuestro cuerpo, el intestino y su microbioma son un poderoso aliado. Pero, si se encuentran «desequilibrados», las consecuencias pueden ser devastadoras para la salud; a continuación, veremos algunos ejemplos.

- **Trastornos gastrointestinales:** el síndrome del intestino irritable (SII) suele aparecer cuando se rompe el equilibrio «cerebro-intestino y su microbioma». Se caracteriza por dolores abdominales, hinchazón y perturbaciones del tránsito intestinal (diarrea, estreñimiento o ambos). A menudo (pero no siempre) se asocia a trastornos de la salud mental, como ansiedad o depresión. Además, estos trastornos pueden agravar los síntomas, y los antidepresivos tienen la capacidad de mejorar el bienestar del sistema digestivo, nuestro segundo cerebro.[2]

  El síndrome de vómitos cíclicos (SVC) es otra dolencia digestiva que se caracteriza por episodios recurrentes de vómitos severos que pueden durar muchas horas o muchos días, sin una causa aparente. Suelen empezar por la mañana temprano (debido a que en ese momento los niveles de cortisol son elevados) y a menudo se originan o se intensifican por el estrés, la depresión, la ansiedad, los trastornos de pánico o incluso la falta de sueño. Generalmente, no se tratan con antieméticos, sino con antidepresivos o ansiolíticos, lo que subraya la existencia del eje intestino-cerebro.
- **Impactos en la salud mental y cognitiva:** las alteraciones del eje cerebro-intestino y de su microbioma están asociadas a un mayor riesgo de problemas del estado de ánimo, como la ansiedad y la depresión. Además, el intestino y su microbioma han sido muy estudiados en ciertas patologías que se creían relacionadas exclusivamente con el cerebro superior, como los trastornos del espectro autista o la enfermedad de Parkinson. Además, en esta última, los síntomas gastrointestinales como el estreñimiento se pueden observar años antes de la aparición de otro tipo de sintomatología.[3]

El estrés también es un factor clave del desequilibrio en el sistema cerebro-intestino. Bajo el efecto del estrés, el cuerpo libera hormonas, como el cortisol, que aumentan la permeabilidad de la pared intestinal (el fenómeno del «intestino permeable») y reducen la diversidad de los microbios intestinales, lo que debilita la inmunidad y el equilibrio neuroquímico.

- **Enfermedades autoinmunes e inflamatorias:** dado el rol crucial del intestino y su microbioma en la inmunidad, un desequilibrio puede ocasionar enfermedades inflamatorias intestinales crónicas (EIIC, como la rectocolitis hemorrágica y la enfermedad de Crohn), alergias y otros trastornos inflamatorios. Por lo tanto, ¡es esencial cuidar del intestino y cultivar un microbioma sano y diversificado!

Un microbioma con buena salud

Un microbioma intestinal con buena salud se caracteriza, especialmente, por una gran diversidad y una gran riqueza de especies microbianas. Cuanta mayor sea la diversidad de tipos de microorganismos, mayor será la capacidad del microbioma de realizar una amplia gama de funciones beneficiosas para el anfitrión, es decir, nosotros. Lo mismo se aplica para un bosque o para el equilibrio de nuestro planeta. Una diversidad elevada se asocia a una mejor resiliencia frente a las infecciones, el estrés ambiental y los trastornos alimentarios, así como a una reducción del riesgo de sufrir enfermedades crónicas, como la obesidad, los trastornos inflamatorios del intestino e incluso ciertas patologías de salud mental.

Cepillarse bien los dientes para proteger nuestro cerebro

Nuestro microbioma intestinal empieza en la boca. Aunque la mayoría de los microbios son indispensables para nuestro bienestar, por desgracia, cuando no nos cepillamos los dientes correctamente, ciertas bacterias pueden deslizarse ahí donde no son necesarias, en los minúsculos recovecos entre los dientes y las encías, y crear pequeñas colonias superresistentes, la placa dental, que pueden atacar a los dientes. Pero sin duda no sabes que estas bacterias también pueden atacar o infectar tus encías y crear una especie de agujeros diminutos; la encía se vuelve entonces más «porosa», más «permeable». Este ataque puede fomentar una inflamación local. Peor aún: estas bacterias, o sus fragmentos, pueden entrar en nuestro cuerpo y viajar a todos sus rincones. Las enfermedades inflamatorias de las encías, como la gingivitis e incluso la periodontitis, suelen estar causadas por la placa dental. Dañan los tejidos que sostienen los dientes y generalmente se deben a una mala higiene bucodental. Estas patologías afectan a todas las edades y pueden verse exacerbadas por factores como el tabaquismo, el consumo de alcohol, el estrés o ciertos trastornos de la salud (diabetes, modificaciones hormonales...). En ausencia de tratamiento, una gingivitis puede evolucionar en periodontitis, que provoca pérdidas óseas y dentales y aumenta el riesgo de complicaciones para todo el organismo, como las enfermedades cardiovasculares o pulmonares.

Pero el problema no acaba aquí. Puede haber una «traslocación» de bacterias: se pueden encontrar fragmentos bacterianos que alcanzan el cerebro. Este es, también, un foco suplementario de la inflamación de bajo grado (véase pág. 81). Puede haber moléculas, no especialmente bienvenidas, que circulan en nuestro intestino y que se introducen en nosotros, en nuestro cuerpo. Estas pueden ser pequeñas moléculas procedentes de la alimentación, pequeños restos de bacterias* e incluso bacterias enteras. Ahora bien, todas estas entidades diminutas pueden abrirse paso hasta el cerebro. Así pues, ¡tu salud bucodental está estrechamente vinculada a tu bienestar!

Algunas de estas bacterias «malvadas», como la *Porphyromonas gingivalis*, favorecen la aparición de diabetes tipo 2 (sobre todo, a través de la inflamación de bajo grado, que altera la comunicación entre los órganos). Estudios más recientes muestran igualmente el vínculo entre esta bacteria (y otras) y la enfermedad de Alzheimer, la depresión o la ansiedad.[4]

* Se puede estudiar en un análisis sanguíneo, a menudo dosificando el LPS y el LBP circulante.

Nuestros dos cerebros se comunican de forma permanente, tanto en un sentido como en otro

Si tuvieras que retener un solo dato, quédate con este: el cerebro de abajo se comunica de forma permanente con el cerebro de arriba. Es una cadena de información continua. Aunque no lo sepas, pase lo que pase en tu segundo cerebro, tu primer cerebro está absolutamente informado de todo. El más pequeño problema detectado por el cerebro de abajo, ya sea un alimento difícil de digerir o una inflamación local, puede desencadenar sensaciones cuyo origen no comprenderás necesariamente: tristeza, ansiedad, cansancio...

Hay muchas formas de comunicarse; a continuación, veremos algunos ejemplos:

- El cerebro de abajo puede producir pequeñas moléculas que, como una llamada de teléfono, activan el nervio vago, que conecta directamente nuestros dos cerebros, y envía señales rápidas hacia el cerebro (también funciona en el otro sentido: el estado de ánimo influye en la salud del microbioma y del intestino (véase la gestión del estrés, pág. 304), aunque los mensajes también se pueden mandar más lentamente, a través de los vasos sanguíneos, y, en este caso, podemos imaginar que la información es entregada como una carta postal, enviada por el intestino hacia cualquier rincón de nuestro cuerpo.
- Por otro lado, la perturbación del microbioma intestinal implica una inflamación local que favorece la aparición de «brechas» en el intestino, lo que permite el paso de toxinas y bacterias a la sangre. Esto puede afectar directamente al cerebro y contribuir al desarrollo de enfermedades, como la obesidad, la depresión o la ansiedad. También puede afectar indirectamente al cerebro, en especial al aumentar la inflamación de bajo grado generalizada en todo el cuerpo o la neuroinflamación.

Historia de un parásito manipulador que induce a los ratones a suicidarse[5]

¿No crees que tu microbioma puede influir en tu cerebro? ¡Voy a intentar convencerte!

Tomemos el fascinante ejemplo de la *Toxoplasma gondii*, una bacteria que coloniza a los felinos y que únicamente se puede reproducir en su intestino. De una manera bastante ingeniosa, a veces se deja engullir por otros huéspedes, como los ratones, y alcanza su cerebro. Este parásito modifica profundamente el comportamiento de sus víctimas: los ratones infectados, en lugar de evitar el olor de la orina del gato por instinto de supervivencia, se precipitan hacia él. Se sienten irresistiblemente atraídos (incluso sexualmente) por lo que debería inspirarles miedo. Este comportamiento suicida contribuye a la perfección al ciclo vital del parásito, que regresa así a su huésped felino, bien alimentado y listo para una larga vida en su vientre.

En el ser humano, estos estudios han asociado la infección con *Toxoplasma gondii* a cambios en el comportamiento y a la esquizofrenia. Un estudio ha demostrado un aumento del riesgo de accidentes de tráfico en las personas infectadas por el parásito; otro observa cambios en las reacciones al olor de los gatos. Las personas que padecen esquizofrenia son más susceptibles que la población general a la infección por *Toxoplasma gondii*, y los medicamentos utilizados para tratar la esquizofrenia podrían actuar, en parte, inhibiendo la replicación del patógeno... Inquietante, ¿verdad?

Esta historia plantea una cuestión: ¿hasta qué punto los microorganismos que pueblan nuestro intestino influyen en nuestros propios comportamientos?

El trasplante de materia fecal que ha trasplantado la obesidad y la depresión

Para saber si el microbioma intestinal es responsable de una patología, existen diversas técnicas, una de las cuales es el trasplante de microbioma de un individuo a otro, por ejemplo, de personas enfermas a ratones sanos (o de ratones enfermos a ratones sanos). Hablamos de trasplante como si se tratara de un órgano, porque, dada su importancia, el microbioma intestinal es un órgano de pleno derecho. En realidad, se trata, simplemente, de trasplantar las heces.*

Un estudio fascinante ha supuesto un hito en la ciencia y ha demostrado hasta qué punto los microorganismos de nuestro intestino pueden actuar sobre el peso y la salud. Imaginemos a dos hermanas mellizas. Comparten el mismo ADN, pero una es delgada y la otra padece obesidad. Los científicos tuvieron la brillante idea de trasplantar el microbioma intestinal de cuatro pares de mellizas discordantes en cuanto a su obesidad.[6] Trasplantaron el microbioma de las mellizas que padecían obesidad a un grupo de ratones (jaula 1) y el microbioma de las mellizas sanas a otro grupo de ratones (jaula 2). A continuación, ambos grupos de roedores recibieron la misma alimentación, idéntica en calidad y cantidad.

Podría esperarse que los dos grupos de ratones subieran de peso de manera similar, pero el resultado fue fascinante: los que habían recibido el microbioma de las mellizas con obesidad acumularon más peso y grasa que los ratones que recibieron el microbioma de las mellizas delgadas.

Este experimento demuestra que los microbios presentes en el intestino juegan un papel crucial en la forma en que nuestro cuerpo almacena la grasa y utiliza la energía de los alimentos que consumi-

* El trasplante fecal, también conocido con el nombre de «trasplante de microbiota fecal» (TMF), es un procedimiento médico que consiste en transferir la microbiota intestinal de un donante sano a un receptor con el objetivo de restaurar un microbioma sano en este último. En Francia, el trasplante fecal está actualmente aprobado y se utiliza exclusivamente para tratar una única patología: la infección recurrente por Clostridium difficile (C. difficile). ¡Jamás debe hacerlo «uno mismo», porque los riesgos son graves y muy reales!

mos. En otras palabras, el microbioma puede influir en la tendencia a aumentar o a perder peso. Los investigadores llevaron la experiencia aún más lejos. Reunieron a los dos grupos de ratones en la misma jaula, permitiendo así que los microorganismos se transfirieran de manera natural entre los animales (¡sí, los ratones son coprófagos!).* Observaron entonces que los ratones que habían subido de peso empezaban a perderlo (y viceversa), lo que sugería que ciertos microbios beneficiosos pueden ayudar a combatir la obesidad.

Se han realizado trasplantes de microbioma en individuos que padecen ansiedad o depresión y se ha observado el mismo fenómeno: estas enfermedades, y muchas otras, se pueden explicar gracias al microbioma intestinal. Esta historia nos enseña que no solo somos lo que comemos, sino también lo que son y hacen nuestros microorganismos.

La desregulación del eje intestino-cerebro altera el control del apetito

¿Apetito o hambre?

El proceso de regulación del apetito es complejo y multifactorial y, si el eje intestino-cerebro está desregulado, se pueden poner patas arriba nuestras conductas alimentarias. Cuidado: ¡en esta fase conviene distinguir entre *hambre* y *apetito*! No son palabras sinónimas. El apetito se puede sentir en cualquier momento, mientras que el hambre solo se experimenta en ayunas.

El hambre es un proceso fisiológico y biológico que indica la necesidad de consumir energía para mantener las funciones corporales. Es una pulsión de supervivencia. El hambre aspira a iniciar la ingesta de alimentos y viene marcada por un conjunto de estímulos fisiológicos, como el vaciamiento gástrico y la liberación de grelina (véase pág. 249), la disminución de la glicemia y de la insulinemia o la actividad del microbioma. El apetito, en cambio, hace referencia

* Es decir, comen heces.

al deseo o a las ganas de comer. La señal procede del cerebro y se vehicula de arriba abajo (se habla de una regulación cefálica de la alimentación). A menudo, el apetito es desencadenado por factores externos y psicológicos más que por una verdadera necesidad fisiológica de consumir energía. Puede estar influido por aspectos sensoriales, emocionales y cognitivos.

¿Qué es lo que te abre el apetito?

Para poder actuar, intenta identificar qué es lo que te abre el apetito. La vista, el olfato o el sabor de los alimentos pueden estimularlo, aun en ausencia de hambre. Por ejemplo, cuando cada día pasas por delante de un vendedor de gofres, compras algunos aunque acabes de comer e incluso si has comido mucho. O, llegado el momento de pedir tu ensalada predilecta y equilibrada en el restaurante, eliges una pizza XXL porque has percibido el olor que emana de la mesa vecina. O acabas por aceptar las galletas que te ha ofrecido tu compañero al abandonar la mesa. O..., ¡con solo leer estas líneas, ya tienes la impresión de tener hambre! ¡A mí me pasa al escribirlas!

Ciertas emociones influyen en el apetito, a menudo a través de vías que implican al sistema límbico y los circuitos de recompensa del cerebro. Este puede empujarnos a buscar el placer en otro lugar cuando experimentamos emociones como tristeza, irritación, frustración, aburrimiento, soledad... En efecto, el apetito está fuertemente ligado a los circuitos de recompensa del cerebro, en concreto, a los relacionados con la dopamina. El consumo de alimentos placenteros puede producirla, lo que refuerza la conducta alimentaria, porque esta hormona recompensa aquellos comportamientos que nos permitían promover la supervivencia (algo no siempre apropiado...). La educación que hemos recibido en relación con la alimentación influye en gran medida en el vínculo entre emociones y comida, de ahí la importancia, por ejemplo, de evitar intentar «calmar» a nuestros hijos con dulces o *snacks*. El estrés crónico también puede aumentar el apetito. Era un mecanismo de supervivencia interesante, pero hoy en día ha dejado realmente de serlo. Si vivíamos un periodo de crisis prolongada, comer un poco más de tubérculos fibrosos o de carne magra nos permitía ser más fuertes y resistentes; en la actualidad, cuando nuestro jefe nos hace vivir en el terror, el deseo de comer bombones muy calóricos durante todo el día puede, por el contrario, activar un círculo vicioso. Además, el impulso reprimido de huir o de luchar, combinado con el sedentarismo, puede aumentar de manera importante las consecuencias negativas del estrés en nuestra salud (¡no te sugiero pegarle a tu jefe, sino desahogarte haciendo deporte!).

La disponibilidad de los alimentos, los hábitos sociales y culturales, así como los horarios de las comidas, juegan un papel esencial en la modulación del apetito. A veces, cuando llega la hora de almorzar, nos embarga una sensación de hambre, a pesar de haber estado picando *snacks* dulces toda la mañana, en la oficina. Y la omnipresente publicidad relacionada con la comida nos tienta por todas partes. La corteza prefrontal* interviene en la toma de decisiones y puede modular el apetito en función de nuestros objetivos, valores o decisiones conscientes. Por ejemplo, en este mismo momento, siento el deseo de comer un puñado de frutos secos (porque he vaciado las alacenas de alimentos ultraprocesados y en casa no tengo nada más atractivo), pero me controlo y no lo hago, porque sé que he almorzado hace apenas una hora y quiero evitar picar entre comidas. Sin embargo, si hubiera tenido galletas o patatas fritas, es bastante probable que no hubiera logrado evitar consumir estos alimentos, que para mí son irresistibles. Entonces, mi corteza prefrontal sin duda no habría podido controlar mi toma de decisiones y habría perdido contra mis sistemas límbico (emociones) y dopaminérgico (recompensa).

* La corteza prefrontal, situada justo detrás de la frente y bajo el cráneo, juega un papel fundamental en las funciones cognitivas superiores o los procesos intelectuales complejos, como la planificación, el razonamiento o la toma de decisiones, así como en el control de la motivación, de las emociones y del estado de ánimo. Por otra parte, algunos la describen como el «director general» del cerebro debido a su papel central en la regulación de los comportamientos y de las emociones.

¿Cómo medir el apetito?[7]

Durante mi doctorado, utilicé un cuestionario que permite evaluar la conducta alimentaria, el Dutch Eating Behaviour Questionnaire (DEBQ), ampliamente usado a escala internacional. Evalúa tres principales componentes de la alimentación susceptibles de contribuir al aumento de peso y al sobrepeso:

- La emotividad alimentaria: mide la tendencia de una persona a comer en respuesta a emociones negativas (tristeza, estrés, ansiedad o ira). El alimento se utiliza entonces como un medio de regulación emocional.
- Factores externos: se evalúa la susceptibilidad de una persona a comer en respuesta a estímulos alimentarios externos (vista, olor o accesibilidad del alimento), independientemente de la sensación de hambre. Los individuos que puntúan alto en este ámbito están más predispuestos a comer cuando se exponen a alimentos apetitosos, aunque no sientan hambre.
- La restricción cognitiva: por último, también mide la tendencia de una persona a restringir voluntariamente su consumo alimentario para controlar su peso o por razones de salud. Esto incluye comportamientos como limitar las porciones o evitar ciertos tipos de alimentos.

Responde al cuestionario en el siguiente código QR:

(En francés)

¿Cómo prolongar la sensación de saciedad para reducir el hambre?

Después de la comida, la simple distensión del estómago permite la secreción de ciertas hormonas* que envían al cerebro la señal de la saciedad y reducen el apetito y la ingesta de alimentos. Pero la secreción de hormonas no solo depende de la distensión del estómago, sino en gran medida de la calidad de la comida y de su composición en proteínas, glúcidos y lípidos.[8]

Para ser exactos, más allá de una alimentación de buena calidad general, consumir suficientes proteínas (0,8-1,6 g al día por cada kilo) y fibra (> 30 g al día) permite mejorar realmente la sensación de saciedad y ralentizar e incluso disminuir la absorción de ciertos nutrientes (por ejemplo, los glúcidos y los ácidos grasos), mientras que los alimentos ricos en azúcares añadidos o con una carga o un índice glicémicos elevados, así como con ácidos grasos saturados o trans, pueden alterar el eje intestino-cerebro y aumentar el apetito.

Es necesario saber que las proteínas disminuyen más intensamente el apetito que los lípidos y, sobre todo, que las grasas (fibra no incluida, como ya vimos). De hecho, con independencia de la cantidad de comida, el eje intestino-cerebro no es realmente capaz de detectar o de determinar el aporte calórico de una determinada comida. Además, es importante señalar que el cerebro no detecta bien las «calorías líquidas»; evita, pues, tomar bebidas calóricas. En cambio, el contenido de la comida (macro y micronutrientes) es el principal factor que influye en la reducción del apetito después de comer. Por esta razón, es importante prestar atención a un buen contenido de proteínas en cada comida para reducir el aporte energético total al aumentar la sensación de saciedad en comparación con la que proviene de los carbohidratos y las grasas. El aporte de proteínas permite estimular la síntesis de hormonas «supresoras del apetito» y que el intestino envíe al cerebro la señal de saciedad y

* Estas son algunas de las preciosas hormonas de las que quizá ya hayas oído hablar: el péptido 1 similar al glucagón (GLP-1), la colecistoquinina (CCK) y el péptido YY (PYY).

también ayuda a reducir el consumo alimentario. Y lo mismo ocurre con la fibra y las grasas buenas. En el protocolo examinaremos qué ingredientes debe incluir el plato para optimizar la sensación de saciedad.

Pequeños consejos interesantes

El intestino no logra digerir por completo los alimentos ricos en fibra (por lo tanto, no todas las calorías serán absorbidas): es el caso de una inmensa ensalada variada o de un puñado de frutos secos, cuya descomposición exige un trabajo colosal, al contrario que un pequeño plato de puré instantáneo, que solo contiene glúcidos digeribles (y de absorción rápida). No evites, pues, comer tus 30 g de frutos secos al día, que procuran 800 kcal por 100 g. Al contrario, ¡consúmelos, ya que sabes que cuidan tu intestino y su microbioma (y tu salud global) y controlan tu apetito debido a su riqueza en nutrientes esenciales!

Consejo práctico: a partir de mañana, revisa las tablas nutricionales de los diversos tipos de alimentos que consumes cada día (por ejemplo, pan, muesli...). Inspecciona la sección «glúcidos» y elige los alimentos con un contenido más rico en glúcidos no digeribles (fibra) y un menor contenido en glúcidos digeribles (almidón). Vigila en especial los azúcares: idealmente, cuanto menos, mejor.

LO QUE NOS VUELVE ADICTOS A LA COMIDA BASURA

Comemos alimentos ultraprocesados que no nos alimentan realmente

Hemos evolucionado para maximizar nuestras opciones de supervivencia. Nuestro cerebro motiva, recompensa y refuerza ciertos comportamientos que actúan en este sentido. Comer un alimento rico en calorías, sal, grasas saturadas y, sobre todo, en azúcares de liberación rápida (con un índice y una carga glicémicos elevados) provoca una sensación de placer y de recompensa, en especial si estos tres últimos están perfectamente combinados. El comportamiento asociado con esta ingesta alimentaria y su recompensa se registran o refuerzan en el cerebro (si ya han tenido lugar). A partir de este momento, este último nos empujará a buscar y repetir este comportamiento, fuente de placer, y lo volverá particularmente atractivo. Podemos incluso sentir placer anticipado (por ejemplo, al abrir un envase de helado, nos sentimos excitados ¡incluso antes de probarlo!) debido a la liberación de dopamina en el cerebro. Esta hormona también permite el refuerzo de la conducta.

Esto también se aplica al sexo, al acto de socializar, a otras conductas esenciales para la supervivencia de la especie y, en casos extremos, de manera más intensa, al consumo de ciertas drogas, como la cocaína, la heroína o el alcohol, tres de las drogas más adictivas. Una vez que hemos probado la heroína, es casi imposible resistirse a ella; una situación muy parecida se da con la cocaína. En cuanto al alcohol, la adicción arraiga más lentamente; tomar alcohol una sola vez no basta para generar una adicción de la que cuesta desprenderse, pero va mucho más rápido de lo que la mayoría de la gente cree. Cuando se padece una adicción, buscamos cada vez más, incluso de forma permanente, la sensación de placer que nos procura la sustancia o la conducta (por ejemplo, el juego). El azúcar, y mucho más si se combina con grasa, suscita este tipo de recompensa y de refuerzo dopaminérgico.

Muchas calorías, pero pocos nutrientes esenciales: las calorías vacías

Hoy en día, los alimentos han cambiado: una galleta, un helado, un bombón o unas patatas fritas pueden activar los fuegos artificiales del circuito de la recompensa, y algunas personas aseguran padecer adicción a la comida basura y a veces a ciertos alimentos y platos que parecen verdaderamente nutritivos, pero que en realidad contienen azúcares ocultos y otros ingredientes que nos manipulan. ¡Sí! Encontrarás azúcares añadidos, sin saberlo, en las conservas de salsa de tomate, a veces en las zanahorias secas y en las habas, en los yogures, en los platos preparados, en el surimi (recomendado por un falso experto en salud), en el arroz del *sushi* (preparado con más azúcar del que imaginas), en el muesli que crees sano e incluso en las salsas que aliñan tus ensaladas preparadas en el restaurante o en el supermercado. Un truco interesante para la industria agroalimentaria: consumirás más y con más frecuencia.

Los alimentos ultraprocesados tienen un sabor cada vez más dulce y las porciones son cada vez más grandes. Tus abuelos y tus padres lo confirmarán. Tal vez te hayas dado cuenta de que, en ciertos países, como en Estados Unidos, los refrescos o el pan de venta en grandes superficies tienen más azúcar y las porciones son gigantescas en comparación con las de Francia. Una excelente estrategia de los fabricantes, que pretenden comercializar alimentos más atractivos e irresistibles. Estos alimentos estimulan el sistema de recompensas con más intensidad que la comida natural, no procesada.

Como las drogas, los azúcares y las harinas refinados son sustancias procedentes de la naturaleza, en la que los componentes naturales y en bruto existen en concentraciones mucho más débiles que en los alimentos procesados, y en combinación con fibra, agua, vitaminas y minerales. Cada vez más, los investigadores creen que estas nuevas sustancias solo se vuelven adictivas una vez extraídas y concentradas gracias a los modernos procedimientos industriales. Por ejemplo, las hojas de coca y la cocaína no tienen los mismos efectos perjudiciales y adictivos (mascar hojas durante toda la vida no supone problemas graves de salud, salvo para los dientes); otro tanto se aplica al opio y a la heroína extraídos de la adormidera y al etanol extraído de la uva, los cereales, las frutas y las patatas.

La preferencia por los glúcidos (y probablemente por las grasas y la sal) está «programada» en nosotros, porque juega un papel crucial al impulsarnos a consumir alimentos sanos y nutritivos, como las frutas. Pero, mientras que pequeñas concentraciones en los alimentos naturales, que también contienen cantidades significativas de fibra, entre otras sustancias, nos incitan a comerlos, una gran concentración en los alimentos refinados puede desviarnos y subvertir esta adaptación, lo que induce a ciertas personas a buscar y consumir de forma compulsiva alimentos refinados.

Además, otro de los factores en el desarrollo de esta adicción a la alimentación es la práctica de los fabricantes de combinar ciertas sustancias de forma totalmente artificial, lo que puede reforzar su potencial adictivo: no solo azúcar, no solo grasa, sino los dos implica el doble de probabilidades de volvernos adictos.

Las personas que experimentan una sensación de adicción a la alimentación están constantemente expuestas al sufrimiento, a tentaciones que necesitan un control casi imposible ante su deseo de tomar esa «droga». ¡Sí! Porque, al contrario que las drogas ilegales, que no son socialmente aceptadas, los productos ultraprocesados están disponibles en todas partes. A estas personas, ver un anuncio de alimentos azucarados, pasar ante un *fast food* o ver a alguien abriendo un paquete de patatas fritas en el metro las expone a la tentación, en cierto modo como le ocurriría a un consumidor de drogas.

¿Qué es la adicción a la alimentación?

La adicción es una condición médica caracterizada por una dependencia compulsiva a una sustancia o a una conducta a pesar de sus consecuencias negativas. Está marcada por una incapacidad para controlar el uso de la sustancia o la conducta, una obsesión por la búsqueda de placer, una necesidad de aumentar las dosis para experimentar los mismos efectos (tolerancia) o incluso la persistencia en la actividad, a pesar de sus efectos nocivos. Aunque la adicción al azúcar no sea real, ciertos investigadores sostienen que existe una cierta forma de adicción a la comida.

¡Ratas «adictas» al azúcar!

Diversos estudios demuestran que, si se expone a las ratas a alimentos azucarados, desarrollan signos de adicción. En su cerebro se producen modificaciones similares a las observadas al tomar cocaína u opioides. Las ratas «adictas» al azúcar están incluso dispuestas a soportar descargas eléctricas para consumir su droga: ¡dulces!

En un estudio,[9] las ratas fueron expuestas a estos alimentos extremadamente sabrosos, a la vez muy grasos y ricos en azúcar. Cuando se las privaba de ellos, y a pesar de haber comido lo suficiente, su deseo irreprimible las empujaba a pasar por una rejilla que les administraba fuertes descargas eléctricas para poder consumirlos. Estas ratas estaban dispuestas a sufrir, y no para tomar drogas duras, sino para consumir alimentos deliciosos y ultraprocesados. Es evidente que nosotros no somos roedores, pero este estudio plantea una cuestión relevante: ¿somos capaces de controlarnos antes los alimentos ultraprocesados, que constituyen una fuente notable de azúcares añadidos?

En la actualidad, la adicción a los alimentos no está incluida en los «trastornos» recogidos en el *DSM-5*, que es la herramienta utilizada por los psicólogos y los psiquiatras para diagnosticar las enfermedades mentales. Es un trastorno del que se ha empezado a hablar recientemente y que aún plantea mucho debate, pero es probable que no haga más que aumentar dado el incremento de los productos ultraprocesados,[10] sobre todo si las autoridades nacionales e internacionales no limitan los estragos causados por la industria agroalimentaria.

Podemos medir esta adicción a la alimentación con la Yale Food Addiction Scale (YFAS).[11] El uso de esta escala ha permitido mostrar que, en 2020, el 6,4 % de las personas con un peso normal en Francia presentaban una adicción alimentaria. Esta tasa es más elevada entre quienes padecen obesidad: una de cada dos personas en este estado tiene esta adicción. Sin duda, estas estadísticas han aumentado desde que se realizó el estudio.[12] El cuestionario disponible a través del siguiente QR permite detectar la adicción a la alimentación.

(En francés)

¿Qué favorece esa sensación de adicción a la alimentación?

- El efecto yoyó, los regímenes restrictivos (voluntarios o impuestos), la obesidad y el estrés crónico asociado son factores que contribuyen a desequilibrar nuestra relación con la alimentación.
- Haber vivido experiencias difíciles durante la infancia. O haber recibido una educación que refuerza la recompensa vinculada al acto de comer.
- Una adicción (pre)existente favorece la adicción a otras sustancias. Se habla de efecto pasarela. Así, consumir una droga legal (como la nicotina) puede llevar a tomar una droga ilegal (como la cocaína). Y dejar una droga (por ejemplo, la cocaína) puede favorecer la aparición de esta sensación de adicción a la alimentación.

Busca ayuda si mantienes una relación conflictiva con la alimentación. Los consejos que encontramos en los libros (incluso en este) o en internet no bastan realmente para controlar nuestro apetito y nuestra relación con la alimentación si esta es patológica. No es falta de voluntad, sino que los trastornos de salud mental y del comportamiento alimentario, incluido este, son problemas serios que necesitan un abordaje riguroso si pretendemos superarlos. Habla con tu médico de cabecera, que podrá recomendarte equipos pluridisciplinares (médico nutricionista, psicólogo, psiquiatra, endocrinólogo, neurólogo...). Comprueba también si tus hijos tienen una relación conflictiva con la alimentación; tal vez aún estás a tiempo de ayudarlos a superar sus demonios.

La industria juega con nuestro circuito dopaminérgico para enriquecerse

¿Realmente tenemos libre albedrío? Nos bombardean imágenes, objetos de deseo que cautivan nuestra atención, y debemos luchar sin cesar contra pulsiones que nos procuran un placer breve y perjudicial para la salud a largo plazo cuando los productos se consumen sin control (patatas fritas, juegos, cigarrillos, alcohol, redes sociales...).

Las industrias agroalimentarias contratan científicos brillantes, profesionales del *marketing* y de la comunicación e ingenieros que utilizan las mismas máquinas que se usan en la investigación médica (escáneres, IRM), pero con un objetivo contrario: crear alimentos a los que no podremos resistirnos, que consumiremos rápidamente y en grandes cantidades hasta caer enfermos y que querremos seguir comprando. Investigan para entender por qué nos atraen los alimentos, cuáles son los que nos cautivan más (por ejemplo, las patatas fritas con sabor a cacahuete y con un olor muy intenso) y cómo inducirnos a consumirlos, cómo activar los receptores de la lengua para crear fuegos artificiales en el cerebro, al tiempo que el sabor desaparece con rapidez para impulsarnos a comer más (como los nachos recubiertos de polvo naranja); qué forma incita a comer más (como las patatas fritas curvadas); cómo crear la mejor textura en la boca (un yogur sedoso, un caramelo cremoso), una textura crujiente con un sonido único (las pequeñas ranuras en las patatas fritas, que transmiten al cerebro la impresión de que estamos comiendo un alimento fresco, como una manzana crujiente y jugosa), una textura que se funde en la boca y «desaparece» (el cerebro cae en la trampa, cree no haber comido nada, porque no tiene en cuenta las «calorías líquidas»), sabores únicos pero ausentes en el alimento (potenciadores del sabor) y colores (los nachos de «queso», que no contienen queso...); qué promesas hacer para responder a nuestras preocupaciones (patatas fritas con semillas de chía, «ricas en fibra y proteínas», yogures con un «0 % de materia grasa», que contienen azúcares añadidos y son más calóricos que sus equivalentes y también incorporan numerosos aditivos, edulcorantes sin calorías para «conservar la línea», aunque también fomentan el aumento de peso, la diabetes tipo 2 y la adicción a la alimentación).[13]

En su jerga, las industrias aspiran a alcanzar el *bliss point* (punto de felicidad), la combinación ideal de azúcar, materias grasas y sal presentes en un producto alimentario para maximizar el placer del consumidor y estimular el sobreconsumo; o el *mouthfeel*, la sensación en boca ideal que procura un alimento en términos de textura, consistencia, viscosidad, temperatura y astringencia (en tu helado cremoso); o también el *flavour burst* (explosión de sabor), una intensificación repentina y poderosa de los sabores al consumir un alimento, ideada para sorprender y deleitar las papilas gustativas del consumidor (en tus nachos de «queso»). ¡Ser consciente de todo esto quizá te permitirá eliminar definitivamente una gran parte de los alimentos ultraprocesados de tu alacena!*

* Los estudios de asociación en los seres humanos muestran una correlación entre un mayor consumo de alimentos ultraprocesados y un riesgo más elevado de trastornos del sueño, ansiedad, depresión y otros problemas de salud mental (Lane *et al.*, 2022). Los estudios de intervención son extremadamente limitados en el ser humano por razones éticas; además, ¡solo uno ha examinado los efectos de una alimentación rica en alimentos ultraprocesados en el ser humano! En este estudio (Hall *et al.*, 2019), veinte adultos con ligero sobrepeso siguieron o bien un régimen de alimentos ultraprocesados durante dos semanas o bien un régimen de alimentos sin procesar. Los participantes podían comer cuanto desearan. Se observó que los individuos que seguían el régimen ultraprocesado consumían más de 500 kcal suplementarias al día, lo que produjo un

¿A qué alimentos no nos podemos resistir?

Los alimentos ricos en azúcares añadidos de liberación rápida (con índice y carga glicémicos elevados) pueden favorecer la liberación en el cerebro de opioides y dopamina. La literatura científica los señala como principales responsables de esta relación calificada de adicción. Muchas personas aseguran sentirse empujadas a tomar alimentos azucarados, igual que como quien padece de alcoholismo no puede evitar beber.

Muchos individuos pueden tener problemas para controlar su consumo de ciertos alimentos, sobre todo los ultraprocesados, ricos en azúcares añadidos, pero también en grasas saturadas y sal. Los que contienen aditivos artificiales modifican el sabor o la textura. Evidentemente, no existen estudios que hayan puesto a prueba qué alimentos son adictivos en el ser humano (no sería ético). Sin embargo, numerosos estudios en ratas demuestran que podemos volvernos realmente adictos a la comida. Ejemplos de estos alimentos artificiales[14] a los que cuesta resistirse, muy azucarados o que combinan nutrientes de una forma no natural, son los siguientes:

- Las bebidas azucaradas, como los refrescos que contienen azúcar y a veces también cafeína.
- Las féculas refinadas, como el pan de molde blanco, la repostería, los buñuelos y los dónuts. Estos tres últimos contienen harinas muy refinadas, azúcar, sal, grasas y a veces cafeína procedente del chocolate.
- Los fritos, que contienen glúcidos, grasas, sal y a veces azúcares añadidos.

aumento de peso de un kilo, al contrario que los individuos que siguieron el régimen no procesado, que experimentaron una pérdida de peso similar. Los investigadores también demostraron variaciones en los niveles de hormonas del hambre y del apetito, así como en los marcadores de resistencia a la insulina, lo que sugiere que los alimentos no procesados pueden contribuir a una mejor regulación del apetito y a una salud metabólica mejorada.

- Los alimentos azucarados, como el helado, el chocolate con leche, las galletas, los bombones y los cereales azucarados del desayuno.
- Los alimentos salados, como las patatas fritas, los *pretzels* y los *snacks* salados.
- Los alimentos grasos, como el beicon, las hamburguesas, las *cheeseburgers*, las pizzas, el pollo frito y ciertos quesos grasos industriales.

¿Cómo evitar los alimentos ultraprocesados?

- Tómalos de forma ocasional o, mejor, excepcional. Para muchos de nosotros no es posible consumirlos con moderación. Como ocurre con la droga, no tenerlos al alcance de la mano es la clave para una remisión. No deseo que nadie se sienta culpable ni imponer restricciones. Cuando trabajaba incansablemente para mi doctorado, sufría atracones y ¡podía consumir muchos paquetes de galletas o dulces en una hora! Hoy procuro no tenerlos en casa. Compro en tiendas en las que no existen estos alimentos o, al menos, en las que no están colocados de una forma agresiva y, cuando voy a comprar, lo hago estando saciada y evito los pasillos que podrían tentarme.
- Procura adaptar tus costumbres. Si no logras resistirte a estos alimentos, haz la compra en el mercado y no en una gran superficie, cambia de trayecto si cada día pasas por delante de una panadería que te incita a consumir; sirve como aperitivo almendras, altramuces, *edamames* o aceitunas, que son alimentos sabrosos y más sanos y se consumen de una forma menos compulsiva que las patatas fritas. Sustituye tus costumbres por otras que te procuren otras recompensas.
- Dirígete poco a poco hacia opciones menos azucaradas y más sanas. Dejarlo todo de repente podría provocar síntomas de ansiedad, estrés o fatiga, lo que podría llevar al fracaso o a la frustración.

- Elimina todos los azúcares ocultos que alimentan tu «adicción» sin que seas consciente de ello. Conviértete en un consumidor informado y aprende a leer las etiquetas y las listas de ingredientes. Te sorprenderá encontrarlos en la vinagreta, la salsa de tomate y los platos preparados, aunque sean salados. Cuando consumas un alimento «por placer» (como unas galletas), hazlo con conocimiento de causa.
- Descubre cuándo y por qué empezaste a consumir estos productos de forma excesiva. ¿Cuándo empezó esta costumbre? ¿Cuáles son los detonantes (estrés...) y la función que estos alimentos juegan en tu caso (consuelo...)? Tu médico podrá informarte sobre terapeutas que te enseñen ejercicios de conciencia plena para cuando sientas la necesidad compulsiva de comer, para identificar aquello que te incita a buscar consuelo en la alimentación.
- Cuestiona ciertos comportamientos o hábitos sociales y culturales, como comer en cada encuentro social. ¿Por qué no dar un paseo en grupo? ¿O tomar un café, un té o similar o jugar a un juego de mesa?

Toda la información sobre las calorías vacías, el efecto «matriz» y los alimentos ultraprocesados[15]

Las calorías vacías: muchas calorías, pocos nutrientes esenciales

Utilizamos la expresión «caloría vacía» para designar un alimento muy rico en calorías pero pobre en nutrientes esenciales, como vitaminas, fibra, minerales, ácidos grasos buenos o fitonutrientes. Estas «calorías vacías» se encuentran, sobre todo, en los alimentos ultraprocesados: productos ricos en azúcares con una carga glicémica o un índice glicémico elevados y ricos en grasas saturadas o trans.

Por ejemplo, las patatas fritas o las pequeñas bolitas de chocolate de colores recubiertas de galleta, chocolate o caramelo (400-500 kcal/100 g) proporcionan mucha energía, pero prácticamente ningún nutriente esencial para el cuerpo. ¡Tienen las mismas calorías que una ensalada completa! Por el contrario, un puñado de frutos secos es aún más energético, pero es rico en fibra, ácidos grasos buenos y micronutrientes esenciales: nos alimenta de verdad y, además, el intestino no es capaz de extraer todas las calorías debido a la complejidad de su estructura.

¿Cuál es el problema? Responden a las necesidades calóricas inmediatas, pero dejan el cuerpo hambriento de nutrientes. Paradójicamente, incluso las personas con sobrepeso u obesidad pueden sufrir malnutrición o carencias nutricionales, porque consumen alimentos ricos en calorías vacías pero pobres en elementos esenciales.

El efecto matriz

La matriz alimentaria se refiere a la estructura y la composiión de un alimento natural o en bruto. Esta matriz es increílemente compleja, tanto en lo que se refiere a su organización espacial como a la manera en la que interactúan sus numerosos nutrientes (fibra, proteínas, ácidos grasos, vitaminas, minerales y fitonutrientes). Un alimento poco procesado presenta una estructura especialmente elaborada.

El efecto matriz juega un papel central en la liberación de nutrientes en el seno del tubo digestivo, su biodisponibilidad, sus efectos metabólicos y la sensación de saciedad que producen. Esta organización única hace que los alimentos naturales sean valiosos: por ejemplo, una manzana entera, gracias a su fibra, libera sus azúcares de forma progresiva, lo que limita los picos de glicemia a la vez que prolonga la saciedad. Por el contrario, el zumo de manzana, en el que la matriz ha sido alterada, provoca una liberación rápida de azúcares y no sacia tanto. Cuando un alimento es ultraprocesado, su matriz se desintegra, los nutrientes se aíslan y luego se reensamblan.

Este proceso no solo modifica la textura del alimento, sino también la forma en la que nuestro organismo digiere y asimila los nutrientes.

Un ejemplo concreto: la matriz alimentaria de una manzana se caracteriza por su forma redonda, su estructura sólida y porosa y su composición en células vegetales rodeadas de membranas fibrosas impregnadas de azúcares. Así pues, no es solo su composición química (como la presencia de fructosa, vitamina C o pectina) lo que la convierte en un alimento único. Una barrita de chocolate enriquecida con vitaminas o una bebida energética no puede igualar los beneficios de una fruta o de un puñado de frutos secos, aunque contenga los mismos nutrientes esenciales, porque los nutrientes aislados no funcionan de la misma forma al margen de su entorno natural. Con una composición idéntica, pero con matrices diferentes, dos alimentos producirán efectos distintos en el organismo y, por lo tanto, en la salud a largo plazo.

¿Por qué la matriz es insustituible?

Los alimentos ultraprocesados no pueden reproducir los beneficios de los alimentos naturales. Pierden la sinergia y la organización compleja entre sus diferentes componentes. Además, aunque se han identificado veintiséis mil nutrientes y compuestos en los alimentos no procesados (muchos de ellos se conocen mal), las tablas nutricionales solo censan en torno a ciento cincuenta.[16] La industria alimentaria aún está lejos de comprender y reproducir los mecanismos de la alimentación natural.

Las consecuencias de una desestructuración de la matriz alimentaria:

- Absorción acelerada de azúcares y grasas: la destrucción de la matriz hace que los nutrientes sean más rápidamente accesibles, lo que favorece la inflamación crónica, el aumento de peso y los picos glicémicos, fuentes de cansancio para el organismo.

- Alteración de los nutrientes aislados: cuando se extraen de su contexto natural, ciertos nutrientes, como las vitaminas o los ácidos grasos esenciales, pueden perder su eficacia o degradarse. Además, los procedimientos industriales a menudo contribuyen a esta alteración.

Estas observaciones refuerzan la idea de que es imposible reproducir los efectos beneficiosos de los alimentos naturales y complejos a través de los productos ultraprocesados.

¿Cómo clasificar el grado de transformación de los alimentos?

El índice NOVA[17] es un sistema de clasificación que agrupa los alimentos en cuatro categorías según su grado de transformación:

NOVA 1: alimentos no procesados o poco procesados

a. Estos alimentos se aproximan mucho a su estado natural. Las transformaciones eventuales (cocción, congelación, troceado) sirven únicamente para volverlos comestibles o para prolongar la duración de la conservación.
b. Ejemplos: frutas y verduras frescas o congeladas, carnes crudas, pescados frescos, huevos, leche, frutos secos, granos, cereales integrales...

NOVA 2: ingredientes culinarios procesados

a. Son productos obtenidos a partir de alimentos naturales que se utilizan para cocinar o sazonar.
b. Ejemplos: aceites vegetales, mantequilla, azúcar, sal, miel...

NOVA 3: alimentos procesados

a. Se producen combinando ingredientes simples (categoría 2) con alimentos no procesados (categoría 1). El objetivo es prolongar la duración de la conservación o hacerlos más apetecibles, aunque siguen siendo relativamente sencillos.
b. Ejemplos: verduras y legumbres en conserva, pescados en salmuera, panes artesanales, quesos tradicionales, frutas en almíbar.

NOVA 4: alimentos ultraprocesados (AUP)

a. Son el resultado de un ensamblaje industrial complejo de sustancias procedentes de alimentos originales o sintéticos. A menudo, estos productos incluyen aditivos (colorantes, aromas, potenciadores del sabor, emulsionantes) para volverlos más apetecibles y atractivos.
b. Ejemplos: galletas, refrescos, bombones, *nuggets*, platos preparados congelados, patatas fritas, cereales azucarados para el desayuno, yogures aromatizados, barritas de chocolate, salsas industriales.

El hecho de que un alimento haya sido etiquetado con una «A» en Nutri-Score no significa que sea bueno para la salud (por ejemplo, ¡los cereales para el desayuno!). Intenta comparar esta puntuación con su índice NOVA. OpenFoodFacts.org recopila estas informaciones y otras que podrían serte de utilidad.

Cómo reconocer un alimento ultraprocesado

1. **Presencia de ingredientes industriales específicos**: sustancias rara vez utilizadas en la cocina doméstica: sirope de

maíz con alto contenido en fructosa, aceites hidrogenados, proteínas aisladas (proteínas de soja, caseína, etcétera); aditivos para mejorar la textura, el color y el sabor: aromas artificiales, emulsionantes, estabilizantes, edulcorantes, colorantes. Si no encuentras muchos de los ingredientes presentes en tu cocina, evita comprarlos.
2. **Larga lista de ingredientes**: es habitual que los AUP contengan diez, veinte o incluso treinta ingredientes, muchos de los cuales son sustancias químicas o con nombres complejos. Si la lista es larga y contiene nombres difíciles de pronunciar y códigos como E330 (ácido cítrico), hay más posibilidades de que se trate de un AUP. Si lo piensas bien, una manzana solo tiene un ingrediente y, además, ¡se presenta sin embalaje ni etiqueta!
3. **Procesos industriales sofisticados**: estos alimentos suelen estar sometidos a técnicas como la extrusión, el moldeado, la prefritura o la carbonatación, que necesitan equipos industriales: ¡jamás podrás elaborarlos en casa!
4. **Han sido concebidos para ser prácticos y adictivos**: suelen estar listos para consumir o calentar y su formulación los vuelve muy apetecibles, incluso adictivos.
5. **Envoltorio atractivo con un *marketing* llamativo (y no pocas veces engañoso)**: los alimentos ultraprocesados suelen venir embalados en materiales brillantes, con muchos colores y promesas o argumentos de *marketing* («*light*», «rico en proteínas», «sin gluten», «rico en fibra») que ocultan su escasa calidad nutricional.

Ejemplos concretos de alimentos ultraprocesados

- *Snacks* azucarados y salados: patatas fritas, galletas, barritas de chocolate...
- Bebidas: refrescos, bebidas energéticas, tés fríos azucarados...

- Platos preparados: lasañas congeladas, *pizzas* industriales, *nuggets* de pollo...
- Desayuno: cereales azucarados, barritas de cereales, bollería industrial...
- Productos lácteos: yogures aromatizados, ciertos quesos fundidos o en lonchas...
- Productos reconstruidos: *hot dogs*, salchichas industriales, palitos de pescado rebozados...

NUESTRO ESTILO DE VIDA INFLUYE EN NUESTRO ESTADO DE ÁNIMO Y EN NUESTROS COMPORTAMIENTOS

En materia de nutrición, la gente suele pensar en los regímenes, en las estrategias para perder peso. Saben que la alimentación puede hacernos engordar, pero es habitual que se queden ahí. Ciertas personas, en especial, las que padecen trastornos digestivos, perciben la relación entre lo que comen y la salud de su vientre. Pero también es habitual que no vayan más lejos. Casi nunca se habla del impacto de nuestro estilo de vida y, sobre todo de la alimentación, sobre la forma en la que nos sentimos. La salud mental es un tabú. Se sufre en silencio, se cree que «ser depresivo»* es un rasgo de la personalidad y que hay muchas estrategias para sentirse mejor. Sin embargo, ¡el impacto del estilo de vida en nuestras capacidades intelectuales y el riesgo de desarrollar demencia es muy real!

Más allá de influir en la salud física y en el intestino y su microbioma, nuestro estilo de vida occidental favorece las alteraciones del estado de ánimo (de los trastornos ansiosos a la depresión), del sueño y también de las capacidades intelectuales, y aumenta el riesgo de desarrollar enfermedades neurodegenerativas, como el alzhéimer.

* En realidad, no se «es» depresivo, se «padece depresión».

La depresión y los trastornos de ansiedad en cifras[1]

- Más de una de cada cinco personas ha sufrido o sufrirá depresión a lo largo de su vida y, entre el 5 y el 20% de ellas, se suicidarán. Se considera que uno de cada diez adolescentes entre los doce y los dieciocho años padece depresión. Y estas cifras están aumentando. Las personas que padecen depresión esperan una media de diez años antes de buscar ayuda. Es una enfermedad compleja y multifactorial que se cura en la gran mayoría de los casos (más del 60%) cuando se aborda de una forma clásica (tratamientos psicoterapéuticos y farmacológicos). También el estilo de vida es una estrategia adicional fundamental para prevenir e incluso curar la depresión.
- En el transcurso de su vida, uno de cada cinco adultos padecerá ansiedad. Los trastornos de ansiedad (porque hay al menos seis subtipos) afectan dos veces más a las mujeres que a los hombres.

NUESTRO ESTILO DE VIDA PROINFLAMATORIO ALTERA EL FUNCIONAMIENTO DE NUESTRO CEREBRO

Diversos mecanismos permiten explicar cómo el estilo de vida influye directamente en el cerebro. He elegido ilustrar un solo ejemplo: el del impacto de la inflamación de bajo grado en el estado de ánimo. Hemos visto que la acumulación excesiva de masa grasa es la fuente principal de este tipo de inflamación. Otra fuente importante es el intestino y su microbioma. En efecto, cuando el intestino se inflama (de forma local) debido al estilo de vida, puede volverse «permeable» y dejar pasar pequeñas moléculas, especialmente fragmentos de la envoltura bacteriana (LPS) e incluso bacterias enteras y toxinas. Nuestro cuerpo identifica estos intrusos y decide combatirlos liberando pequeñas moléculas inflamatorias suplementarias. El sedentarismo, el estrés crónico y otros tantos factores desatendidos también alimentan esta inflamación.

Cuando gozamos de buena salud, nuestros órganos están protegidos por barreras «impermeables». Es como tener guardias en las puertas de entrada o una muralla que rodea estos órganos y solo deja pasar aquello que necesitan (nutrientes, oxígeno...). En caso de inflamación crónica de bajo grado, las barreras que protegen los órganos, como la barrera intestinal o la del cerebro (la barrera hematoencefálica), se vuelven más permeables. La inflamación se propaga entonces por todas partes, con otras moléculas que en condiciones normales no pueden penetrar en el cerebro. Todo esto tiene consecuencias.

La inflamación de bajo grado o la neuroinflamación altera el equilibrio de los mensajeros del cerebro que se encargan del equilibrio anímico, lo que provoca alteraciones del estado de ánimo, disminuye la neuroplasticidad, fomenta el declive cognitivo y estimula el «eje del estrés», pues aumenta la producción de mensajeros del estrés y perturba el bienestar. Por lo tanto, ¡es absolutamente esencial adoptar un estilo de vida que no avive el fuego de la inflamación crónica de bajo grado y que, en todo caso, la contenga!

Estudios innovadores y prometedores muestran que las estrategias que permiten reducir (o prevenir) la inflamación de bajo grado, que es muy frecuente, casi constante en la depresión, son muy eficaces contra esta enfermedad que deteriora nuestra vida. Estas estrategias pueden ser farmacológicas o simplemente intervenciones en el estilo de vida, con cambios en la alimentación, la actividad física o la gestión del estrés.[2] De hecho, prevenir o reducir la inflamación de bajo grado, en especial, a través del consumo de polifenoles —poderosos antioxidantes que se encuentran en los vegetales de colores intensos—, es una estrategia muy interesante para prevenir y tratar la depresión (frutos rojos, té verde, verduras de color morado...). De hecho, el consumo de frutas y verduras está inversamente asociado a la depresión, es decir, por cada aumento diario de cien gramos de estos alimentos, disminuye el riesgo de padecerla. Sin duda, esto se explica por su alto contenido en polifenoles, fibra y otros nutrientes esenciales.

Compartiré contigo todo esto y mucho más en el protocolo, en la segunda parte de este libro.

Cuando el cerebro de abajo desvía los ingredientes clave para producir el neurotransmisor del bienestar[3]

¡En torno al 80 o 90% de la serotonina, conocida como el neurotransmisor del bienestar, se produce en el intestino! Ahí cumple diversas funciones para el equilibrio de la salud intestinal. Cuando se produce en el cerebro, desempeña un rol determinante en el estado de ánimo, el control del apetito, la capacidad de conciliar el sueño y otros muchos aspectos.

Se crea a partir de un aminoácido, el triptófano, que solo se encuentra en la alimentación y que nuestro cuerpo no puede sintetizar por sí mismo. El triptófano debe estar presente en el intestino o en el cerebro para permitir la creación de serotonina. Sin embargo, cuando hay una inflamación de bajo grado, el proceso de reciclaje del triptófano y de la serotonina por parte del intestino y su microbioma puede sufrir un sabotaje: no hay suficiente triptófano que pueda ser enviado al cerebro, lo que aumenta poderosamente el riesgo de sufrir alteraciones del estado de ánimo y podría estimular la tristeza, la irritabilidad, la agresividad, los atracones e incluso los trastornos del sueño y las capacidades intelectuales.

Así pues, ¡es esencial aplacar el fuego de la inflamación crónica de bajo grado para proteger nuestro buen estado de ánimo!

LO QUE COMEMOS INFLUYE EN EL FUNCIONAMIENTO DEL CEREBRO Y EN NUESTRO ESTADO DE ÁNIMO

Incluso antes de nacer...

Lo que la mujer come durante el embarazo tiene consecuencias en el funcionamiento del cerebro de su futuro hijo y puede aumentar realmente su vulnerabilidad a la hora de padecer trastornos del comportamiento y del estado de ánimo. ¡Lo que ocurre también de adulto!

Los investigadores han comparado el comportamiento de niños cuyas madres tuvieron una alimentación diferente durante el embarazo: más alimentos ultraprocesados frente a una comida más saludable. Las madres del primer grupo tenían una mayor predisposición a tener hijos «agresivos, coléricos y caprichosos, con una mayor expresión de emociones negativas e incontrolables, como la tristeza, la ansiedad, el nerviosismo e incluso las pesadillas al dormir», según la investigadora a cargo de este estudio.[4] Si la alimentación influye en el bienestar psíquico del futuro niño, ¡hay que actuar!

La comida basura (*junk food*), estas «porquerías», solo nos aporta calorías vacías, como hemos visto, y produce carencias que tienen consecuencias reales en el futuro cerebro, que en ese momento se está desarrollando, y también en el cerebro adulto. Además, albergan compuestos potencialmente dañinos para la composición y las funciones de nuestro microbioma: elementos proinflamatorios y prooxidantes que perjudican a todos y cada uno de los aspectos que conforman nuestra salud.

Por citar solo el efecto de una carencia: los ratones privados de ácidos grasos omega-3 durante el periodo perinatal se muestran más estresados y angustiados, porque ¡estas grasas buenas son absolutamente esenciales para el funcionamiento del cerebro! Estos preciosos omega-3 tienen una estructura «fluida» y aportan flexibilidad a las células del cerebro. Permiten una buena comunicación entre las neuronas y favorecen la neuroplasticidad. Se ha observado que las neuronas de los pequeños ratones con falta de omega-3 presentan una arborización reducida (como un árbol que tiene pocas ramas), de modo que establecen menos conexiones con otras neuronas, lo que afecta a la memoria y también a las capacidades intelectuales.[5]

Velar por su aporte es, por lo tanto, crucial, como ocurre en el caso de otros muchos nutrientes (yodo, hierro, vitamina B9...). En el vientre de la mujer embarazada, el aporte de nutrientes esenciales debe ser suficiente, igual que de ácidos grasos, que se incorporan a las neuronas durante el desarrollo del cerebro. Además, sería ideal ponerse a ello por anticipado, porque una carencia en ácidos grasos omega-3 tarda muchos meses en restablecerse, de ahí la importancia de velar por un suministro adecuado muchos meses antes del embarazo y también durante (¡y a lo largo de toda la vida!).*

Nutrir el neurotransmisor del bienestar

Retomemos el ejemplo de la serotonina; ya hemos hablado de ello, pero debes saber que otros muchos mensajeros implicados en el estado de ánimo se ven afectados por nuestro estilo de vida y, por lo tanto, por nuestra alimentación. Un régimen bajo en triptófano, el ingrediente clave para producir serotonina, provoca síntomas graves, como una notable irritabilidad, una pérdida de autoestima e incluso una necesidad compulsiva de comer, lo que induce a sufrir crisis de bulimia.[6]

Para producir serotonina, nuestro cerebro necesita triptófano, pero también otros ingredientes (se habla de cofactores): hierro, vitaminas del grupo B... Esto quiere decir que, cuando un individuo experimenta una carencia de ciertos nutrientes, le resulta imposible producir y liberar estos mensajeros del buen estado de ánimo de una forma óptima.

De este modo, los antidepresivos del tipo ISRS** (que aumentan el nivel de serotonina en el cerebro) pueden no bastar para que el paciente responda al tratamiento. Por ello, hay que prestar atención a las carencias nutricionales para preservar el estado de ánimo. Por ejemplo, un complemento de metilfolato, una forma de vitamina B9 que se encuentra en la alimentación natural (a diferencia de la vitamina B9 sintética, que hay que evitar), permite mejorar la eficacia del tratamiento en pacientes con déficit de esta vitamina.[7]

* Las consecuencias para el futuro niño son relevantes. También para la madre: el embarazo podría producir diversos trastornos de salud mental y cognitiva. En efecto, si la madre presenta una carencia en omega-3 EPA y DHA, su bebé obtendrá el poco omega-3 que queda para el desarrollo de su cerebro. ¿Sería este un factor que hay que tener en cuenta en la depresión posparto?

** Inhibidores selectivos de la recaptación de serotonina, y a veces también de la noradrenalina (IRSN), que permiten que estos mensajeros se acumulen entre las neuronas, poniendo en «huelga» a los obreros que normalmente reciclan la serotonina.

Su suplementación también permite, en menor medida, mejorar el estado de ánimo en individuos que presentan carencias nutricionales. Y, si redujéramos las carencias provocadas por nuestra alimentación rica en calorías vacías, si mejoráramos la calidad de nuestra alimentación, ¿qué impacto tendría en el estado de ánimo de la población?

Debes saber que todo lo que comes, incluso según el momento del día en que lo tomes, influye en el equilibrio de los neurotransmisores. En el protocolo, aprenderás a mejorar tu alimentación general, a preparar un desayuno que potencie tus funciones de aprendizaje, tus capacidades intelectuales y tu estado de ánimo al estimular la síntesis de dopamina y de noradrenalina, dos neurotransmisores esenciales para estas funciones. Aprenderás a preparar una cena que favorezca la calma y la relajación, así como la calidad del sueño, y estimule la serotonina y la melatonina. Mejorarás tu estilo de vida mucho más allá de la alimentación, porque el conjunto de factores, desde la actividad física al sueño, permite mejorar la salud mental cuando son optimizados.

El régimen que cuida el estado de ánimo

Un estudio pionero[8] que busca mejorar la calidad de la alimentación y fomentar un régimen mediterráneo en los pacientes que padecen una depresión grave ha permitido mejorar su bienestar y su estado de ánimo. Esta intervención ha permitido reducir los síntomas depresivos en el grupo de pacientes después de los cambios nutricionales (en comparación con el grupo de control) y ha permitido incluso la remisión de la depresión en un tercio de los participantes en solo tres meses. Su mejora era tanto más notable cuanto mayor era el seguimiento del régimen.

NUESTRO ESTILO DE VIDA INFLUYE EN NUESTRAS CAPACIDADES INTELECTUALES Y SU DECLIVE

Envejecer se asocia a la aparición de alteraciones del funcionamiento del cerebro, en especial, de las capacidades cognitivas, y a una ralentización general. Se habla de declive cognitivo. Cuando hacía prácticas de neuropsiquiatría y, luego, de neuropsicología adulta, mis consultas eran una especie de Cluedo del cerebro: hacía baterías de pruebas a mis pacientes para descubrir qué parte de su cerebro tenía problemas y así lograr un mejor diagnóstico, en colaboración con un equipo pluridisciplinar. Recuerdo haber observado atentamente a mis dos abuelas (las dos vivieron más de noventa años) porque los médicos del servicio habían anunciado a las familias de pacientes casos muy graves de enfermedades neurodegenerativas de origen principalmente genético, como la enfermedad de Huntington. Quería saber si en nuestra familia había esa predisposición o no. Creía que se trataba exclusivamente de la ruleta rusa de la genética. Era consciente de que, cuanto antes se iniciara el tratamiento, mayores eran las posibilidades de frenar la progresión de la enfermedad y de «estabilizar» al paciente en una «meseta».

¿DECLIVE COGNITIVO O ENFERMEDADES DEGENERATIVAS?

En aquella época, descubrí la diferencia entre un declive cognitivo no patológico y la demencia. El declive cognitivo no patológico no afecta tanto a la calidad de vida y a la independencia del individuo que lo padece. Para la mayoría de la gente, la capacidad más afectada es la memoria, pero este declive puede abarcar otros ámbitos, como la capacidad de razonar o el lenguaje. Otros pacientes pueden presentar desorientación en el espacio y el tiempo.

En cuanto a las demencias, son irreversibles y progresivas: el paciente presenta un declive de sus funciones cognitivas, a veces lentamente y otras con una gran rapidez, y a día de hoy no existe un tratamiento para revertir esta tendencia.

Las demencias en cifras[1]

Las demencias representan la séptima causa de mortalidad a nivel mundial, aunque esta cifra está subestimada, porque no se muere directamente a causa de la enfermedad, sino debido a sus complicaciones. Una de las más frecuentes es la desnutrición, una consecuencia de la pérdida de autonomía y de las dificultades para alimentarse correctamente. Otras complicaciones, como las infecciones (en particular, las neumonías debidas a la debilidad del sistema inmunitario) y, con mucha frecuencia, los trastornos de la deglución (atragantamiento), también aumentan el riesgo de fallecimiento en los pacientes. La demencia debilita el cuerpo en su conjunto y acelera el deterioro de la salud.

Detengámonos en la enfermedad neurodegenerativa que todo el mundo teme, ya que, al ser la más habitual, es de la que más se habla (aunque existen muchas otras): la enfermedad de Alzheimer. En la actualidad, afecta a cincuenta y siete millones de personas, de las que novecientas mil viven en Francia, con una prevalencia casi dos veces superior en las mujeres. Según las previsiones actuales, si tienes más de ochenta años, tienes un 50 % de probabilidades de padecerla.

La segunda, de la que no se habla lo suficiente, es la demencia vascular. Su nombre es bastante explícito: se trata de cuidar de la salud cardiovascular o cardiometabólica para abandonar la idea de que es fruto del azar.

Cambiar de estilo de vida para prevenir la enfermedad de Alzheimer

Da la impresión de que esta enfermedad nos sobreviene sin más y de que solo se explica por factores genéticos. Sin embargo, la realidad es bien distinta. El principal factor de riesgo genético es el hecho de ser portador de los alelos ε4 de la apolipoproteína E (ApoE),[2] pero ser portador no predice obligatoriamente el desarrollo de la enfermedad. Y, si se consideran el resto de los factores genéticos, este solo explica una minoría de los casos: ¡tan solo entre el 1 y el 3 % de los casos se explican fundamentalmente por factores genéticos!*

Aparte de los casos raros en los que la patología irrumpe en una etapa temprana de la vida y de forma repentina, hay otros muchos factores de riesgo que entran en juego y sobre los que podemos actuar. La esperanza reside en que son modificables y tienen un gran peso en la balanza. Entre los factores de riesgo está una glicemia elevada en ayunas, que podría explicar más del 15 % de los casos; una acumulación de masa grasa más elevada, hasta el 10 % de los casos, y fumar, en torno al 5 % de los casos.[3]

Es necesario saber que los famosos «trastornos cardiometabólicos» de los que hemos hablado son grandes predictores del declive cognitivo acelerado y de la aparición de demencias, como la enfer-

* Como ocurre con las personas que tienen la variante APOE4 del gen APOE.

medad de Alzheimer, a veces llamada (erróneamente) «diabetes tipo 3». El exceso crónico de azúcar presente en la sangre afecta a los vasos sanguíneos y a los nervios. Podemos imaginar una «caramelización» de la sangre. Los trastornos cardiovasculares impiden que la sangre circule bien por los minúsculos vasos sanguíneos (más finos que un cabello) que se extienden entre las neuronas y el exceso de azúcar es tóxico para los vasos sanguíneos y los nervios. Estos trastornos cardiometabólicos llevan a que algunas células del cerebro funcionen mal o no se beneficien del aporte de nutrientes esenciales y de oxígeno y mueran poco a poco o de manera repentina en un accidente vascular cerebral.

Sin embargo, la mayoría de estos casos se podrían prevenir: al menos más del 40 % de los casos de demencia son atribuibles a factores de riesgo modificables y relacionados con el estilo de vida.[4]

LAS INTERVENCIONES DE PREVENCIÓN EFICACES CONTRA EL DECLIVE COGNITIVO Y LAS DEMENCIAS

Nuestro cerebro es un órgano dinámico, moldeado por lo que comemos, por nuestro descanso nocturno, por la gestión del estrés y por aquello a lo que nos exponemos. Este fenómeno, conocido como «plasticidad cerebral», es en realidad una de las armas más poderosas contra el declive cognitivo. La neuroplasticidad es la capacidad del cerebro para adaptar sus conexiones neuronales en función de las experiencias, del entorno y de los estímulos. En otras palabras, un cerebro bien nutrido y estimulado está mejor protegido contra los efectos de la edad.

La plasticidad cerebral también nos permite crear una «reserva cognitiva», es decir, un depósito de neuronas, conexiones y estrategias que actúan como un escudo contra el envejecimiento. El nivel de educación, la implicación en las actividades sociales y una vida estimulante refuerzan esta reserva cognitiva. Cuando esta capacidad de adaptación se apoya en un estilo de vida saludable, permite retrasar los síntomas de las lesiones causadas por la demencia.

La alimentación: un pilar para la salud cognitiva y la prevención de las demencias

En materia de salud cognitiva, la alimentación no solo constituye un aporte energético, sino que es un vector de elementos esenciales, como los antioxidantes, los omega-3 y las vitaminas B, que son cruciales para el buen funcionamiento cerebral.

Los estudios sobre el régimen mediterráneo y el régimen MIND* han demostrado hasta qué punto las elecciones alimentarias pueden influir en la salud cognitiva. El régimen MIND (*Mediterranean-DASH Intervention for Neurodegenerative Delay*), por ejemplo, que combina elementos del régimen mediterráneo (rico en frutas, verduras, frutos secos, cereales integrales y aceite de oliva) con recomendaciones del régimen DASH (*Dietary Approaches to Stop Hypertension*),** se asocia con unas mejores funciones cognitivas e incluso con una reducción de los síntomas de declive cognitivo preexistentes. Una alimentación rica en polifenoles, en aceites de calidad y en vegetales contribuye a la reducción de la inflamación, a la protección de las neuronas y a la optimización de la circulación sanguínea en el cerebro. En un estudio observacional, los participantes que siguieron de manera rigurosa un régimen MIND mostraron una reducción del 53 % de casos de enfermedad de Alzheimer.[5] Este régimen se asocia igualmente con una ralentización del declive cognitivo no patológico, equivalente a tener un cerebro siete años más joven. Otros regímenes que ayudan a perder peso en pacientes con sobrepeso o mejorar la salud y tienen un alto contenido en aceite de oliva virgen extra o frutos secos permiten invertir un declive cognitivo preexistente.[6]

* En español, intervención mediterránea-DASH para el retraso neurodegenerativo.

** El régimen DASH es un régimen alimentario dirigido a la prevención de la hipertensión arterial. Subraya la importancia de consumir frutas, verduras, cereales integrales, carnes magras, pescados y productos lácteos con poca materia grasa, a la vez que se limitan la sal, las grasas saturadas y los azúcares añadidos.

El efecto de los polifenoles y de los omega-3 en la resiliencia cerebral

- Los **polifenoles**, presentes en las frutas, las verduras y las bayas, son unas poderosas moléculas antioxidantes. Protegen las neuronas contra los daños oxidativos relacionados con el envejecimiento, mejoran la neuroplasticidad y estimulan las conexiones entre neuronas.[7]
- Los **omega-3** son elementos fundamentales en la formación de las membranas neuronales, ya que confieren a las neuronas su flexibilidad (fluidez de la membrana) y facilitan el intercambio de información entre ellas. Como hemos comentado antes, una carencia en omega-3 implica una «rigidez» de las membranas neuronales, lo que limita la capacidad del cerebro para establecer nuevas conexiones: las neuronas se vuelven «raquíticas». Por ello, las fuentes de omega-3, como los pequeños pescados grasos, los frutos secos, las semillas de lino y los aceites vegetales de gran calidad, son especialmente importantes para asegurar la salud cognitiva y preservar las funciones cerebrales con la edad.

Estimular la plasticidad cerebral por medio de la actividad física, intelectual, un buen descanso y las interacciones sociales

¡La alimentación por sí sola no basta! Como puedes imaginar, la actividad física regular es esencial, ya que aumenta la producción de BDNF (*brain-derived neurotrophic factor*),* una proteína que favorece la supervivencia y el crecimiento de las neuronas. El ejercicio físico también permite que el cerebro se oxigene mejor y tenga una buena vascularización, así como reduce la célebre inflamación de bajo

* Factor neurotrófico derivado del cerebro.

grado, dos procesos esenciales para la protección de las funciones cognitivas. Practicar dos horas y media de actividad física semanal reduce los riesgos cognitivos e, información extra, ¡se ha visto que los ejercicios de fuerza son especialmente beneficiosos para la cognición![8] Un estudio ha demostrado que los ejercicios de resistencia, sobre todo, de la parte inferior del cuerpo, están directamente asociados con la mejora de la cognición en personas con trastornos cognitivos leves.

El sueño también es un pilar fundamental de la salud cognitiva. Durante el descanso nocturno, el cerebro se «purifica» y elimina los residuos tóxicos que, cuando se acumulan, están implicados en el desarrollo de la enfermedad de Alzheimer. Un sueño de calidad permite limitar la formación de depósitos tóxicos y preservar la memoria, la concentración y la claridad mental.

Como es evidente, mantener una actividad mental regular (lectura, juegos e interacciones sociales) favorece la reserva cognitiva, una suerte de «capital cognitivo» que retrasa la aparición de los síntomas, a pesar de las lesiones cerebrales.[9] Las interacciones sociales y las actividades de ocio estimulan el cerebro. La socialización fomenta la plasticidad cerebral porque exige esfuerzos de comunicación, de concentración, de memoria e incluso de aprendizaje social. Los estudios demuestran que las personas social e intelectualmente comprometidas envejecen con un declive cognitivo inferior al de las demás.

Factores de riesgo que conviene vigilar

La gestión de la hipertensión, de la diabetes y de la obesidad disminuye el riesgo de declive cognitivo en más de un 10 % y todos los factores relacionados con el estilo de vida permitirían explicar más del 40 % de los casos de alzhéimer.[10]

Una depresión grave, los trastornos de ansiedad o el estrés crónico a veces pueden imitar ciertos signos de declive cognitivo. Cuando trabajaba en un servicio de neurología para adultos, muchos pacientes acudían a consulta pensando que sufrían la enfermedad de

Alzheimer cuando en realidad «tan solo» tenían depresión. Sin embargo, ¡no se puede demorar el tratamiento! Porque el aislamiento que provocan estos trastornos (por ejemplo, cuando estamos atrapados en nuestros pensamientos o ya no tenemos fuerzas para realizar las actividades que antes nos procuraban placer) favorece el declive cognitivo. Es lo que ocurre con otro trastorno que produce aislamiento: los problemas de oído, por ejemplo, deben ser tratados rápidamente para seguir estimulando el cerebro y construir una buena reserva cognitiva.

En fin, cuida de tu cerebro: ¡es muy débil! Si lo sacudes excesivamente en su pequeña caja, habrá consecuencias (como ocurre con los bebés que sufren sacudidas). Los jugadores profesionales de deportes de contacto (*rugby*, boxeo o artes marciales mixtas) tienen un riesgo más elevado de desarrollar trastornos cognitivos y demencias debido a la frecuencia de los microtraumatismos craneales ocasionados por su disciplina. Estas recomendaciones muestran que el estilo de vida puede tener un efecto significativo en la ralentización del envejecimiento cognitivo, independientemente de las predisposiciones genéticas. Cada persona puede adoptar medidas concretas para reducir el riesgo de declive cognitivo y mantener su cerebro con buena salud. Es lo que vamos a hacer juntos, pues ¡hemos llegado al protocolo que te permitirá optimizar tu salud!

SEGUNDA PARTE

TU PROTOCOLO DE VIDA EN 10 ETAPAS

Espero haber despertado tu curiosidad y haberte convencido de que tu estilo de vida transforma tu salud. Somos la suma de nuestros comportamientos. Tu bienestar de mañana, o de dentro de diez años, no será solo innato, sino sobre todo adquirido. ¡Cambiar de estilo de vida ahora es invertir en tu persona! El protocolo de vida que propongo a continuación es a la vez práctico y didáctico, pero seguiremos aprendiendo juntos; compartiré contigo los últimos conocimientos científicos que permitirán apoyar las diferentes etapas.

Una pequeña invitación antes de empezar: sé generoso contigo mismo. No hay que respetar al pie de la letra todos los consejos; no debes adoptarlos como si se tratara de mandamientos, sin tener en cuenta tus circunstancias. No deben suscitarte angustia o frustraciones. Por ejemplo, si, a pesar de tu buena voluntad, no consigues consumir tu porción diaria de verduras de hoja verde o de crucíferas, ¡no pasa nada! No es grave. Intenta hacerlo cada vez que te resulte posible. Cada uno de nosotros es una persona única.

Tómate tu tiempo, avanza len-ta-men-te. ¡No hagas un cambio drástico de la noche a la mañana! Se trata de dejar tiempo a tu organismo para que se adapte a los cambios que le vas a imponer, ya que, aunque con el tiempo te resultarán muy beneficiosos, al principio pueden ser incómodos. Si, por ejemplo, no estás acostumbrado a comer legumbres, no tomes dos porciones al día ¡o podrías transformarte en una «fábrica de gas» y padecer trastornos gastrointestinales desagradables! Si nunca has practicado las técnicas de respiración que te voy a enseñar, no te impongas realizarlas durante diez minutos al día, todos los días, pues existe el riesgo de fracasar y experimentar una sensación de frustración que te incitará a tirar la toalla (y el libro). Empieza por respirar aunque solo sea un ciclo (yo inspiro durante 1, 2, 3, 4 segundos, marco una pequeña pausa y me concentro en el cambio entre inspiración y espiración, y espiro durante 1, 2, 3, 4, 5, 6, 7, 8 segundos), una vez al día. Hazlo ahora.

Felicidades: has cumplido con una de las primeras etapas del protocolo. Cuando lo hagas durante siete días seguidos, sube a un minuto, luego un minuto tres veces al día. Llegará un momento en el que respirarás así, como yo, sin darte cuenta: cuando un taxista parisino me grita mientas voy en bicicleta, pienso en respirar automáticamente para tranquilizarme.

REPROGRAMA TUS COMPORTAMIENTOS

La idea es crear nuevos hábitos progresivamente para que arraiguen de por vida (en lugar del enésimo régimen, que solo durará tres meses). Estos no deben ser una fuente de estrés ni de frustración, porque, como sabrás si has leído la primera parte de este libro, el estrés es un factor detonante nada desdeñable de inflamación crónica y, por lo tanto, de aumento de peso, de alteraciones del estado de ánimo y de otros problemas de salud. ¡No es un estado en el que quiera sumergirte con este protocolo de estilo de vida!

Crear un hábito es como trazar un nuevo camino en un bosque denso: al principio, cada paso exige un esfuerzo notable, pero, a fuerza de pasar una y otra vez, el camino se convierte en una ruta bien definida, fácil de seguir. Hay que crear la autovía del hábito saludable, aquella que utilizarás con el piloto automático, sin pensar (por ejemplo, hoy, como todas las tardes, te tumbarás en el sofá y verás la televisión mientras comes dulces: este es tu actual comportamiento en piloto automático).

Al contrario de lo que podríamos creer, no se trata únicamente de disciplina o de voluntad. Se trata de que este camino sea tan evidente, accesible y agradable que tu cerebro lo siga de forma natural. Veamos cómo dar los primeros pasos.

1. Repítelo en un contexto constante

Al cerebro le encantan las rutinas, adora actuar en piloto automático (como cuando llegas al trabajo o a casa de tus padres y de pronto te dices: «No recuerdo las decisiones y el trayecto que me han permitido llegar hasta aquí», porque estabas concentrado en otras cosas). Cuando repites un comportamiento en las mismas condiciones —la misma hora, lugar y ambiente—, refuerzas las conexiones neuronales que lleva asociadas. Cuanto más fuerte sea la asociación entre el contexto y la acción, más automática se volverá esta última. Habrás creado una primera autopista.

Por ejemplo, quieres introducir una sesión de refuerzo muscular en tu día a día. Coloca la alfombrilla de yoga y las pesas siempre en el mismo lugar, lo más visibles posible, en la habitación en la que te sientas más a gusto. Reserva una hora concreta cada día, por ejemplo, justo antes de vestirte. Este marco constante pronto se convertirá en un detonante natural: ¡así, y no de otro modo, es como empezarás tu día!

2. Crea señales visuales y contextuales

Las señales externas son poderosos motores de acción. Al colocar recordatorios visuales o adaptar tu entorno, facilitarás la adopción de una nueva conducta y, en paralelo, complicarás el acceso a comportamientos indeseables. Por ejemplo, quieres leer más en lugar de pasar la noche delante del televisor porque no eres capaz de apagarlo y siempre te acuestas demasiado tarde. También quieres ponerte a leer para estimular tu cerebro y sentir cómo llega el cansancio (además, te has dado cuenta de que duermes mejor después de leer, y pronto sabrás por qué, véase pág. 106). Así pues, coloca el mando a distancia en un cajón alejado, cambia la disposición de tu salón para que el televisor no esté en el centro, frente al sofá (es mejor un proyector bien colocado en un armario), y pon un libro en la mesita, acompañado de una manta suave. Añade una infusión caliente para que el momento sea más agradable y una *playlist* de tu agrado.

3. Planifica tus acciones con precisión

Un hábito bien formado empieza con una intención clara. Un truco eficaz consiste en vincular la acción deseada con un momento determinado o con un hábito ya existente. Esto simplifica el paso a la acción. Apúntalo en tu agenda y notifícalo a tus amigos y compañeros: «El martes empiezo el refuerzo muscular». Seguro que te animarán y, el miércoles, te preguntarán cómo ha ido (lo que favorecerá la identificación positiva y anclará el recuerdo y el hábito).

Por ejemplo, quieres meditar cada día. En lugar de decirte: «Meditaré cuando tenga tiempo», formula un plan claro: «Mientras hierve el agua o en el trayecto en metro, me siento o cierro los ojos durante un minuto». Al vincular esta acción con una rutina bien arraigada, aumentarás las oportunidades de tener éxito. O: «Cuando vaya al trabajo, en lugar de tomar el ascensor, bajaré por las escaleras». Una vez que te acostumbres a la nueva práctica, que te guste, podrás añadirla a tu rutina de forma aislada. Por ejemplo, meditarás todas las mañanas, durante tres minutos, al pie de la cama.

4. Haz que el hábito sea agradable y gratificante

Para que tu cerebro adopte un comportamiento, debe encontrar en él una satisfacción inmediata. Añade un toque de placer a la tarea o asóciale una recompensa. Por el contrario, procura que los antiguos hábitos sean menos atractivos.

Por ejemplo, para empezar un ejercicio físico, elige una *playlist* que te inspire el deseo de moverte o una serie de vídeos con un entrenador motivador. Ponte una recompensa sencilla pero agradable: un té frío casero, un baño caliente, bailar y cantar en voz alta bajo la ducha después de cada sesión de deporte...

5. Empieza poco a poco y progresa por etapas

Un hábito demasiado exigente puede parecer desalentador. Empieza tan poco a poco que no exista margen para el fracaso. A continuación, aumenta progresivamente el grado de dificultad. La sensación de progresión es fundamental para mantener la motivación.

Por ejemplo, pretendes integrar el refuerzo muscular en tu rutina. Empieza con una única serie de diez sentadillas o cinco flexiones, no con cincuenta sentadillas y veinticinco flexiones (además, ¡pronto descubrirás que ese no es el mejor método para reforzar la musculatura!). Concéntrate en la repetición de este pequeño ejercicio día tras día, no en su intensidad una sola vez. En cuanto se vuelva fácil, añade una nueva serie u otro ejercicio.

6. Define objetivos claros y factibles gracias al método SMART

El método SMART es un acrónimo de *specific, measurable, achievable, relevant* y *time-bound.* Se utiliza para definir objetivos de manera estructurada, lo que puede resultar muy útil para crear nuevos hábitos. Especifica qué es lo que quieres alcanzar y en cuánto tiempo. Sigue estas cinco etapas:

- Haz que el objetivo sea específico y detallado. Por ejemplo: «Quiero correr cinco kilómetros» en lugar de «Quiero hacer deporte», o: «Quiero ganar de 1,5 a 3 kilos y luego 6 kilos de masa muscular en un año» en lugar de «Quiero sentirme en forma».
- Asegúrate de poder medirlo: identifica un criterio para seguir tu progreso. Por ejemplo, para los entrenamientos deportivos, podría ser realizar tres sesiones a la semana, lo que equivale a 13

sesiones al mes o 156 al año. Anímate a ti mismo señalándolas en verde en una agenda anual colgada en la cocina (1, 2, 3..., ¡156!).

- Asegúrate de que sea realista y factible: debe corresponderse con tus capacidades reales y con tus limitaciones. Por ejemplo: «Empiezo bajando por las escaleras todos los días y bajo en una estación de metro anterior para caminar diariamente porque soy sedentario» en lugar de «Haré una sesión de deporte al día» cuando eres muy sedentario y jamás en tu vida has hecho deporte... ¡Fracaso asegurado con un cambio de rumbo tan radical!
- Fija un plazo de tiempo para mantener una sensación de urgencia y de motivación. Por ejemplo: «Quiero correr cinco kilómetros en treinta minutos de aquí a tres meses».
- Añade una motivación personal: pregúntate por qué ese objetivo es importante para ti. Por ejemplo: «Quiero mejorar mi estado físico para jugar con mis hijos sin cansarme».

Con estos objetivos bien definidos, canalizarás tu energía y aumentarás las perspectivas de éxito. ¡Cada paso cuenta!

Tres ejemplos de objetivos poderosos y bien definidos

1. Leer más para nutrir la mente

Objetivo claro: leer un libro al mes durante los próximos seis meses.

Plan preciso: leer quince minutos por la noche antes de acostarme (por ejemplo, de las 21.45 a las 22).

Medible: al final de cada mes, acabas un libro.

Realista y factible: el tiempo dedicado es razonable y debes elegir libros adaptados a tu ritmo.

Motivador: asócialo a una recompensa, como comprar un nuevo libro o visitar la librería después de haber acabado cada obra.

2. Hacer más ejercicio para mejorar el estado físico

Objetivo claro: practicar tres sesiones de refuerzo muscular de treinta minutos a la semana durante tres meses.

Plan preciso: planificas las sesiones para los lunes, miércoles y viernes, a las 7 h, utilizando vídeos de entrenamiento.

Medible: apunta en un calendario cada sesión completada y cada aumento de 0,5 kg de músculo en tu báscula de impedanciometría.

Realista y factible: empieza por ejercicios sencillos y progresivos para evitar el desánimo.

Motivador: cómprate nueva ropa de deporte o regálate una sesión de masaje después de un mes de continuidad.

3. Reanudar el contacto con los amigos para reforzar las relaciones sociales

Objetivo claro: volver a contactar con un amigo cada dos semanas durante los próximos cuatro meses.

Plan preciso: cada domingo, planifica una llamada o una salida para la semana siguiente.

Medible: al final de cada mes, habrás retomado el contacto con dos amigos o compartido dos momentos con familiares.

Realista y factible: te ajustas al tiempo del que dispones y privilegias la calidad del tiempo compartido.

Motivador: experimenta la satisfacción emocional de haber estimulado tus relaciones y quédate con los momentos destacables.

El poder de nuestra motivación

Las motivaciones poderosas proceden de nuestro interior y están conectadas con nuestros valores más profundos, con relaciones y con aspiraciones personales duraderas. Las malas motivaciones suelen basarse en *expectativas externas* y pierden su pertinencia en cuanto ha desaparecido el factor externo.

Consejo: identifica un «por qué» que resuene emocionalmente contigo y ponlo en sintonía con valores que realmente cuenten para ti. Esta es la clave para los cambios duraderos. Apunta todos los «por qué» y lo que este nuevo hábito te aportará. Personalmente, practico de manera habitual el refuerzo muscular, porque ¡me gusta sentirme fuerte y capaz de todo! Ya sea llevar una maleta muy pesada por las escaleras del metro sin perder el aliento ni que te duela de espalda o hacer tres días de alpinismo en alta montaña repleta de vitalidad y con los ojos llenos de emoción. También pienso en la independencia de la que quiero disfrutar más tarde: ¡a los noventa años, podré levantarme sola de la silla y bailar como una loca!

Tres ejemplos de motivación poderosa

1. «Quiero poder jugar con mis hijos sin perder el aliento, porque quiero ser un padre presente y activo en su vida».

Impacto: toca un valor fundamental (el rol de los padres) y asocia el objetivo a momentos de felicidad y proximidad.

Resultado esperado: una mejora del estado físico será una realidad no negociable, porque contribuye a un objetivo emocionalmente relevante.

2. «Quiero confiar en mí para poder solicitar un nuevo trabajo, porque merezco una vida profesional floreciente».

Impacto: el objetivo se relaciona con una mejora personal profunda (autoconfianza) y con una recompensa relevante (realización profesional).

Resultado esperado: la motivación es fuerte, porque el impacto supera el corto plazo y tiene que ver con la identidad.

3. «Quiero vivir más tiempo con buena salud para ver crecer a mis nietos y transmitirles mi experiencia».

Impacto: este tipo de motivación apela a nuestros deseos a largo plazo y a la importancia de la transmisión.

Resultado esperado: las acciones emprendidas se convierten en una inversión para un futuro feliz, con una perspectiva intergeneracional.

Tres ejemplos de mala motivación

1.«Quiero perder peso para impresionar a mis antiguos compañeros en una reunión de exalumnos».

Problema: la motivación es superficial y temporal y depende de la validación exterior, lo que rara vez será duradero.

Riesgo: una vez pasada la reunión, el objetivo pierde todo su sentido.

2.«Quiero correr un maratón para demostrar a mis amigos que soy capaz de hacerlo».

Problema: se basa en una comparación social y no en un verdadero deseo personal.

Riesgo: en caso de inseguridad o de falta de reconocimiento, la motivación se hunde.

3.«Quiero leer más para impresionar a la gente con mis conocimientos».

Problema: la motivación se fundamenta en la apariencia y el juicio exterior, sin vínculo con un deseo intrínseco de aprender o enriquecerse intelectualmente.

Riesgo: este planteamiento favorece la frustración y el abandono rápido en ausencia de validación externa. Es normal y humano tener motivaciones que a veces estén relacionadas con elementos exteriores. Sin embargo, para construir un planteamiento duradero y gratificante, es esencial completarlo con motivaciones profundas e intrínsecas, independientes de los elementos exteriores que no controlamos.

ANALIZA UN HÁBITO EXISTENTE PARA PODER TRANSFORMARLO MEJOR

Cada hábito se apoya en un bucle de retroalimentación:*[1]

- **La señal:** lo que desencadena la acción (por ejemplo, ver el mando del televisor).
- **El deseo:** el deseo o la necesidad subyacente (relajarse después de un largo día).
- **La respuesta:** la acción que realizas (encender la televisión).
- **La recompensa:** el sentimiento de satisfacción o de alivio (entretenimiento fácil).

La recompensa refuerza la señal (el mando sigue siendo visible y cada vez se asocia más a una sensación de satisfacción), lo que aumenta la frecuencia con la que se desencadena la acción.

Para sustituir un hábito, debes actuar en cuatro etapas.

- Oculta la señal del antiguo hábito (por ejemplo, guarda el mando a distancia y cambia la disposición del salón).
- Transforma el deseo vinculándolo a una alternativa más beneficiosa (imagina la serenidad de un baño caliente o la satisfacción de leer).
- Haz más accesible la respuesta para el nuevo hábito (prepara tu libro con antelación).
- Recompénsate de otra forma (saborea una infusión después de la lectura).

No te desanimes por desviarte del camino: fracasar un día no es grave. Lo importante es no permitir que un paso en falso se convierta en una costumbre. Si tienes un desliz, retoma tu rumbo al día

* Este bucle de retroalimentación de los hábitos surge de las investigaciones en psicología y neurociencias sobre la formación del comportamiento humano realizadas por investigadores como B. Skinner, I. Pávlov, J. Watson, G. Miller..., que recientemente se han puesto de moda en diversos ensayos de desarrollo personal (por ejemplo, J. Clear o C. Duhigg).

siguiente. Concéntrate en el objetivo futuro y en el método para alcanzarlo y no tanto en el pasado. Dispón una agenda visual en tu frigorífico o en la puerta de tu armario, coloca un emoji sonriente los días en los que has llevado a la práctica el buen hábito. Tu objetivo: no faltes dos días seguidos y, como mínimo, hazlo cuatro veces por semana (este parece ser el umbral para crear un nuevo hábito).

Cuidado con las expectativas poco realistas: cambiar un hábito lleva tiempo. Más que aspirar a una transformación inmediata, celebra las pequeñas victorias, ya que cada repetición cuenta. Cada día debes decirte a ti mismo que eres una estrella por haber completado un ciclo de respiración, algo que no has hecho nunca antes (¡imagíname animándote!) y no te digas: «¡Soy un inútil, porque ese gurú medita una hora al día y yo no!». ¡Hay que huir de la identificación con el fracaso y con los pensamientos que nos imponen límites!

Evita los cambios simultáneos: adoptar muchos hábitos nuevos al mismo tiempo puede ser abrumador. Prioriza un solo hábito y refuérzalo antes de pasar al siguiente. Sé paciente y flexible, pues formar un hábito lleva tiempo. No seas demasiado duro contigo mismo; si fallas un día, persevera.

Crear o transformar un hábito es, ante todo, un ejercicio de adaptación y de paciencia. Podrás transformar tus días alineando acciones sencillas y ajustes progresivos con tus objetivos vitales. Recuerda: los pequeños hábitos, repetidos cada día, son los que producen grandes transformaciones.

ETAPA 1

SINCRONIZA TU RELOJ BIOLÓGICO INTERNO NADA MÁS DESPERTAR

¡Empecemos el protocolo en orden cronológico, con las primeras etapas del día!

Aunque te parezcan un tanto anodinos, debes saber que están muy lejos de ser consejos de la abuela, muy al contrario. Conciernen, sobre todo, a quienes se levantan con mal pie, a quienes «no pueden empezar el día sin una taza de café», a quienes viven con una sensación de «niebla» por la mañana. Estas primeras etapas van a cambiar tu experiencia cotidiana hasta llegar a la noche. El objetivo es optimizar los ciclos de vigilia y sueño para recuperar un despertar lleno de vitalidad y un sueño profundo y de calidad. Por lo tanto, estos consejos son absolutamente esenciales para todos los que pretendan mejorar su sensación de energía y la calidad de su descanso. Todos tus comportamientos cotidianos, desde la exposición a la luz a los cambios de temperatura, tus ritmos de trabajo, tu actividad física o la hora a la que comes, ejercen una poderosa influencia en la sincronización de tu reloj interno.

1. DESPIERTA TODOS LOS DÍAS A LA MISMA HORA

Empezamos por la primera etapa: ¡el despertar!

Tal vez has sufrido *jet lag* o te has sentido agotado durante todo el día sin conseguir dormir por la noche. ¿Conoces el «*jet lag* social», es decir, la sensación de estar «hecho polvo» al principio de la semana, hasta el miércoles, después de haber trasnochado el viernes y el sábado, seguido de mañanas durmiendo hasta tarde? ¿O padeces insomnio, como esas personas que se quejan de cansancio crónico, pero que, cuando llega el momento de acostarse, no logran conciliar el sueño (véase pág. 285)? Buscan el sueño con frustración. Quizá tienen mucho calor, dan vueltas en la cama para encontrar una buena postura, anticipan negativamente su sueño (por miedo, una vez más, a dormir mal) y se quedan en la cama por la mañana, alargando el despertar todo lo que pueden con la esperanza de recuperarse.

La mayoría de la gente (sobre todo, quienes padecen insomnio) cree que hay que recuperar las malas noches de sueño de la semana, por ejemplo, durmiendo hasta tarde cuando sea posible o con largas siestas después de la jornada de trabajo o durante el fin de semana. Por desgracia, no se puede tratar el sueño como tratamos nuestra cuenta bancaria: en realidad, ¡la deuda de sueño no se compensa! De hecho, este tipo de comportamientos, en los que se intenta «dormir a cualquier precio», sin importar si es el momento adecuado o no, es uno de los factores que favorecen el insomnio crónico. Por lo tanto, este es el primer hábito del protocolo, que incomodará sobre todo a estas personas, aunque sea uno de los aspectos más eficaces para aliviar su sufrimiento: levántate a la misma hora todos los días, con una diferencia de más o menos veinte minutos, ¡incluso el fin de semana!

¿Qué nos dice la ciencia?

Nuestro reloj biológico: el director de orquesta de nuestros ritmos internos

En el interior de nuestro cerebro se aloja el gran reloj biológico interno (el núcleo supraquiasmático), verdadero «director de orquesta» de los ritmos circadianos (del latín *circa*, 'alrededor', y *dies*, 'día', un ciclo de unas veinticuatro horas aproximadamente) que regula toda una sinfonía de señales corporales, fundamentales para sincronizar nuestras funciones internas con el entorno y, principalmente, con los ciclos de luz y oscuridad. Este reloj biológico inunda nuestro cuerpo con mensajes que nos permiten vivir de acuerdo con ciertos ritmos («Oh, es hora de levantarse» o «¡Shhh! Silencio, por favor»). Gracias a él, tu cuerpo sabe cuándo ha llegado la hora de levantarse o el momento de optimizar ciertos procesos, como la actividad física o la digestión (además, si practicas un deporte intenso justo antes de acostarte o comes durante la noche, amenazas el trabajo de tu director de orquesta y, por lo tanto, tu equilibrio en su conjunto).

La melatonina: centinela del toque de queda

Cuando el sol empieza a declinar, baja la temperatura y llega la hora a la que sueles acostarte, el reloj central envía una señal a su vecina, una pequeña glándula en forma de piñón (la glándula pineal) que lleva a cabo la liberación de melatonina, también llamada la «hormona del sueño», conocida por ser la hormona central que regula los ritmos cronobiológicos y que fundamentalmente se sintetiza por la noche. La melatonina es una de las principales hormonas de la regulación de los ritmos circadianos, que actúan en general de noche para indicar al organismo que ha llegado el momento de descansar. Es la centinela del toque de queda. Su concentración sanguínea aumenta de forma progresiva al caer la tarde, alcanza su pico en mitad de la noche y luego disminuye y desaparece al despertar. La subida de la melatonina al final del día induce una bajada de la temperatura corporal, de la atención y del ritmo cardiaco, lo que implica una relajación general y una sensación de somnolencia para preparar el cuerpo para el descanso. La producción de melatonina está influida por muchos factores modificables y podemos optimizar su síntesis (véase pág. 266). También la alteran otros factores no modificables, como nuestros ciclos menstruales (algunas mujeres que sufren síndrome premenstrual a veces tienen trastornos del sueño antes y durante los primeros días de la regla) o la transición hacia la menopausia (que también puede alterar el equilibrio de la melatonina). De forma menos eventual, otro factor implicado es la edad (que altera de manera progresiva el equilibrio de esta hormona). Así pues, es fundamental que sigas ciertas prácticas para favorecer un sueño de calidad, en especial, durante las fases críticas, gracias a optimizar la liberación de melatonina.

El cortisol: la patrulla del despertar

Este otro mensajero tiene (en general) un ritmo estricto. Poco antes de la hora habitual a la que nos despertamos, el cortisol entra en escena. A veces recibe el nombre de «hormona del estrés», aunque sus funciones sobrepasan esa denominación.

A pesar de lo que se puede escuchar o leer en las redes sociales, con contenidos aberrantes que te explican «cómo suprimir el cortisol» (si lo haces, entrarás en un estado letárgico o tal vez mueras), este pico de cortisol matinal agudo es una señal de buena salud que sincroniza nuestro despertar con el mundo exterior. Nos permite empezar el día con energía y atención. Cuando todo va bien, este pico es breve, limitado en el tiempo, y disminuye a medida que avanza el día. Resulta esencial, porque regula muchas funciones corporales, en especial, la liberación de glucosa en la sangre, para proporcionarnos la energía necesaria para empezar el día. De hecho, esa es una de las razones por las que no necesitas añadir zumo de naranja a tu desayuno: ¡el cortisol se ocupa de ofrecerte la energía necesaria durante la hora que sigue al despertar! En cambio, una elevación crónica del cortisol, especialmente, en caso de estrés crónico, puede alterar por completo los ritmos de vigilia y sueño (véase pág. 262).

¿Por qué al reloj biológico le gusta la regularidad?

Un ciclo de sueño y despertar bien regulado refuerza la producción de mensajeros en el momento adecuado, optimizando el flujo de melatonina por la noche y el pico de cortisol por la mañana. Por eso, levantarse y acostarse todos los días a la misma hora permite mantener una sincronización óptima.

En cambio, si cada día te duermes a una hora diferente, la sinfonía se desincroniza por completo: empieza la cacofonía. Tu sueño y tu despertar se desestabilizan. Y si, tras una noche en blanco, duermes dos horas más de lo habitual a lo largo del día, sentirás cansancio porque el sueño no habrá sido propiciado por estos mensajeros.

¡Define tu cronotipo!

Conviene saber que no todos estamos regidos por el mismo ritmo y estas diferencias pueden ser naturales. Cada cual posee lo que llamamos un cronotipo, una tendencia genética a mantener un mayor nivel de alerta en diferentes momentos del día. Los *early birds* (se acuestan y se levantan temprano) y los *night owls* (se acuestan y se levantan tarde) son variantes naturales y biológicas de estos cronotipos. Aunque la sociedad suele favorecer a los primeros, sería ideal poder seguir nuestro cronotipo para sintonizar el sueño con el propio ritmo biológico y fomentar así un equilibrio óptimo. ¡Responde a este cuestionario si quieres descubrir cuál es el tuyo!

(En francés)

El cronotipo puede cambiar a lo largo de la vida: los adolescentes, por ejemplo, tienen una marcada tendencia a las horas tardías, mientras que las personas mayores muestran un adelanto de fase y prefieren horas más tempranas para acostarse y levantarse. De hecho, ciertos trastornos, como la depresión o la obesidad, pueden modificar o alterar estos ritmos naturales.

La importancia de levantarse todos los días a la misma hora, incluso después de una mala noche

Tras una mala noche, a veces queremos seguir durmiendo y holgazanear en la cama todo el tiempo posible. Ciertas personas intentan dormir a cualquier precio. Sin embargo, prolongar este descanso implica el riesgo de perturbar el reloj biológico, sobre todo, en personas que padecen insomnio psicofisiológico (véase pág. 301). Evita tratar el sueño de esta forma: ¡estas ideas son contraproducentes y fomentan los trastornos del sueño!

En la práctica

Para mantener un ritmo óptimo, levántate cada día a la misma hora, veinte minutos arriba o abajo. Por ejemplo, mi despertador suena siempre a las 7.30, con variaciones mínimas: entre las 7.10 y las 7.50, aunque me haya acostado tarde. Evidentemente, durante las vacaciones o si he trasnochado mucho, me permito excepciones, pero se trata de situaciones más bien raras. Además, me lo puedo permitir, porque no sufro en absoluto de insomnio y me beneficio de una sensación de máxima energía. Si a ti te ocurre, procura ser extremadamente estricto con esta regla (véase insomnio psicofisiológico, pág. 301). Este ritmo afina mi reloj biológico y optimiza mi energía y mi sueño, sin riesgo de provocar una desincronización. Si padeces insomnio, opta por una breve siesta al principio de la tarde en lugar de alargar el sueño por la mañana.

Te presentamos algunos ajustes fáciles de realizar para que tu sueño y tu despertar sean más armoniosos:

- Fija una hora constante en el despertador: en lugar de modificar la hora del despertador en función de tu sueño reciente o, incluso peor, de cambiarla en mitad de la noche (sí, sí, sé que sois muchos los que lo hacéis), programa una hora fija. Utiliza una agenda del sueño o una aplicación para observar y estabilizar tus horarios.
- Abandona el hábito de posponer la alarma (función *snooze*):* esto es fundamental, porque cada ciclo de *snooze* interrumpe tu sueño, lo que provoca microdespertares sin ofrecer un descanso de calidad durante los pocos minutos que intentas rascar. Esta fragmentación del sueño provoca un estrés suplementario nada más empezar el día y no contribuye a mejorar tu sensación de descanso (más bien al contrario). Por último, te deja con una relación conflictiva con el sueño: frustrado, dándole vueltas a tu falta de descanso y a ese cansancio constante. Cambia de mentalidad: levántate con tu música favorita. Vete a dormir antes o pon el despertador más tarde; así de sencillo. En la práctica, procura colocar el despertador (o el teléfono) lejos de la cama, de modo que tengas que levantarte para apagarlo. Una vez en pie, es más fácil resistirse a la tentación de volver a la cama. También puedes sustituir tu despertador clásico por un simulador de amanecer, que te despierta progresivamente con una luz suave, para lograr un despertar más natural y reducir la necesidad de recurrir al *snooze*.
- Si este mal hábito persiste, sustitúyelo por una rutina de despertar inmediato, como beber un gran vaso de agua, poner una música que te invite a bailar, respirar un aceite esencial (por ejemplo, de eucalipto o menta piperita) que asociarás al despertar o abrir las cortinas de par en par para una exposición directa a la luz natural, que estimula la producción de mensajeros del despertar de una manera saludable.

* El *snooze* es la función del despertador que permite posponer la alarma durante unos minutos.

2. BEBE UN GRAN VASO DE AGUA

Si sufres un penetrante dolor de cabeza, un estado de ánimo sombrío, antojos o una pérdida notable de tus facultades mentales, ¡la hidratación podría ser la causa! Durante la noche, sin que seas consciente de ello, tu cuerpo pierde más agua de la que imaginas a través de la respiración y de la transpiración. Por eso, al despertar, es fundamental rehidratar tu organismo. Una buena hidratación no solo es una cuestión de salud física; es fundamental para mejorar tu estado de ánimo, impulsar el rendimiento intelectual y controlar el apetito (y, de paso, tener una bonita piel...). ¿Sabes que incluso una ligera deshidratación puede alterar tu ánimo, aumentar la sensación de ansiedad, provocar migrañas o modificar tu rendimiento cognitivo o tu capacidad de concentración, entre otras cosas?[1] ¡Beber suficiente agua es un gesto sencillo pero poderoso para empezar el día con buen pie! Pero cuidado: las bebidas energizantes, como el té, el café o el alcohol, no pueden ser consideradas igual que el agua. Estas bebidas tienen propiedades diuréticas (después de tomar un café, orinarás más y con más frecuencia y, a veces, observarás un aumento en la frecuencia de las heces, que serán más blandas o de consistencia más líquida). Por lo tanto, conviene estar atento a una hidratación correcta. No hay que buscar nuevas soluciones mágicas: el agua es la mejor bebida que existe.

Personalmente, antes de beber ese vaso de agua, uno de mis primeros gestos matinales consiste en lavarme los dientes. También limpio con delicadeza la lengua. Piensa en ello: cada día tragas en torno a 1,5 litros de saliva y tu boca está colonizada por un microbioma único. Durante la noche, las bacterias aprovechan ese tiempo de calma para desarrollarse, sobre todo bajo la forma de placa dental. Si no haces limpieza, ciertas bacterias no deseables pueden prosperar allí y favorecer, como hemos visto en la primera parte, una diabetes tipo 2 o incluso la enfermedad de Alzheimer.[2] Si quieres saber más sobre la higiene bucodental, visita la página 53.

¿Qué nos dice la ciencia?

Con la edad, podemos experimentar una reducción de la sensación de sed y, por lo tanto, olvidar beber el agua suficiente. Adoptar buenos hábitos hoy podría ser muy beneficioso más tarde. Permanece atento a tus familiares más mayores, porque una deshidratación podría tener serias complicaciones de salud. A la inversa, tener siempre sed, a pesar de un consumo de agua suficiente, puede revelar un problema de salud, como la diabetes. Consulta a tu médico si es tu caso.

Bebe más agua si tienes diarrea, vómitos o en caso de transpiración excesiva (relacionada con una canícula, esfuerzos deportivos u otros, tras una exposición prolongada al sol o un episodio de fiebre, sobre todo, en niños o personas mayores).

¿Estás deshidratado?

Las señales de deshidratación son una orina concentrada y con un olor fuerte, de color amarillo oscuro o ámbar; la sensación de tener la boca seca; la piel seca, menos elástica; ojeras más marcadas y oscuras; dolores de cabeza frecuentes; una respiración y un ritmo cardiaco más rápidos; una sensación de cansancio anormal; vértigos o mareos, o debilidad general.

Un único consejo: piensa en mí (o no...) cada vez que vayas a hacer pipí. El color deseado es «amarillo pajizo» más bien claro. Si el color es más oscuro, ¡bebe más! Si el color es extraño, ¡consulta a tu médico!

En la práctica

A lo largo del día, bebe regularmente entre un litro y medio y algo más de tres litros de agua, según tus necesidades.

Intenta beber al menos un litro de agua antes del almuerzo para no tener que beber de golpe los litros restantes muy tarde; si lo haces así, por la noche te levantarás muchas veces a orinar. Diseña una rutina en la que bebes sistemáticamente un vaso de agua en diferentes momentos del día: al despertar, justo después de haberte lavado los dientes, pero también antes y después de cada comida, al salir y al volver a casa... O también justo después de hacer pipí, en función de su color. Para acordarte, coloca recipientes de agua por todas partes: una jarra en tu despacho o en la mesita de noche, un vaso de agua al lado del fregadero... Lleva siempre contigo una cantimplora de cristal o de acero inoxidable.

Para empezar, las aplicaciones de recordatorio de hidratación pueden ayudarte a monitorizar tu consumo de agua. También puedes activar un recordatorio automático.

Aromatiza el agua: unas rodajas de limón bio no tratado y bien pelado, pepino bio pelado o unas hojas de menta la harán más atractiva. Personalmente, me gusta el agua fría con una infusión de té rooibos o té negro, melocotón y albahaca o estragón en verano. Preparar el té en agua fría lo priva de su sabor amargo, ¡y así disfrutarás de un verdadero té helado, como en un restaurante, pero sin azúcares!

Algunas ideas para infusiones

Frías: albahaca y fresa, verbena y frambuesa, manzanilla, lavanda, rooibos, vainilla y cortezas de naranja, menta y pepino.

Calientes: tomillo, jengibre y limón, *chai* con o sin teína (mi versión preferida de *chai* incluye cáscaras de cacao, del tipo «especias de Navidad»).

3. EXPONTE AL MENOS VEINTE MINUTOS A LA LUZ NATURAL INTENSA DEL DÍA

Este paso tan ignorado es el que prácticamente ninguno de nosotros respeta de octubre a abril y, sin embargo, es absolutamente esencial para preservar el estado de ánimo y todo lo que lo acompaña. Pruébalo una semana y te garantizo que percibirás la diferencia (si no quedas satisfecho, ¡te devolvemos el dinero!).

Cada día, nada más despertar, exponte a la luz natural intensa del día durante un mínimo de veinte minutos. Idealmente, hay que repetir esta exposición mínima a lo largo del día.

Tanto si el cielo está cubierto como si no, ¡hay que salir! Los rayos atraviesan las nubes, aunque sean menos intensos. Sal sin sombrero ni gafas de sol. Atención: no mires al sol directamente (para proteger tus ojos), pero mantén la cabeza orientada hacia la luz. Puedes ponerte protección solar en el rostro. De hecho, se trata, sencillamente, de exponer tu retina. Esta exposición a la luz «nutre» tu cerebro y mejora tu estado de ánimo, tu sensación de energía y tu rendimiento intelectual. También permite mejorar el control de tu apetito, la calidad de tu sueño e incluso disminuir el tiempo que tardas en conciliarlo al sincronizar tus ritmos de vigilia y sueño.

¿Qué nos dice la ciencia?

Volvemos con nuestro director de orquesta bajo la luz de los focos. Es necesario comprender que, aunque nuestro reloj biológico interno, también llamado «reloj circadiano», se aloja en el corazón del cerebro, en el hipotálamo, y está en parte regulado por factores genéticos, no está encerrado ni aislado del resto del organismo ni del entorno. Está en constante interacción con él, directamente conectado a los ojos por medio de una suerte de cableado* (nervios) que

* El núcleo supraquiasmático (NSC), centro de nuestro reloj biológico, está directamente conectado con los ojos por el tracto retinohipotalámico. Este trayecto permite a la retina transmitir las informaciones luminosas captadas por las células especializadas, que son especialmente

transmite la información aunque los ojos estén cerrados. En realidad, este reloj recibe «en directo» las informaciones de las señales luminosas captadas por los ojos: la luz es el gran «reajustador» de este reloj interno. Un simple rayo de luz diurna actúa como una clave de activación, ajustando el reloj para alinear nuestros ritmos biológicos con el ciclo natural día/noche.

Así, cada día, en función de la intensidad y del tipo de luz ambiental, nuestro reloj biológico sincroniza una vasta gama de procesos fisiológicos. Libera diversos mensajeros químicos, que actúan como jefes de sección en una orquesta, activando y desactivando diferentes funciones y siguiendo un ritmo casi invariable. Estos mensajeros crónicos organizan los ciclos de la atención, el apetito, la temperatura corporal, la secreción de hormonas y otras muchas funciones en momentos clave del día y de la noche, para que todo se desenvuelva en armonía y sea optimizado cuando lo necesitamos.

Conclusión: ¡la luz natural es un alimento insustituible para sincronizar y reforzar nuestros ritmos de vigilia y sueño y nuestra vitalidad!

Por el contrario, por la noche hay que evitar las fuentes luminosas intensas (por ejemplo, las luces led en el cuarto de baño) o las luces azules (las pantallas) al menos dos horas antes de acostarnos para mejorar la calidad del descanso y no perturbar los ciclos de vigilia y sueño (véanse más consejos en la pág. 291).

Las consecuencias de la privación de luz: la tristeza invernal

Tal vez ya te hayas enfrentado a las consecuencias de una privación de luz. Cada año, de manera cíclica, cuando llega el invierno y las hojas caen y los días se acortan, la mayor parte de nosotros experimenta ciertos cambios en el estado de ánimo y en el comportamiento. En las zonas templadas, la prevalencia de la tristeza invernal[3] se sitúa

---

sensibles a la luz azul. Estas células envían sus señales luminosas directamente al NSC, que ajusta los ritmos circadianos en función de la luz ambiental. Este vínculo único con la retina convierte el NSC en el director de orquesta de los ciclos de vigilia y de sueño, modulando la producción de hormonas, como la melatonina, en respuesta a las variaciones de luz.

entre el 6 y el 20 %. Estas alteraciones aparecen de manera previsible durante los meses de otoño y de invierno, con remisiones espontáneas en primavera y verano. Es lo que comúnmente se conoce como «tristeza invernal», una forma de depresión estacional.[4] Numerosas investigaciones se han centrado en el estudio de este trastorno, descrito por primera vez por el doctor Rosenthal,[5] que lo sufría él mismo los días más cortos del año. Desde entonces, la falta de exposición a la luz intensa del día se reconoce como una de las causas subyacentes de la tristeza invernal.[6]

Entre las señales de este tipo de tristeza, encontramos las siguientes:

- Estado de ánimo deprimido (sensación de tristeza, vacío, desesperación), miedos más frecuentes, irritabilidad, pérdida de interés o del placer, sensación de inutilidad o de culpabilidad.
- Bajada de la libido.
- Aumento de los atracones, con predilección por los alimentos azucarados o más ricos en grasas, y aumento de peso (o, en raras ocasiones, pérdida de peso).
- Hipersomnia, sensación de embotamiento o de nerviosismo, cansancio y pérdida de energía.
- Disminución de la capacidad de pensar, concentrarse o tomar decisiones y bajada en el rendimiento cognitivo.

La tristeza invernal se ceba en ciertos grupos de forma desproporcionada. Es en concreto el caso de las mujeres, más afectadas que los hombres, y en particular de las mujeres en edad de procrear,[7] con un deseo irresistible de tomar alimentos azucarados, tendencia a la hipersomnia y un notable cansancio. Las personas que viven en zonas templadas, donde los días de invierno son considerablemente más cortos, también están expuestas a estos problemas. De hecho, las que tienen antecedentes de depresión o de alteraciones del estado de ánimo se encuentran entre las más vulnerables.[8]

El trastorno afectivo estacional (TAE)

No hay que confundir la tristeza invernal con el trastorno afectivo estacional (TAE), que es una forma clínica de depresión. El TAE provoca un sufrimiento clínico significativo o una alteración del funcionamiento en diferentes ámbitos de la vida, como el trabajo o las relaciones sociales, lo que impacta gravemente en la calidad de vida de las personas afectadas. En las zonas templadas, la prevalencia del TAE varía entre el 3 y el 10 %.[9]

Si experimentas síntomas propios del TAE, la versión más seria de la tristeza invernal, consulta con un profesional de la salud.

¿Cómo es posible que la luz ejerza semejante impacto en nuestro comportamiento?

Durante los meses de otoño y de invierno, la falta de exposición a la luz altera la regulación de diferentes neurotransmisores y hormonas, como la serotonina, implicada en la regulación del estado de ánimo, el apetito, las capacidades cognitivas y otras funciones relevantes, y también la melatonina, de la que ya hemos hablado. En invierno, la ausencia de luz puede prolongar la síntesis de melatonina por la mañana, lo que provoca dificultad para despertarse, somnolencia e incluso estado de letargia. Se habla entonces de un «retraso de fase» (ciertos individuos pueden experimentar un «adelanto de fase», pero es más raro). Podemos sufrir un efecto de *jet lag*, como si los ritmos estuvieran desfasados. La luminoterapia, sobre todo, por la mañana, ha demostrado una eficacia interesante para restaurar el ciclo de vigilia y sueño y mejorar la calidad del despertar y del estado de ánimo.

Es crucial, sin embargo, evitar la luminoterapia de noche, porque podría acentuar el retraso de fase y alterar el sueño.

Además, la disminución de la actividad física (como consecuencia de este ánimo deprimido) agrava los síntomas, porque el ejercicio estimula la síntesis de diversos neurotransmisores, entre ellos, la serotonina, que «alimentan» el buen estado de ánimo.

En la práctica

¡El carácter previsible de la aparición de la tristeza invernal cada año ofrece la oportunidad de anticiparse a ella! Procura seguir estos consejos a partir del otoño para prevenir o minimizar los síntomas depresivos.

Aprovecha cualquier ocasión para exponerte a la luz diurna: hacer la compra, tomar un café en una terraza, dar un gran paseo el fin de semana. Si es posible, trabaja en un lugar luminoso, por ejemplo, frente a una ventana. Procura contemplar varios amaneceres y puestas de sol a la semana, para tu deleite. De hecho, esta es una de las pequeñas alegrías de mi vida.

Los pequeños gestos que lo cambian todo

En lugar de ir en coche o en metro, acude al trabajo en bicicleta. Si no es posible, bájate unas paradas antes o aparca un poco más lejos para matar dos pájaros de un tiro: ¡nutrir tu cerebro con luz y movimiento! Del mismo modo, en lugar de tomar tu café negro en casa, compra un termo de acero inoxidable y tómalo mientras caminas con conciencia plena. Y, en lugar de hablar con tus compañeros de trabajo al lado de la máquina de café, date un paseo con tu taza, también después del almuerzo. ¡Y podrías desplazar tu escritorio y colocarlo frente a una ventana!

Curarse con luminoterapia

La luminoterapia es el tratamiento no farmacológico más estudiado y que ha demostrado la mayor eficacia para «reforzar» la serotonina y regular la síntesis de melatonina en invierno; en resumidas cuentas, para curar la tristeza invernal.[10] Esta terapia se practica de forma cotidiana, idealmente en la hora posterior al despertar y siempre a la misma hora. No la practiques al final del día, salvo recomendación médica, porque podría acentuar el retraso de fase y complicar el despertar matutino.

No mires nunca directamente a la luz; no es necesario y, además, podría provocar migrañas. Basta con que la luz alcance tu retina. Personalmente, me gusta colocar la lámpara ligeramente alta en mi escritorio, por encima del ordenador, lo que me brinda la sensación de estar expuesta al sol.

No prolongues la exposición recomendada, ya que existe el riesgo de desarrollar migrañas o síntomas oftalmológicos. Si deseas utilizar la luz durante un periodo prolongado, el prospecto explica que hay una distancia recomendada (por ejemplo, veinte minutos de exposición a la luz a una distancia de veinte centímetros del rostro; dos horas a un metro del rostro).

Pide consejo a tu médico antes de practicar la luminoterapia si padeces un trastorno psiquiátrico, oftalmológico o relacionado con las migrañas.

¿Cómo elegir la lámpara?

Escoge una lámpara certificada (logo CE), concebida específicamente para tratar el TAE o la depresión. La lámpara debe emitir una intensidad luminosa de al menos diez mil luxes. El prospecto debe especificar que la lámpara no emite rayos ultravioletas o que está provista de un filtro para estos.

4. TOMA UNA DUCHA FRÍA

¿Sabías que aumentar la temperatura corporal al despertar puede ayudarte a sincronizar tus ritmos de vigilia y sueño? Junto con la actividad física, nada mejor que darte una ducha... ¡fría! Gracias a este truco, estimularás la producción de calor en tu cuerpo, lo que se conoce como termogénesis. Intenta luchar contra los «escalofríos»

—uno de los procesos de la termogénesis— concentrándote en tu respiración, con espiraciones dilatadas. Este hábito puede parecer difícil al principio, pero te aseguro que pronto no podrás prescindir de él... Aunque la exposición al frío es un hábito saludable menos estudiado en los seres humanos, la investigación resulta muy prometedora. Además, se trata de un truco gratuito (y ecológico) que permite practicar la respiración y optimizarla en una situación menos cómoda. Los adeptos lo confirman: buen estado de ánimo garantizado, sensación instantánea de lucidez mental, mejor circulación sanguínea y piernas ligeras y, a largo plazo, un aliado suplementario en el control del peso. En efecto, la exposición al frío aumenta la capacidad de algunas de nuestras células para crear calor (en el seno de las mitocondrias) en lugar de energía (bajo de forma de trifosfato de adenosina o ATP) y, para ello, es necesario quemar más calorías. Otros predican sus efectos en el sistema inmunitario; los resultados de los estudios científicos son preliminares, pero ¡interesantes!

Personalmente, practico una sesión de deporte al despertar (véase la etapa 2 del protocolo) y luego me doy una ducha.

¿Qué nos dice la ciencia?

La exposición breve al frío parece presentar muchos efectos fisiológicos y psicológicos interesantes:[11]

- Activa nuestro sistema nervioso simpático y aumenta en especial la liberación de adrenalina y noradrenalina, hormonas responsables de la atención, la sensación de energía y la preparación para la acción. Mejora el estado de vigilia, estamos más alerta y esto nos ayuda a empezar el día con una sensación de vitalidad.
- Permite gestionar mejor las situaciones de estrés al facilitar un cambio en el estado de ánimo. Al soportar la incomodidad de las duchar frías matinales gracias a ejercicios de respiración y de meditación, cultivamos la resiliencia mental y esto nos prepara para afrontar los retos cotidianos con más calma y confianza. ¡Afrontemos los desafíos!

- Estimula la producción de mensajeros del bienestar, como las endorfinas o la dopamina, neuromoduladores clave para la motivación y el placer. Contribuye, por lo tanto, a mejorar nuestro estado de ánimo.
- Induce una vasoconstricción (reducción del diámetro de los vasos sanguíneos), redirigiendo la sangre hacia los órganos internos, seguida de una vasodilatación (ensanchamiento de los vasos). Esta estimulación permite una mejor oxigenación de los tejidos al mejorar la circulación general, lo que nos ayuda a aliviar ciertas incomodidades, como las piernas pesadas o la retención de agua en ciertas personas.
- Aumenta el gasto energético, sobre todo, al estimular el tejido adiposo pardo (o grasa parda), cuyas mitocondrias queman más calorías para producir calor. Por lo tanto, esta es una estrategia suplementaria interesante para prevenir los trastornos metabólicos (obesidad, diabetes tipo 2...).[12]
- También podría ser beneficiosa para nuestra respuesta inmunitaria. Ciertos estudios preliminares sugieren un aumento de la resistencia a las infecciones respiratorias o incluso una mejora del bienestar de los pacientes que padecen enfermedades autoinmunes, como la poliartritis reumatoide.[13]

Mi ducha fría cotidiana

Me gusta mucho tomar una ducha fría por la mañana. Me he vuelto adicta a este latigazo. Tengo la impresión de que frena todos mis pensamientos negativos o de fracaso, así como mi ansiedad durante periodos de estrés o cansancio. ¡Tengo la sensación de salir de la ducha como una guerrera! Soy capaz de respirar tranquilamente bajo una ducha helada, sonreír y a veces reír, bailar o cantar.

También me gusta sumergirme brevemente en un baño helado con cubitos de hielo... ¡bajo supervisión! En la misma línea, procuro no abrigarme demasiado a lo largo del día. En la actualidad, vivimos constantemente en entornos acogedores, demasiado tapados y calientes. Sin embargo, los cambios de temperatura estimulan el organismo. Exponerse brevemente al frío o, en todo caso, no estar siempre muy cubiertos, permite estimular el gasto energético.

En la práctica

Para aprovechar plenamente los beneficios de la ducha fría, establece una rutina diaria:

- Si no estás acostumbrado, empieza con agua tibia y baja progresivamente la temperatura. Empieza por los pies y las piernas antes de pasar al resto del cuerpo.
- Permanece bajo el agua fría entre diez y treinta segundos, luego aumenta poco a poco el tiempo de exposición, hasta un minuto, luego dos o tres minutos, en función de lo que te resulte cómodo.
- Controla tu respiración para «calmar» al sistema nervioso y gestionar el *shock* inicial del frío. Una respiración profunda y regular ayuda a tolerar mejor la exposición al frío. Intenta respìrar lo más lentamente posible. Resulta especialmente interesante la exposición al frío combinada con ejercicios de respiración y de conciencia plena.
- Sécate rápidamente y vístete para evitar enfriarte en exceso después de la ducha. Atención: estoy hablando de ducha fría, no de baños helados. Estos últimos hay que hacerlos bajo supervisión. En efecto, saltar a un lago helado o entrar en un baño lleno de cubitos de hielo implica riesgos como el *shock* térmico o la hipotermia.

De modo general, evita sobrecalentar los lugares en los que vives o cubrirte demasiado. El efecto beneficioso sobre el control del peso y la salud metabólica global no se limita a las duchas frías. Estimula tu termogénesis (¡sin exagerar!).

ETAPA 2

EJERCITA TU CUERPO Y ENTRENA TU CEREBRO EN EL OPTIMISMO Y EL BUEN ÁNIMO

Si existiera un medicamento que te relajara instantáneamente, te volviera más creativo y te hiciera sentir bien, con una sólida autoestima; que mejorara tu rendimiento cognitivo, la neuroplasticidad y tu sensación de energía y que incluso redujera el dolor; que tuviera un efecto virtuoso, un bucle de retroalimentación positiva que influyera positivamente en todos los aspectos de tu salud: un mejor descanso, más calorías quemadas en reposo, y que estimulara tu simpatía hacia los demás, y todo esto sin efectos secundarios... En otras palabras, un medicamento casi mágico, lo tomarías, ¿verdad?

No se trata de un medicamento: ¡basta con hacer ejercicio!

¡El movimiento es vida! Como hemos recordado anteriormente, evolucionamos para convertirnos en atletas de fondo, un rasgo que promovía la supervivencia de nuestra especie. Sin embargo, hoy en día es distinto: tenemos el aspecto de eruditos montados en patinetes eléctricos. Cuando subimos por las escaleras mecánicas, tenemos el rostro volcado en nuestro teléfono, sin hacer trabajar los abdominales, y pedimos nuestra comida a cualquier hora gracias a las aplicaciones de móvil, ejercitando únicamente los pulgares... El sedentarismo es verdaderamente una plaga. En la actualidad, somos sedentarios en exceso; algunos vivimos aislados o nuestra única ocupación es el trabajo (sentados ante una pantalla) y nuestro ocio consiste en el consumo de contenidos (sentados ante una pantalla). Hoy los jóvenes pasan la mayor parte del tiempo en interiores, tan inmóviles como los presidiarios (a los que se anima a salir y a ejercitarse). Se considera que el 81 % de los adolescentes están físicamente inactivos[1] (no es una sorpresa que resulte más difícil lidiar con ellos en estas condiciones).

Sin embargo, el movimiento es esencial.

Si eres corredor o corredora, quizá hayas experimentado el famoso *runner's high*, esa euforia intensa, comparable a un «subidón», o *high*, provocado por una droga, que actúa como una recompensa natural que nos motiva a perseverar y volver a ello una y otra vez. Si no lo conoces, te lo describo: cuando salgo a correr para despejarme, evadirme o sacudirme el estrés, empiezo trotando, y a veces es duro, me cuesta motivarme. Tras unos diez minutos, decido esforzarme un poco más, me pongo mi *playlist* deportiva favorita y supero mis límites. De pronto, ¡me siento muy ligera, como si tuviera alas, llena de energía, invencible! Ya no me duele nada, no estoy estresada ni hay en mí ningún sentimiento negativo; al contrario, me siento desbordante de motivación, orgullosa de mí misma y llena de ambición. Me apetece sonreírle a todo el mundo, darles la mano e incluso bailar o cantar en voz alta.

¿Cómo se explica el célebre *runner's high*? Por una liberación importante de «moléculas de la felicidad»: entre ellas, las endorfinas, la serotonina y la dopamina. Estas te brindan esta sensación de motivación, de poder y ganas de sonreír. También liberas endocannabinoides, con un efecto que fomenta la relajación y disminuye el dolor... Todo esto te permite perseverar. Más adelante hablaremos de otros efectos beneficiosos del ejercicio físico.

Antes de una sesión de deporte, a veces estamos atrapados en la pereza, una baja autoestima o una escasa creatividad. Podemos sentirnos pesimistas y bloqueados en nuestros proyectos. Tras una sesión de deporte, nos sentimos relajados, sonrientes, llenos de esperanza y con nuevas ideas. Si nuestro cuerpo nos recompensa hasta ese punto, es porque quiere animarnos.

En esta etapa del protocolo, examinaremos diversas estrategias que permitirán fortalecer nuestro optimismo ¡y mucho más!

1. PRACTICA UNA ACTIVIDAD FÍSICA COTIDIANA

¡Muévete! Haz ejercicio físico al menos entre cinco y veinte minutos al día. Y, si puedes, al menos treinta minutos: es el mínimo estricto real que tenemos que alcanzar juntos.

La mayor parte de la gente pospone el ejercicio físico para el final del día, pero, por mi parte, me gusta programar mi sesión al despertar: así, ya está hecho, y eso me da, desde muy temprano, una sensación de realización que lanza mi jornada a una dinámica de éxito, llena de vitalidad y alegría. A veces solo hago diez flexiones y otras sigo un vídeo de pilates de veinte minutos o corro durante una hora por el parque (lo que me permite combinar la exposición a la luz y la actividad física cotidiana).

¿Qué tipos de actividad practicar? ¡De todo tipo! Mientras que el refuerzo muscular se centra en el desarrollo de la fuerza, de la potencia y de la salud de la masa muscular, con ejercicios como flexiones o sentadillas (con o sin peso), la actividad «cardio» o «aeróbica» aspira a aumentar la resistencia y la salud del corazón y los pulmones a través de actividades que aumenten el ritmo cardiaco (cuando corres te falta el aliento, pero no especialmente al hacer flexiones). Por ejemplo, correr, nadar, ir en bicicleta... En general, el deporte cardio permite «quemar» calorías a más velocidad (por ejemplo, 600 kcal por una hora de carrera); la musculación, en cambio, permite aumentar las calorías que se queman en reposo. Volveremos sobre esta cuestión. Se pueden combinar ambas actividades. ¡Lo fundamental es variar y divertirse!

¿Ejercicio o actividad?

A menudo, el ejercicio físico recibe el nombre de «deporte». Designa una actividad estructurada o planificada con el objetivo de mejorar tu salud y sentirte mejor. Procura practicarlo un mínimo de treinta minutos al día.

La actividad física engloba el deporte, pero también cualquier movimiento corporal que implique un gasto de energía, ya sea para desplazarse al trabajo, ver a los amigos o tareas cotidianas como la limpieza. Idealmente, debe ser frecuente: por ejemplo, debe incluir más de seis mil pasos al día e implica levantarse regularmente de la silla.

¿Qué nos dice la ciencia?

La actividad física aporta numerosos beneficios: una reducción de la mortalidad, sin distinguir las causas (enfermedades cardiovasculares, hipertensión, algunos tipos de cáncer...), y una mejora de la salud mental, las funciones intelectuales, la salud cognitiva y el sueño. También la composición corporal mejora, lo que beneficia todos y cada uno de los aspectos que conforman la salud. Así, son muchos los estudios que han demostrado que la actividad física puede mejorar la autoestima y el estado de ánimo, así como reducir los síntomas de depresión y ansiedad.[2] Los estudios muestran incluso una mejora de las funciones cognitivas en personas mayores que ya presentan declive cognitivo, incluso alzhéimer, gracias a una intervención basada en el ejercicio físico.[3] Practicar ejercicio y mantener la masa muscular permite una mejor gestión del peso, previene la acumulación de masa grasa con la edad y, por lo tanto, mejora la salud global.

Presentamos las recomendaciones internacionales mínimas (¡es mejor superar estos umbrales!) en materia de actividad física para los adultos (de dieciocho a sesenta y cuatro años):[4]

- Musculación: refuerzo muscular con un mínimo de dos sesiones semanales, para trabajar todas las cadenas musculares.
- Cardio: un mínimo de 300 minutos de actividad aeróbica, a veces llamada «cardio», a la semana (por ejemplo, marcha, natación, bicicleta o carrera). Si la actividad implica una intensidad sostenida (no eres capaz de hablar porque te falta el aliento), procura realizar como mínimo entre 75 y 150 minutos de ejercicios de resistencia. Si la intensidad es moderada, al menos 150 minutos. Si la intensidad es baja, el mínimo son 300 minutos. La actividad de resistencia debería practicarse en periodos de al menos 10 minutos, idealmente más. Ir más allá de estas recomendaciones se asocia con una reducción suplementaria de la mortalidad.[5] ¡Sí, el movimiento es vida!

  Ejemplo: cada día de la semana, 30 minutos de marcha; el lunes, 60 minutos de danza; el miércoles, 45 minutos de natación; el domingo, 60 minutos de carrera a pie. Además de las dos sesiones de refuerzo muscular semanal y de toda la actividad física suplementaria de tus desplazamientos, ocio y tareas del hogar: ¡muévete, baila, carga peso, trepa!
- Frenar el sedentarismo: tienes que fijarte un mínimo de 6.000 pasos al día. Muévete cada 60 minutos para reducir los efectos del sedentarismo. Para ello, levántate de la silla y ve a buscar un vaso de agua. Trabaja de pie (un escritorio fijo) o da vueltas por la oficina cuando atiendas una llamada telefónica. Planifica una pausa activa con un breve paseo al exterior o realiza algunos estiramientos para estimular la circulación sanguínea y mejorar tu sensación de energía. La actividad física designa todos los movimientos que efectuamos, sobre todo, en el ámbito del ocio, para desplazarnos de un lugar a otro, en el lugar de trabajo o durante las tareas domésticas: ¡permanece activo a tu manera! En cuanto a mí, como ya sabrás, ¡me encanta bailar y alimento mi cerebro con música!
- Entrenamientos mixtos: introducir sesiones de pilates o de yoga entre las sesiones de fortalecimiento muscular y cardio permite mejorar la flexibilidad, el equilibrio y la postura. El HIIT (*high-*

intensity interval training) es un método de entrenamiento que alterna periodos de esfuerzos muy intensos con periodos breves de recuperación. El objetivo es llevar el cuerpo a trabajar al máximo de sus capacidades durante un corto intervalo de tiempo y luego descansar para volver a empezar. Al incluir al menos cinco minutos de HIIT en tu vida cotidiana, te beneficiarás del efecto hormético, que consiste en estimular los mecanismos de defensa y reparación en tu cuerpo exponiéndolo a un estrés moderado y limitado en el tiempo, lo que lo vuelve más resiliente, refuerza las capacidades cardiovasculares, mejora la respuesta metabólica y estimula la producción de antioxidantes naturales. ¡Unos minutos al día bastan para activar este poderoso mecanismo de adaptación!

¿Cómo hacerlo? Tras el calentamiento o una sesión de deporte (refuerzo muscular o cardio), practica un ejercicio de alta intensidad (por ejemplo, *burpees*, ejercicios de escalada o sentadillas con salto) durante 40 segundos y recupérate durante otros 20 segundos. Repítelo 5 veces (es decir, cinco minutos). Si te resulta demasiado duro, empieza con 20 segundos de movimiento y 40 segundos de reposo y aumenta progresivamente el tiempo de trabajo en relación con el tiempo de descanso.

En la práctica

Es importante practicar ejercicio físico cuando mejor convenga según tu horario, idealmente todos los días a la misma hora, para mantenerlo en el tiempo y fomentar una adecuada sincronización de tu reloj biológico, pero evita realizar una actividad física intensa en las tres o cuatro horas previas al descanso nocturno (véase pág. 297).

¿Cómo abordar el refuerzo muscular? Sin duda, lo mejor es recurrir a un entrenador deportivo, apuntarse a un gimnasio o pedirle a alguien que te enseñe a realizar los movimientos. Las versiones más físicas del yoga, en las que se mantienen las posturas, el pilates y el pilates *reformer* (me encanta) también pueden contar como refuerzo muscular. De hecho, se trata de sentir que estás rozando el fallo muscular: si puedes mantener la misma postura durante diez horas, no se trata de refuerzo muscular.

Empieza suave y progresivamente

Empieza con tu peso corporal, es decir, sin equipo ni cargas. (Re) aprende cada movimiento a la perfección, así como sus variantes. La constancia es importante y existe el riesgo de lesión si empiezas muy fuerte. Una lesión a veces requiere de una inmovilización prolongada, algo que conviene evitar. (Re)aprender cada movimiento es un excelente desafío en sí mismo.

Por ejemplo, en cuanto a las sentadillas, puedes centrarte en las sentadillas clásicas, las sentadillas sumo, las sentadillas pistol... Del mismo modo, respecto a las zancadas, podrás alternar entre las zancadas frontales, las traseras, las laterales, las búlgaras... En cuanto a las flexiones, explora todas las variantes: flexiones clásicas, abiertas, diamante, Spiderman... Si al leer esto piensas: «Por dios, Émilie, ¿de qué me estás hablando?», busca en internet; encontrarás todo tipo de contenido que podrá acompañarte, aunque, lo reitero, un entrenador personal es fundamental para las primeras ocasiones.

Trabaja todas las cadenas musculares cada semana

El objetivo es reforzarlas todas. Esto te ayudará a evitar las lesiones, en especial, en las rodillas y en la espalda. Es fundamental aprender a reforzar todos los pequeños músculos que sostienen cada articulación y no interesarse solo en los abdominales y en los glúteos. Además, debes estar muy atento a tus sensaciones: si percibes un dolor en las articulaciones, es importante dar marcha atrás y pedir ayuda.

Alterna las cadenas musculares

No entrenes los mismos músculos dos días seguidos. Procura dejar un intervalo de veinticuatro a cuarenta y ocho horas entre las sesiones. Por ejemplo, martes: piernas y glúteos; jueves: abdominales, pectorales y espalda; domingo: bíceps, tríceps y hombros. El entrenamiento de las piernas y los glúteos suele ser el más intenso; conviene programarlo un día en el que tengas mucha energía; en mi caso, el fin de semana o en mitad de la semana.

Prepárate para el entrenamiento

Bebe agua e hidrátate bien. Si sientes la necesidad, consume glúcidos ligeros para el estómago (como un plátano) para tener la energía necesaria para lanzarte a fondo. Calienta cada músculo con suavidad y aumenta ligeramente el ejercicio cardio (por ejemplo, 5x40 segundos saltando a la comba, con 20 segundos de pausa).

Optimiza el entrenamiento

¡El número de repeticiones debe ser bajo! Cada ejercicio debe repetirse entre ocho y doce veces, procurando acercarte al fallo muscular en las últimas (el punto en el que no puedes efectuar una repetición en buena forma, por ejemplo, cuando no logras despegar del suelo en la duodécima flexión). Así, si puedes hacer doce flexiones fácilmente, eleva los pies. Si las sentadillas te resultan muy fáciles, descubre las variantes más exigentes (sentadillas con una sola pierna, equilibrándote con correas colgadas en lo alto, uso de elásticos para añadir carga y pérdida de equilibrio...).

Realiza tres series por ejercicio, con 1 o 2 minutos de descanso entre cada serie, para permitirte recuperarte y darlo todo en la serie siguiente.

Aumenta progresivamente las cargas para seguir progresando. El uso de cargas no siempre es necesario, ya que el peso del cuerpo se puede usar como recurso.

Después del entrenamiento

Bebe después del esfuerzo. Asegúrate de consumir suficientes proteínas en la siguiente comida (en torno a 30 g, véase pág. 179) y de tomar una comida equilibrada que incluya glúcidos (cereales o legumbres), grasas buenas y verduras. ¡Un sueño de una calidad y una duración ideales es absolutamente crucial!

Y si nunca has practicado la musculación, ¿es demasiado tarde?

¡Claro que no! A pesar de que seas muy mayor, realizar correctamente los ejercicios, bien acompañado, mejorará de manera significativa tu calidad de vida y tu estado de ánimo e incluso ralentizará tu declive cognitivo. A veces pensamos que las personas mayores son frágiles y que hay que evitarles los desafíos físicos. ¡Al contrario! Salvo contraindicación médica debido a cambios relacionados con la edad, hay que fortalecer los músculos más que nunca.

A partir de los treinta años, y en especial desde la perimenopausia, es cada vez más difícil conservar la masa muscular, que tiende a «decaer». Esto se explica fundamentalmente por el descenso del nivel de estrógenos. Con los cambios hormonales, la mujer también puede descubrir una relocalización del tejido adiposo de los muslos, los glúteos y los michelines hacia el abdomen. Se observa un cambio: se pasa de una morfología «ginoide» a una «androide» (véase pág. 39), lo que se asocia a un aumento del riesgo cardiovascular.[6] En esta etapa de la vida y más adelante, se detecta también un aumento progresivo de la acumulación de masa grasa, así como otros parámetros que contribuyen al riesgo cardiovascular. Es, por lo tanto, el momento ideal para empezar a fortalecer los músculos si no lo has hecho antes, para regalarte una hermosa segunda mitad de la vida. No hay que considerar a la mujer en la menopausia como un ser débil. No, es sabia, sabe lo que quiere, está orgullosa de sus muchas experiencias y... ¡también puede ser físicamente fuerte!

Si eres un hombre, al igual que ocurre con las mujeres, al envejecer, corres el riesgo de acumular más masa grasa, en especial a nivel de las vísceras. Y, como las mujeres, al envejecer, perderás autonomía y tus articulaciones pueden empezar a dolerte. Reforzar tus músculos es esencial: tus hábitos de hoy definirán tu vida mañana. Y nunca es demasiado tarde: adoptar este protocolo a los cincuenta años te permitirá ofrecerte una hermosa segunda mitad de la vida, quizá más plena que la primera (por disfrutar de una mejor salud).

Debes saber que, de todas las calorías que quemamos cada día, la mayoría se consumen «en reposo»: se trata de nuestro metabolismo básico, de calorías que se queman sin hacer nada. Y uno de los factores que en mayor medida predicen el número de calorías quemadas en reposo es la masa muscular. ¡A mayor masa muscular, más calorías se consumen, incluso sin hacer nada! En el transcurso de la vida, nuestra «pérdida» de masa muscular participa en nuestro aumento de peso progresivo y, además, la pérdida de masa muscular a escala humana a partir de los treinta años también explica por qué la población es cada vez más obesa.[7] Una sola instrucción: ¡fortalezcamos los músculos!

2. ENTRENA TU CEREBRO EN EL OPTIMISMO

¿Sabes que la forma en que nos contamos la historia de nuestra vida influye profundamente en cómo la vivimos y experimentamos? Dos personas que viven exactamente el mismo día podrían pintar dos cuadros opuestos: «Ha hecho mal tiempo todo el día», «Vi un rayo de sol y aproveché para tomarme un café en una terraza»; «No tengo suerte, no he logrado hacerlo», «La próxima vez lo conseguiré, he progresado mucho y estoy cerca de conseguirlo». En términos de autoestima, optimismo y resiliencia, estas diferencias en el estado de ánimo lo cambian todo. Si tienes tendencia a la queja o a verlo todo negro, ¡debes saber que esa actitud se puede trabajar! Existen muchos métodos prácticos, entre los cuales está el *journaling*, que consiste en escribir, de manera sencilla y habitual, los pensamientos, emociones, creencias o valores y remodelar así la propia visión del mundo al valorar el relato que hacemos de nuestra propia vida. Mi abuela practicaba el *journaling* mucho antes de que fuera una moda en las redes sociales: escribía todas las mañanas y todas las noches en su diario, hasta en los últimos días de su vida. Rememoraba los buenos recuerdos y consignaba lo que había hecho, cambiando de color para subrayar una emoción importante.

La práctica del *journaling*, tal como la presentamos aquí, refuerza las emociones positivas, como la alegría, la esperanza y la autoestima. Esto puede ayudarte realmente a afrontar los desafíos cotidianos. ¡Es perfecto para empezar el día con buen ánimo!

¿Qué nos dice la ciencia?

El cerebro humano está naturalmente configurado para prestar más atención a las experiencias negativas que a las positivas e incluso a obsesionarse con ellas. Es un proceso esencial para nuestra supervivencia desde el punto de vista de la evolución, en la que las amenazas debían grabarse en la memoria. Había que conservar la información asociada al ataque de un león, por ejemplo (el lugar, los ruidos relacionados, etcétera), para desarrollar un miedo adecuado para la supervivencia. Así, en el estrés crónico, la depresión y la ansiedad, podemos tener la impresión de que nuestro cerebro está bloqueado en la autopista de la «negatividad» y resulta difícil recurrir al pensamiento racional (gestionado por la corteza prefrontal, que juega un papel esencial en la toma de decisiones) para retomar el control de los propios pensamientos y emociones y, por lo tanto, de nuestra vida. Desde el punto de vista neurocientífico, durante estos periodos es como si la zona que gobierna el miedo y los pensamientos negativos (la amígdala) fuera la más musculada del cerebro: es la que domina la situación. A veces, ¡somos incapaces de cambiar el curso de nuestros pensamientos y, por lo tanto, de nuestros comportamientos y acciones!

Por suerte, podemos contar con lo que se conoce como la neuroplasticidad: el cerebro no es un órgano fijo, sino que es capaz de aprender y también de cambiar y reorganizarse. Así, cuanto más repetimos un nuevo comportamiento o pensamiento, mayor será su notoriedad, su visibilidad e incluso su naturaleza automática, porque reforzamos los «caminos» entre las neuronas (conexiones sinápticas). Al sustituir de forma consciente un esquema negativo por uno positivo y repetir esta acción, podemos retomar el control. Puedes imaginar entonces que la autopista de los pensamientos negativos estará cada vez menos transitada y que los descuidados caminos de las ideas positivas se convertirán en rutas principales. Los ejercicios de gratitud o el hecho de mantener un «diario positivo», practicar ejercicios de escritura optimista, agradecida, positiva o compasiva hacia una misma y el mundo que nos rodea, son una estrategia sencilla, gratuita, rápida y, sin embargo, eficaz para mejorar el bienestar.[8] Los estudios han demostrado que estas prácticas permiten aumentar los sentimientos positivos, la felicidad o el bienestar subjetivo, la satisfacción vital y las relaciones interpersonales a la vez que se reducen las emociones negativas, los síntomas depresivos, de estrés o de ansiedad e incluso limitan el sufrimiento en pacientes que padecen dolor crónico o mejoran el bienestar de quienes tienen un cáncer en fase avanzada.

Los ejercicios de *journaling* se pueden adaptar en función de tu objetivo personal: por ejemplo, permiten mejorar la determinación personal de los estudiantes ¡y esta influencia se extiende muchos meses después de la intervención! Es como si pudiéramos implementar un proceso de «reeducación» de nuestro cerebro, con nuevas conexiones orientadas hacia el bienestar y el optimismo que nos permiten pensar, sentir y actuar de una forma más positiva ante los retos de la vida, transformar el modo en el que percibimos nuestra realidad, superar las creencias limitadoras e instaurar hábitos positivos.

En la práctica

El momento ideal para mantener este diario de escritura positiva depende de tus objetivos personales. Por la mañana, esta práctica te puede ayudar a organizar tus pensamientos, a alimentar el optimismo para afrontar la jornada con éxito y resiliencia. Por la noche, puede ser eficaz para descomprimir, liberarte de los pensamientos estresantes y transformar el relato de tu jornada para observar las situaciones de forma más optimista antes de acostarte. No obstante, durante el sueño, nuestro cerebro «transfiere» los nuevos aprendizajes desde el espacio de almacenamiento de la «memoria a corto plazo» al espacio de la «memoria a largo plazo». ¡Es una estrategia especialmente interesante para transformar el relato de nuestra vida!

Personalmente, escribo en mi cuaderno cada mañana y cada noche, sobre todo, en épocas difíciles. Me aseguro de tener siempre un cuaderno en la esterilla de yoga y, en cuanto abro los ojos, después de lavarme los dientes y tomar un gran vaso de agua, escribo, aunque solo sea un par de minutos. Leo lo que escribí la noche anterior, justo antes de dormir, y respondo a algunas preguntas positivas, como: «¿Cómo voy a contribuir hoy a hacer de este mundo un lugar mejor?», «¿Cuáles son las tres personas que más me alegra ver y por qué?», «¿Qué actividad realizaré hoy solo para mí?», «¿A qué desafío me enfrentaré hoy?», «¿Por qué soy capaz de conseguir todo lo que quiero?», «Tres razones por las que estoy orgullosa de mí», etcétera. Elijo tres y ofrezco tres respuestas diferentes para entrenar a mi cerebro en la búsqueda de diversos argumentos para cambiar mi discurso interno.

Además, cuando tengas más tiempo, por ejemplo, el fin de semana, podrías escribirte una carta de amor para abrir dentro de uno o diez años. Está en tu mano trabajar los temas con más profundidad, enumerar todas las cosas que te hacen feliz y que dan un sentido a tu vida, asignarles un porcentaje del tiempo real que ocupan en tu agenda y analizar cómo modificarlo para mejorar tu bienestar. Por ejemplo, si te gusta pasar tiempo en la naturaleza, compartir momentos de calidad en familia o escuchar música, puedes planear un paseo semanal con tus seres queridos y poner un altavoz en la cocina para bailar todas las noches mientras preparas la cena.

Cuando experimentes una dificultad, también puedes entrenar a tu cerebro para reflexionar, por escrito, sobre los factores que pueden modificarse, en lugar de centrarte en aquellos sobre los que no tienes ninguna influencia. Por ejemplo, intenta no decir: «No lo he conseguido porque mi colega no me ha ayudado»; piensa más bien en cómo trabajar mejor con una estrategia más eficaz. Es importante aplicar esta actitud a todas las situaciones para alimentar nuestro optimismo: en una cola interminable, en lugar de impacientarte y repetir: «No puedo más», decide qué puedes hacer para que el momento sea agradable (escuchar tu pódcast favorito, pensar en qué postura adoptar para aliviar la parte inferior de la espalda, hablar con alguien en la cola).

Algunos consejos:

- Muestra curiosidad y apertura: practica el *journaling* como una exploración de tus pensamientos, sin juzgarlos. Deja que tus emociones se expresen con libertad.
- Persevera: al principio, es frecuente resistirse, en particular frente a las emociones difíciles. Acepta esta resistencia como una etapa natural y utiliza la escritura para explorar sentimientos a menudo reprimidos.
- Escribe sin censurarte: no te preocupes por la gramática y la ortografía. Lo esencial es dejarte llevar por las palabras y expresar tus pensamientos tal como llegan hasta ti.
- Utiliza preguntas para abrir la reflexión: termina cada jornada con cuestiones introspectivas como «¿Qué me ha entusiasmado hoy?» o «¿Qué he aprendido?».
- Practica el *journaling* con regularidad: para maximizar los beneficios, intégralo en tu rutina cotidiana.
- Deja expresarse al niño interior: haz todo lo que desees, sé creativa, sin miedo al juicio. ¡Este diario será tu jardín secreto!

El *journaling* también es...

- Un ejercicio de **gratitud** cotidiana que consiste en escribir sobre los aspectos de tu vida por los cuales estás agradecida. Esto permite reorientar tu atención hacia lo positivo, incluso en los momentos difíciles.

Ejemplo para una madre de familia: «Hoy estoy agradecida por las risas de mis hijos y el tiempo precioso que hemos pasado juntos durante la cena».

Ejemplo para un estudiante estresado: «Estoy agradecido por haber tenido la oportunidad de aprender nuevas cosas y poder superarme en cada examen».

Ejemplo para una persona con una profesión exigente: «Estoy agradecida por tener un trabajo estimulante que me anima a salir de mi zona de confort y por haber superado el reto que me preocupaba esta mañana».

- Gracias a la **visualización positiva**, imaginamos escenarios futuros positivos y los experimentamos como si fueran reales. Esto permite crear una anticipación positiva y reforzar la confianza en uno mismo.

  Ejemplo para un emprendedor: «Me visualizo dirigiendo una empresa próspera, rodeado de un equipo apasionado. Cada día, doy un paso más hacia este objetivo. Estoy emocionado al ver que mis proyectos cobran vida y tienen un impacto positivo».

  Ejemplo para alguien que cambia de trabajo: «Me veo en un nuevo puesto que se corresponde perfectamente con mis competencias y mis pasiones. Todas las mañanas me levanto con entusiasmo y pasión, y soy reconocido por el valor que aporto».

  Ejemplo para una persona convaleciente: «Me veo con plena salud, recuperando mi fuerza y mi energía. Cada día, experimento los beneficios de mi cuerpo, que se está curando, y puedo volver a realizar las actividades que me gustan».
- Las **afirmaciones positivas** son frases que repetimos para consolidar una realidad positiva. Pueden ayudar a remodelar los pensamientos negativos y a adoptar una actitud más confiada y optimista.

Ejemplo para una persona a la búsqueda del equilibrio personal: «Soy digno de recibir amor y respeto. Todos los días me concedo tiempo a mí mismo y tomo decisiones que fomentan mi bienestar».

Ejemplo para un estudiante que se enfrenta a un desafío académico: «Soy capaz de aprender todo lo que quiero. Estoy concentrado y decidido, y cada esfuerzo me acerca a mi objetivo».

Ejemplo para alguien que está a punto de emprender un proyecto: «Soy creativo y resiliente. Cada obstáculo que me encuentro es una oportunidad para crecer, y dispongo de todos los recursos necesarios para tener éxito».

- Las **intenciones cotidianas** consisten en definir, al principio del día, un estado anímico o una acción que vamos a realizar. Esto permite concentrarnos en objetivos positivos a lo largo del día. Personalmente, los escribo la noche anterior, para «pensarlo por la noche» y anclar la intención, y vuelvo a leerlos al empezar el día.

  Ejemplo para una persona que desea gestionar mejor su estrés: «Hoy, elijo la paz. Me tomaré el tiempo de respirar profundamente antes de reaccionar y haré del bienestar mi prioridad».

  Ejemplo para alguien que quiere reforzar sus relaciones sociales: «Hoy mi intención es escuchar activamente a los demás y mostrar empatía. Voy a concentrarme en la calidad de mis interacciones con las personas cercanas».

  Ejemplo para una persona inmersa en un proceso de desarrollo personal: «Hoy elijo salir de mi zona de confort. Voy a aceptar los retos con entusiasmo y confianza».

3. RESPIRA Y MEDITA*

¿Qué nos dice la ciencia?

Las personas que practican ejercicios de conciencia plena o de meditación suelen decir que experimentan menos estrés y que sus pensamientos son más lúcidos. Muchos estudios[9] permiten constatar que quienes meditan desde hace tiempo, en comparación con el grupo de control, manifiestan una «mayor densidad» y un aumento de actividad en muchas zonas del cerebro, sobre todo, en las regiones sensoriales. Esto tiene sentido porque, al meditar, prestamos atención al momento presente, a nuestra respiración y a los sonidos. Por lo tanto, es lógico que estos sentidos se vean reforzados. Los estudios también han señalado que la corteza frontal se muestra «más musculada», de lo que se deriva un mejor control de las emociones y de los comportamientos. Las personas que meditan tienen un cerebro diferente en diversos aspectos, pero ¿hay algún elemento innato que facilite su capacidad para practicar este riguroso ejercicio? ¡Parece que no! Como ocurre con el deporte, nunca es demasiado tarde para empezar, porque, más allá de esta asociación, el impacto directo de la meditación y otras prácticas de conciencia plena ha quedado suficientemente demostrado.

Desde los años dos mil, las investigaciones sobre su impacto se han multiplicado de manera impresionante. Esta práctica se asocia con una disminución del estrés, los síntomas de depresión o ansiedad, la percepción del dolor y el insomnio, así como con una mejor calidad de vida. Esto se debe, sobre todo, a cambios estructurales y funcionales en el cerebro.

Para ponerte un ejemplo, un estudio[10] se centró en personas que no habían meditado antes. Fueron divididas en dos grupos: uno siguió un programa de reducción del estrés basado en la conciencia

* *Meditación* es un término general que engloba todas las prácticas meditativas que están interconectadas. La meditación guiada es una forma asistida en la que alguien te guía en todas las etapas. La meditación de la conciencia plena es un método particular centrado en la atención al momento presente, sin juicios; a menudo se utiliza por sus beneficios terapéuticos.

plena de ocho semanas, y el otro no. Transcurrido ese tiempo, el grupo que había practicado la meditación se había beneficiado de una «mayor densidad» de cuatro regiones cerebrales y de una «disminución» del tamaño de la amígdala, una parte del cerebro implicada en la ansiedad, el miedo y el estrés en general.

La práctica de la meditación tiene un efecto poderoso en el funcionamiento de nuestro cerebro. Más allá de los estudios que se centran en los cambios estructurales, quiero hablarte al menos de uno que muestra un cambio en la calidad de vida. Publicado en 2022,* [11] comparó los efectos de la meditación y de los antidepresivos para disminuir la gravedad de los síntomas en 208 adultos con ansiedad. En este estudio, se comprobó que la práctica de la conciencia plena reduce la ansiedad y constituye una opción de tratamiento bien tolerada y tan eficaz como el medicamento de primera elección para estos pacientes. Las personas que padecen trastornos de ansiedad suelen presentar un esquema de pensamiento problemático que es fuente de mucho sufrimiento. La conciencia plena, por su parte, nos ayuda a concentrarnos en el momento presente. Esta práctica permite aprender a considerar los pensamientos y las sensaciones vinculados a la ansiedad como acontecimientos pasajeros en el estado de ánimo más que como verdades absolutas. Al tomar perspectiva, cada vez somos menos sensibles a los pensamientos y a las emociones que provocan el sufrimiento.

Con el tiempo, practicar la conciencia plena con una actitud de aceptación y sin juicio favorece la autoaceptación y refuerza la benevolencia hacia uno mismo.

En la práctica

Podemos imaginar la meditación como un tipo de actividad física del cerebro. Es una forma de ejercicio mental. Y, del mismo modo que la actividad física mejora nuestra salud, nos ayuda a gestionar

* Atención: la meditación es una estrategia interesante en cuanto terapia complementaria, pero no sustituye a los tratamientos prescritos por tu médico.

mejor el estrés y favorece la longevidad, la meditación nos ofrece las mismas ventajas.

¿Cómo practicar la meditación?

Es fácil hablar de ella, pero no tanto ponerla en práctica, ¡lo sé bien! Te aconsejo empezar de manera guiada. Por ello, busca una aplicación, un profesor o un amigo acostumbrado a meditar y que pueda servirte de guía en sesiones breves para iniciarte en ello. Una vez que hayas empezado y en cuanto lo conviertas en un hábito, intenta practicar una sesión de 1 a 5 minutos al día y aumenta progresivamente la duración. Cuando dispongas de más tiempo, el miércoles, el sábado y el domingo, por ejemplo, realiza una sesión más larga. Añade sesiones en función de tus necesidades. ¿Te agobia el estrés? Busca tu aplicación preferida y escucha una meditación guiada de unos minutos.

¿Cuánto tiempo al día y cuándo?

Ciertos estudios piden a sus participantes que practiquen 40 minutos al día, y otros, algunas sesiones a la semana. Yo te propongo empezar por entre 5 y diez 10 de meditación al día. ¡Es un buen comienzo!

Me gusta practicar la meditación por la mañana, justo después de mi pequeña sesión de *journaling*, para que mis pensamientos arraiguen. Ciertas prácticas, como el «escáner corporal», son interesantes por la noche, para relajarnos y conciliar el sueño con rapidez.

Meditar también es...

- Practicar la conciencia plena durante tus actividades cotidianas. En la terraza de un café, mientras esperas a una amiga, no saques tu teléfono del bolsillo y observa pasar a la gente. En la cola de un supermercado, concéntrate en tu postura y en tu respiración. En un atasco o en el metro, practica un ejercicio de respiración.

- Camina por la naturaleza tan a menudo como te sea posible. Tómate el tiempo para observar, contemplar o simplemente bajar el ritmo para respirar mejor y relajarte.
- Intenta aumentar progresivamente el «ayuno intermitente» del teléfono. Empieza por no utilizarlo antes de irte de casa. Tenemos tendencia a dejarnos arrastrar por una espiral de consumo de contenidos, por avalanchas de notificaciones, cosas que hay que hacer, correos y llamadas, lo que nos impide regresar al instante presente y nos estresa sin que seamos conscientes de ello. Procura aumentar las ventanas de tiempo en las que vives en el instante presente.

ETAPA 3

OPTIMIZA TU CONSUMO DE CAFÉ O TÉ

Si eres el tipo de persona que dice: «No puedo empezar el día sin haber bebido café», esta etapa del protocolo es para ti. Y, si sigues a los gurús que aseguran que hay que abandonar completamente el café y, desesperado, no sabes qué pensar, porque te encanta esta bebida, esta sección te gustará.

¿Qué nos dice la ciencia?

¿Sabes que la cafeína, que encontramos en el café y, en menor medida, en el té, es el estimulante psicoactivo legal más consumido del mundo? La «adicción»* a la cafeína es la más socialmente aceptada y sus efectos sobre la salud no son nada en comparación con los de otras sustancias psicoactivas, aunque legales, como el alcohol o el tabaco. Si se consume de forma moderada y en una ventana horaria precisa, los efectos de la cafeína son más bien beneficiosos para la mayoría de los adultos con buena salud para optimizar el rendimiento cerebral y velar por el descanso nocturno.

* Algunas personas se confiesan «adictas» al café. Sin embargo, para la mayoría de los bebedores de café, la relación con esta bebida es un hábito o una dependencia ligera, que no cumple los criterios para ser definida como adicción.

La cafeína se encuentra, fundamentalmente, en el café y en el té, pero hay otros productos que la contienen, a veces en grandes cantidades, como es el caso del mate (infusión), el guaraná (bayas de un arbusto), los suplementos alimenticios, las píldoras (que a veces se consumen de noche y en combinación con otras drogas, legales o ilegales, lo que puede resultar muy peligroso). El café descafeinado y el chocolate negro también tienen algo de cafeína. Personalmente, yo la tomo casi a diario. Adoro el café y el té (¡y mi salud también!). No solo contienen cafeína, sino que son una fuente importante de polifenoles (véase pág. 92), tal vez la más relevante para las personas con un régimen alimenticio occidental pobre en verduras, frutas y otros vegetales, e igualmente contienen otros componentes interesantes para nuestra salud y nuestro microbioma. Estas bebidas forman parte de la nutrición del cerebro.

Según numerosos estudios,[1] un consumo moderado de café o té podría permitir una mejora del estado de ánimo y un mejor rendimiento de nuestro cerebro, sobre todo, por un incremento de la vigilancia y la capacidad de atención, una reducción de la tasa de errores cometidos e incluso un aumento en la rapidez para procesar la información. Ciertos estudios han observado que el consumo de estas bebidas se asocia negativamente con el declive cognitivo e incluso con el riesgo de desarrollar enfermedades neurodegenerativas como el alzhéimer. En general, se asocian con una reducción de la mortalidad, permiten maximizar la pérdida de peso y se relacionan con el mantenimiento de un peso estable a lo largo de la vida, así como con una reducción de la acumulación de masa grasa.* Atención: aquí hablamos de «consumo moderado», porque, si consumimos té y, sobre todo, café, en grandes cantidades o muy tarde, los efectos nefastos sobre el sueño tendrán como consecuencia una alteración del estado de ánimo y de las funciones intelec-

* Estudios de intervención han demostrado que la cafeína, en comparación con un placebo, permite estimular el metabolismo de las grasas almacenadas («quemar grasas»), disminuir el apetito y reducir el aporte calórico. Sin embargo, son necesarios más estudios para validar y confirmar estos efectos de una forma seria, porque son muy pocos y no siempre se han realizado correctamente.

tuales, un aumento del apetito y un deterioro de nuestra salud metabólica. Sí, lo sabemos: los trastornos del sueño o la falta de este favorecen la aparición de la obesidad y de diabetes tipo 2 e incluso del alzhéimer.

En pocas palabras, si, como me ocurre a mí, te gusta tomar una o dos tazas de café por la mañana varios días a la semana y gozas de buena salud, en realidad, ¡no hay una razón científicamente válida para que dejes de tomarlo! Te presentamos el protocolo que conviene seguir para optimizar el consumo de cafeína.

Personas que deben limitar el consumo de cafeína

- Las personas que tienen trastornos cardiovasculares o hipertensión, porque la cafeína aumenta notablemente el ritmo cardiaco y la tensión arterial.
- Quienes padecen trastornos digestivos, ya que la cafeína fomenta la diarrea y otras molestias, así como quienes sufren úlceras de estómago, porque el café es ácido.
- Los individuos que padecen trastornos de ansiedad, pues el riesgo de sufrir una crisis de pánico aumenta pasado cierto umbral de cafeína.
- Las mujeres embarazadas, en periodo de lactancia o con intención de tener hijos.
- Los niños, los adolescentes e idealmente los jóvenes adultos hasta los veintiún años, ya que el cerebro se desarrolla hasta esa edad (hasta la madurez, se desaconseja cualquier consumo de sustancias psicoactivas).

¿Tomar café al despertar es contraproducente?

Todas las mañanas, a la hora a la que nos despertamos naturalmente o cuando suena el despertador, experimentamos un «pico de cortisol» que nos da energía para levantarnos, salir a recolectar o cazar para poder alimentarnos..., en otras palabras, ¡para empezar el día! Por lo tanto, inundar nuestro cuerpo de cafeína nada más salir de la cama puede ser contraproducente. El consumo de café moviliza otros mensajeros, que a su vez promueven el despertar, las reacciones rápidas o la respuesta al estrés (la adrenalina, la noradrenalina o la dopamina; véase más adelante), y esto puede ser excesivo para aquellos individuos de naturaleza ansiosa o estresada. De hecho, un nivel elevado de estrés altera la atención, el rendimiento y el estado del ánimo.

La cafeína también bloquea los receptores de las moléculas del cansancio en el cerebro. Si acabas de levantarte, la acumulación de su efecto apenas ha comenzado, mientras que tal vez necesites ese efecto «antifatiga» un poco más tarde. Si buscas optimizar su uso, es mejor tomar tu café un poco más tarde por la mañana, en el momento en el que tu nivel de cortisol haya bajado y con la previsión estratégica de cubrir la parte más dura del día: la conocida letargia después del almuerzo (pág. 245). Además, como el café es bastante ácido, consumirlo en ayunas podría provocar una desagradable sensación de ardor en el esófago en algunas personas (por suerte, no es mi caso, y yo combino el ayuno hasta las once o las doce con un café solo).

Si quieres tomar una bebida caliente en el desayuno, ¡hay muchas soluciones! El té, especialmente, el té verde, contiene menos cafeína y es también rico en L-teanina, un aminoácido potencialmente «relajante»; el café descafeinado, la achicoria sin café, pero también el cacao crudo con «leche vegetal», el *matcha*, el *chai latte*, la *golden milk* o el rooibos también son adecuados para primera hora de la tarde y muchos de ellos no tienen cafeína y pueden consumirse también por la noche.

Atención: ¡las bebidas energizantes son diuréticas! No olvides beber agua, porque la deshidratación puede afectar a tu rendimiento cognitivo y a tu estado de ánimo.

En la práctica

Intenta retrasar tu primer café hasta las nueve

El mejor momento para tomar una taza de café es entre las nueve y las once de la mañana. Habrás dado tiempo al cortisol para que se «calme», habrás consumido un desayuno que habrá protegido tu estómago y tu organismo aún tendrá tiempo de eliminar la cafeína antes de dormir.

En tu cerebro, la cafeína jugará en dos frentes. Su acción principal consiste en disminuir el efecto de una pequeña molécula mensajera, la adenosina, que señala que estás cansado a través de la ralentización de la actividad cerebral y general de tu organismo. A medida que la adenosina se acumula en el cerebro, cada vez estarás más cansado, más al ra-len-tí. La cafeína «se asienta» en los receptores de adenosina, que se bloquean, y, en consecuencia, te sientes más estimulado, más alerta y con mayor capacidad de reacción.

Por otra parte, la cafeína estimulará la producción de adrenalina, que aumenta el ritmo cardiaco y el flujo sanguíneo hacia los músculos, abre las vías respiratorias, incrementa la presión arterial e induce al hígado a liberar azúcar suplementario en la circulación sanguínea para un repunte de energía.* Esto es perfecto para mantenernos activos hasta la letargia posterior al almuerzo.

Deja el café a las once, como muy tarde a las dos

La cafeína tiene una semivida larga (véase el recuadro de la pág. 153), lo que significa que puede permanecer muchas horas en el organismo. Consumir café después de las dos de la tarde altera el descanso nocturno, dificulta la conciliación del sueño y perturba su calidad. Sin embargo, en el caso de algunas personas, esta hora es más temprana, como tarde a las once, porque eliminan la cafeína con más lentitud (en especial las mujeres que toman anti-

* Estos efectos pueden explicar por qué la cafeína puede tener un efecto interesante para mantener un peso estable o incluso mejorar la pérdida de peso.

conceptivos orales).[2] Procura dejar de tomar café después de las dos, sobre todo, si padeces estrés, ansiedad, trastornos del sueño o si estás tomando un contraceptivo hormonal.

Café, té y déficit de hierro

También se desaconseja beber café y, sobre todo, té, una hora antes de la comida (es decir, a las once si comes al mediodía) o dos horas después, porque estas bebidas pueden inhibir la absorción del hierro. Este consejo se dirige, sobre todo, a las personas con riesgo de déficit de hierro y a las mujeres con menstruaciones, ya que la pérdida de sangre frecuente es un factor importante de riesgo de anemia. ¿Aunque estés agotada? Sí, debes saber que los síntomas de anemia son, entre otros, un cansancio intenso, incluso letargia, mareos, dolores de cabeza y señales físicas, como la piel y el cabello secos, uñas quebradizas y palidez. Por el contrario, asociar alimentos ricos en hierro con otros ricos en vitamina C permite mejorar la absorción del hierro. Mujeres que menstruáis: ¡combinad vuestras legumbres con pimiento, brócoli o arándanos, y no tanto con un *affogato*!

El tiempo que permanecen las sustancias en el organismo

La vida media de una sustancia corresponde al tiempo necesario para que nuestro organismo la metabolice, es decir, la elimine. Se puede calcular la vida media de las sustancias presentes en los medicamentos, las drogas legales o ilegales, incluso el café. En farmacología, se suele hablar de «semivida», que es el tiempo necesario para que la concentración de la sustancia en el cuerpo se reduzca a la mitad.

Son muchos los factores que influyen en la vida media de una sustancia. Evidentemente, los genes pueden desempeñar un papel en la rapidez con la que nuestro cuerpo elimina la sustancia. En cuanto a la cafeína, otros factores pueden ser la edad, el embarazo, la toma de anticonceptivos orales, una mayor o menor acumulación de masa grasa, fumar o consumir otras sustancias, tener un hígado con buena salud...

El tabaquismo implica una aceleración casi dos veces más rápida de la eliminación de la cafeína, mientras que el uso de anticonceptivos orales tiene el efecto contrario y puede doblar su vida media.[3]

La semivida media de la cafeína en un adulto promedio se estima en general en un poco menos de seis horas. Sin embargo, teniendo en cuenta la variabilidad en función de los individuos y los factores anteriormente enumerados, ¡varía entre una hora y media y nueve horas y media! Es decir, en algunos casos, si tomas un café a las dos, a las once y media de la noche la mitad de la cafeína aún seguirá circulando por tu cuerpo.

¿Qué es un consumo moderado?

En otras palabras: ¿qué cantidad de cafeína podemos consumir para mejorar nuestro rendimiento cognitivo y físico, así como nuestro estado de ánimo, sin efectos secundarios que puedan afectar a nuestra salud?

Puedes consumir una o dos tazas de café largo o entre dos y cuatro expresos cortos al día, o bien de dos a cinco tazas de té. Toma el café negro o el té sin azúcar, edulcorantes, leche ni crema.

Según una revisión sistemática* de la literatura científica,[4] en dosis no superiores a los 300 mg al día, la cafeína mejora un amplio abanico de funciones cognitivas básicas (estado de ánimo, aprendizaje y atención) y de rendimientos físicos, con efectos secundarios mínimos si se compara el rendimiento del mismo individuo des-

* Una revisión sistemática de la literatura es un análisis riguroso y estructurado de todos los estudios disponibles sobre una cuestión precisa para obtener una síntesis clara y fiable.

cansado y sin haber consumido cafeína. Más allá de esta cantidad, se producen efectos secundarios desagradables, como trastornos gastrointestinales (diarreas) o ansiedad, que pueden alterar el rendimiento, aumentar los errores en las tareas cognitivas e incluso alterar el estado de ánimo. En cuanto al rendimiento físico de alto nivel, dosis un poco más elevadas son, a veces, interesantes. No obstante, si se superan los 450 mg al día, se altera el rendimiento físico. En otras palabras, nunca superes los 400 mg de cafeína al día. Si es tu caso, ¡es hora de echar el freno! La cafeína puede influir en el circuito de la dopamina, un mensajero que transmite, sobre todo, la búsqueda de placer y de recompensa. ¡Esta es una de las razones por las que beber café en cantidades moderadas puede levantarnos el ánimo y hacernos sentir bien! También explica por qué podemos considerarnos «adictos» a la cafeína. Esta sensación también se explica por los pequeños momentos de placer asociados. Debes saber que, como todo placer al que somos aficionados (chocolate u otros), la anticipación basta para hacernos sentir bien. Intenta reducir tus seis cafés diarios a un café y algunos descafeinados: tu cerebro podría dejarse engañar, seguirás disfrutando igual de tu bebida y podrás reducir de forma progresiva tu consumo de cafeína.

¿Cuánta cafeína hay en una taza de café?

Una taza de café aporta unos 100 mg de cafeína, un poco menos en un expreso. Pero hay muchos factores que influyen en la concentración de esta sustancia: el tipo de grano de café (el robusta tiene más cafeína que el arábica), su torrefacción más o menos ligera, el método utilizado para preparar el café (un expreso contiene menos que un café de filtro, que a su vez contiene menos que un café con cafetera de émbolo, y este menos que un *cold brew*, ya que, cuanto más larga es la infusión, mayor es el contenido en cafeína), el tamaño de la taza...

> Si quieres conocer la concentración de cafeína de tu café, la información puede estar presente en la etiqueta del paquete o en la página web de las grandes cadenas de cafeterías.

Es difícil que nosotros mismos evaluemos la influencia de la cafeína en nuestro rendimiento, nuestra sensación de energía y nuestro estado de ánimo. En invierno, por ejemplo, tendemos a sentirnos más cansados y necesitamos ese «pequeño empujoncito» para mantener un buen nivel de energía. Sin duda, existe una gran variabilidad en cuanto a la dosis «óptima» de cafeína según los individuos. A continuación, planteamos algunos puntos que hay que tener en cuenta para adaptar la dosis de 100 a 300 mg de cafeína al día:

- Las personas que padecen trastornos de ansiedad tienen un riesgo más elevado de sufrir ciertos efectos secundarios de la cafeína, lo que agrava su ansiedad preexistente, la sensación de que el corazón les late de forma acelerada, muy fuerte (taquicardia), e incluso tener crisis de pánico. Les conviene tomar descafeinado, té verde o dosis menos elevadas.
- Las personas que consumen cotidianamente muchas tazas de café con el paso de los años pueden desarrollar tolerancia a la cafeína, de modo que necesitarán dosis cada vez más elevadas para sentir los mismos efectos. Todos somos diferentes; a ti te corresponde poner a prueba la dosis que más te conviene. Para las personas tolerantes a la cafeína, es mejor reducir o pasarse al descafeinado, porque esto permite volver a ser más sensibles a la cafeína. Personalmente, tomo, sobre todo, descafeinado o bebidas sin cafeína y, en días especiales, uno o varios cafés para disfrutar al máximo del efecto de ese «empujoncito».
- Una dosis algo superior a los 300 mg podría beneficiar a las personas con falta de sueño para mejorar su rendimiento y su

sensación de energía en tareas en las que esta es necesaria (por ejemplo, conducir). Sin embargo, ¡conviene dormir más y mejor en lugar de tomar cafeína! Debo recordar que los trastornos y la falta de sueño influyen poderosa y negativamente en cada aspecto de nuestra salud y el efecto beneficioso del café en la salud no equilibra en absoluto estos efectos nocivos.

Cafeína y sueño

Algunas personas aseguran que no tienen problemas de sueño, ni siquiera al tomar un café por la noche. Lo que no saben es que, aunque duerman, la calidad y la cantidad de su descanso se ven afectadas.

Como verás (pág. 292), uno de los principales factores para un descanso de calidad es una buena presión de sueño, que se mide gracias a la acumulación de moléculas del cansancio en el cerebro (adenosina). Sin embargo, el café «se asienta» en los receptores de la adenosina, de modo que el cerebro ya no detecta la acumulación de cansancio. Tu sueño será, por lo tanto, mucho menos profundo. Además, la cafeína aumenta la producción de mensajeros que perturban el sueño.

Dejar de tomar café después de las dos es prudente para evitar las consecuencias en el descanso nocturno. Los estudios muestran que, después de esta hora, el café puede reducir el tiempo total de sueño en 45 minutos, aumentar el tiempo necesario para conciliar el sueño (latencia de inicio) en 9 minutos y alargar la duración del despertar después de dormirse en 12 minutos.[5] ¡Eso es mucho!

Consecuencias: a la mañana siguiente, ¡estas personas estarán más cansadas y querrán tomar más café! No habrán aprovechado los beneficios del sueño para el control de la saciedad y tal vez tomarán peores decisiones alimentarias. A largo plazo, también se arriesgan a padecer alteraciones del estado de ánimo, problemas cognitivos más o menos serios o trastornos de la memoria.

¿Y si soy «adicto» al café?

Como con toda sustancia psicoactiva, tu cerebro puede adaptarse al consumo regular de cafeína; se habla entonces de tolerancia. Para sentir los mismos efectos, habrá que aumentar la dosis. Y es que, si nuestros receptores de adenosina están constantemente ocupados por la cafeína, nuestro cerebro construirá otros para permitir «asentarse» a la adenosina y que pueda transmitir su mensaje. Círculo vicioso: si hay cada vez más receptores de adenosina que bloquear, beberemos más café. Por desgracia, el aumento de la dosis traerá efectos secundarios..., además de la atenuación del «empujoncito» que nos ofrece la cafeína.

Si dejas la cafeína de repente, puedes experimentar un síndrome de abstinencia más o menos desagradable. ¿Cómo explicarlo? Con muchos receptores y nada para bloquearlos, la adenosina influirá poderosamente en tu cerebro y provocará una creciente fatiga y el hecho de dejar de consumir la sustancia y de sentir los otros efectos —especialmente, cardiovasculares— que procura podría incluso fomentar un estado de ánimo deprimido, migrañas y el deseo irresistible de otras «adicciones», ya sean dulces o cigarrillos.

Sin embargo, el «síndrome de abstinencia» de la cafeína no es peligroso (al contrario que el del alcohol o los opioides, que deben dejarse bajo supervisión médica muy rigurosa, porque el síndrome es potencialmente mortal). En pocos días desaparecerán los receptores suplementarios de adenosina y te sentirás estimulada y alerta, incluso sin consumir café.

Si pretendes dejar de tomar café, elimina una taza al día cada semana para reducir la dosis de forma progresiva. En cuanto llegues a una taza al día, toma solo una cada dos días. Al menos, intenta no tomar café a diario o —y este es mi truco como neurocientífica—

alterna el descafeinado con el cafeinado. Esto me permite elegir cuándo quiero estar realmente al máximo (y sé mejor que nadie que, en periodos de estrés, acabo tomando sin darme cuenta cuatro tazas al día, sufro taquicardia y vuelvo a caer en la trampa).

Por último, no olvides que a menudo hay todo un ritual construido en torno al café: la elección del que nos gusta, nuestra taza preferida, el pequeño café de la esquina, la compañera con la que lo tomamos, el breve momento de relajación... Si dejas el café, sustituye esta rutina por otra igual de buena (o mejor): un *chai latte*, achicoria, rooibos... Las rutinas permitirán reducir la ansiedad y gozar de una sensación de control sobre nuestra vida. Son importantes para nuestro bienestar. Un ritual que disfruto es el del *matcha*, con su preciosa escobilla: ¡un minuto para pensar en otra cosa y listo!

Mi consumo personal de café

La mayor parte de los días, tomo una gran taza de café por la mañana, que me procura una dosis de 100 mg de cafeína. Si soy un individuo promedio, unos cuarenta minutos después, esos 100 mg circulan por mi organismo. Entre cinco y seis horas después, hacia las tres, la mitad de esta cafeína aún seguirá ahí. A las ocho de la noche, todavía habrá 25 mg de cafeína en mi organismo.

Consumo entre 100 y 200 mg de cafeína al día, pero ¡no todos los días! El consumo cotidiano podría inducir una tolerancia, por lo que necesitaría dosis más elevadas para sentir los mismos efectos. Más allá de los 200 mg, observo efectos secundarios que me molestan y alteran mis capacidades, y esto es muy personal: el corazón me late demasiado rápido, demasiado fuerte, y me invade una sensación de estrés y de negatividad.

Cuidado: si estoy estresada o he dormido mal por culpa de la ansiedad (lo que pasaba con mucha frecuencia en mi doctorado), me abstengo completamente de tomar café.

Y, sobre todo, me gusta el té verde, que consumo casi a diario por su contenido en L-teanina, una sustancia con virtudes «antiestrés», y en elementos antioxidantes. Elijo siempre marcas éticas. Más de la mitad de los días, no tomo café, sino achicoria con cacao y especias navideñas o «pan de jengibre»: ¡delicioso!

ETAPA 4

TOMA TU PRIMERA COMIDA DESPUÉS DE HABER AYUNADO UN MÍNIMO DE DOCE O INCLUSO CATORCE HORAS

Antes de centrarnos en detalle en el ayuno intermitente, me gustaría que pensáramos en este concepto, ¡en absoluto revolucionario! Practicamos el ayuno intermitente desde siempre, no hemos evolucionado para comer sin cesar. En la actualidad, nuestras vidas no están regidas por el amanecer y la puesta de sol, por el día y la noche. Algunas personas engullen cruasanes y beben zumo de naranja en cuanto se levantan y picotean alimentos ultraprocesados justo antes de acostarse, estiradas en el sofá o en la cama. Y el cuerpo y el cerebro pagan un precio por ello.

Cada mañana, al despertar, experimentamos un pico de cortisol. Esta respuesta es sana y forma parte de nuestra fisiología normal. El cortisol permite activar la energía almacenada en el organismo para elevar el nivel de glucosa en sangre, lo que nos confiere la energía necesaria para empezar el día. Si sabemos que disponemos de reservas de energía en el hígado, los músculos y el tejido adiposo, no necesitamos abalanzarnos enseguida sobre los alimentos. Nosotros, los adultos, podemos esperar al menos una hora después de despertarnos para consumir nuestra primera comida. ¡Más vale no comer nada si todo lo que vamos a engullir es una chocolatina como desayuno!

Idealmente, se recomienda cenar al menos 2 o 3 horas antes de acostarse para evitar los reflujos ácidos, mejorar la calidad del sueño y no alterar los ritmos circadianos. Comer tarde por la noche se asocia a un mayor riesgo de sobrepeso, obesidad y trastornos del sueño. Por la misma razón, es prudente intentar no comer de noche. Si te ocurre a ti, no se trata de una cuestión menor y conviene que lo consultes con tu médico.

Precisión importante

Existen muchos tipos de ayuno intermitente, como el *alternate-day fasting* (se trata de ayunar uno de cada dos días), el 5/2 (se come cinco días y se ayuna dos) o el *time-restricted eating* (que consiste en reducir la ventana de alimentación la mayoría de los días: por ejemplo, puedes tomar dos o tres comidas en una ventana de tiempo de ocho horas). En esta etapa del protocolo solo trataré este último.

Nuestro objetivo es practicar una restricción calórica ligera (incluso ninguna si no es necesario), evitar el picoteo por la noche, respetar el propio ritmo circadiano y (re)descubrir una cierta flexibilidad metabólica. Las otras formas de ayuno me parecen demasiado restrictivas; entre otras cosas, pueden promover trastornos del comportamiento alimentario o comprometer la masa muscular. No olvidemos que el estrés permanente de pensar en lo que podemos y no podemos hacer perjudica el organismo, al igual que el aislamiento, y que el placer de comidas deliciosas compartidas también nutre el cerebro.

Tampoco abordo aquí el concepto de ayuno prolongado durante muchos días. Esta forma de ayuno, aún más restrictiva, presenta riesgos más o menos serios: desde la pérdida de masa muscular, que te hará entrar en un círculo vicioso con efecto yoyó (véase pág. 47), a oclusiones intestinales y, en el peor de los casos, cetoacidosis, rara pero mortal.

El cuerpo no necesita ser lavado, purgado, castigado ni «desintoxicado» a través de prácticas descabelladas. Tu organismo (dale un abrazo) es maravilloso y merece ser tratado con dulzura, amor y benevolencia.

¿Qué nos dice la ciencia?

Ayuno intermitente y salud metabólica

Hoy en día, la mayoría de los estudios sobre el ayuno intermitente se centran en los trastornos de la salud metabólica.* En 2024 se publicó una revisión sistemática de la literatura científica[1] en la cual los investigadores estudiaron los efectos del ayuno intermitente en personas con sobrepeso y obesidad u otros trastornos metabólicos, como resistencia a la insulina, diabetes tipo 2 o síndrome de ovarios poliquísticos en mujeres con obesidad. Llegaron a la conclusión de que «estos resultados preliminares ofrecen perspectivas prometedoras para el uso del ayuno intermitente como intervención para la pérdida de peso».

Según muchos estudios, el ayuno intermitente permite una pérdida de peso de ligera a moderada, del 3 al 5 %, durante un periodo de dos a doce meses al producir un déficit energético cotidiano de 200 a 550 kcal, sin que se pidiera a los participantes que contaran las calorías. Cuanto más corta era la ventana de alimentación durante la que estos últimos comían, más reducido era el aporte calórico. La masa grasa de los participantes se redujo, en especial su masa grasa visceral (véase pág. 38), aunque su masa muscular se mantuvo.

Los estudios han demostrado mejoras en muchos parámetros metabólicos, en general atribuidos al resultado de una pérdida de peso. Pero el hecho de ayunar, respetar los ritmos circadianos y dejar que el intestino y su microbioma trabajen en otras tareas tam-

* Son los trastornos del «motor» de nuestra fábrica. Un trastorno de la salud metabólica designa una disfunción de los procesos que permiten al cuerpo transformar los alimentos en energía y mantener su equilibrio. Estos trastornos incluyen problemas como la obesidad, la diabetes tipo 2, la hipertensión, niveles elevados de colesterol o azúcar en sangre y anomalías relacionadas con la regulación de las grasas.

bién pudo contribuir a mejorar la salud de los participantes. Estas mejoras metabólicas y de composición corporal podrían beneficiar el estado de ánimo, la autoestima[2] y otros muchos parámetros. Parece que dejar de comer pronto por la noche es especialmente interesante (más que empezar a comer tarde por la mañana), pero, al margen de la ventana de tiempo elegida, el ayuno intermitente beneficia la salud metabólica si padecemos trastornos metabólicos, tenemos que perder algo de peso o nos cuesta controlarlo.

Lo que resulta, sobre todo, interesante en el ayuno intermitente es su sencillez. Los participantes deben atenerse a unos horarios en lugar de contar calorías. Y los estudios muestran que aceptan bien esta práctica, lo que es alentador, porque los regímenes que imponen restricciones calóricas son más fastidiosos y tienen tasas de abandono importantes, además de suscitar sentimientos de frustración y coacción. Esta sencillez y el nivel de adhesión permiten al ayuno intermitente una eficacia similar a la de un régimen restrictivo que impone una restricción calórica.[3]

¿Cuáles son las ventanas de alimentación estudiadas?

Estas ventanas varían desde una corta duración (de cuatro a seis horas) a otra más larga (de ocho a diez horas). En general, las personas que presentan obesidad respetaban su ventana de alimentación durante cinco o seis días a la semana, independientemente de la duración de esta, y mostraban una buena adhesión a ella. En su conjunto, las ventanas de alimentación más cortas produjeron una pérdida de peso superior, con el mismo nivel de adhesión, que las más largas. Las ventanas de alimentación más cortas pueden ser una mejor estrategia de pérdida de peso, aunque para confirmarlo sean necesarios estudios suplementarios que comparen directamente las diferentes ventanas de alimentación.

Sin embargo, es importante tener en cuenta, a la vez, la viabilidad y los riesgos potenciales: ¡una ventana de alimentación de cuatro horas al día es demasiado restrictiva y podría implicar sufrimiento psicológico, además de un riesgo de déficits nutricionales! Ningún estudio serio ha analizado un ayuno intermitente más restrictivo que una ventana de alimentación inferior a cuatro horas. Alimentarse dos o tres veces al día durante una ventana cotidiana de diez a ocho horas es ya un buen objetivo. No se recomienda aventurarse en ventanas más cortas sin consejo médico.

¿Las ventanas tempranas de alimentación son mejores que las tardías?

A día de hoy, los resultados de los estudios no son concluyentes, aunque se inclinan por un interés particular hacia una ventana de alimentación más bien temprana que tardía. Por un lado, es posible que las ventajas de la pérdida de peso superen las diferencias derivadas de la distribución de calorías. Los regímenes que producen déficits energéticos, como el del ayuno intermitente, pueden mejorar la sensibilidad a la insulina (véase pág. 163) independientemente de la cronología de las comidas. Por otro lado, de forma natural tenemos un mayor control de la glicemia al principio del día.[4] En consecuencia, las ventanas de alimentación tempranas en el día, en sintonía con nuestros ritmos circadianos, pueden resultar mejores para el control glicémico que las ventanas tardías, cercanas a la hora de acostarnos. Esta información es importante para quienes padecen diabetes tipo 2. Si es tu caso, un ayuno intermitente con una ingesta de alimentos al principio del día podría ser beneficioso para ti. Pero necesitamos más estudios para tener una respuesta a esta cuestión. Debes encontrar lo que más te conviene y mantenerlo en el tiempo.

A veces me preguntan si adaptar la ventana de alimentación corre el riesgo de un aumento del pico de cortisol matutino y, por lo tanto, del estrés. Como hemos visto, este pico de cortisol al despertar no es patológico y no refleja un estrés crónico. Es, por el contrario, una señal de salud excelente, y que su amplitud «aumente» no sería un efecto negativo, siempre que la subida no sea crónica. A día de hoy, no hay suficientes estudios serios sobre el impacto del ayuno intermitente en la calidad de vida de las personas que padecen estrés crónico o trastornos de ansiedad para extraer conclusiones claras y fiables. Y, en este libro, no comparto mi opinión, sino los últimos conocimientos científicos.

Ayuno intermitente y microbioma

En los periodos de ayuno, nuestro intestino hace una gran limpieza. Este proceso recibe el nombre de «complejo motor migratorio» (*migrating motor complex*).[5] Lo conoces gracias al rugido de tu vientre: en realidad, no es que el vientre afirme que está hambriento, sino que el intestino se contrae en todos los sentidos para hacer una gran limpieza. Este es un ejemplo de un proceso absolutamente crucial para nuestra salud gastrointestinal. Además, no hay que sentirse cohibido: cuando en una cita alguien se retuerce de vergüenza porque su vientre gruñe, ¡le explico todo esto con entusiasmo!

Este ciclo de «lavadora» dura un poco más de dos horas y se divide en cuatro fases. La más ruidosa tiene lugar al final de la fase dos y al principio de la fase tres. Si comes al escuchar esos rugidos, ¡el ciclo se interrumpe! De ahí la importancia de no picotear a lo largo del día, para permitir que el intestino haga su trabajo. Salvo indicación médica en sentido contrario, se aconseja espaciar las comidas al menos cuatro horas para permitir esta gran limpieza.

Trabajos preliminares con roedores y seres humanos han demostrado que sería interesante aumentar los periodos de ayuno entre las comidas, lo que podría modular positivamente nuestro microbioma, reducir la permeabilidad intestinal y la inflamación de bajo grado y mejorar el control del apetito y el estado de la salud en general.[6]

¡Tu intestino se limpia solo!

Se desaconseja absolutamente practicar enemas de colon en casa o purgarse con laxantes autoprescritos, porque estas prácticas son peligrosas para tu salud gastrointestinal.

Normalmente, el colon se vacía por segmentos (ascendente, transverso, descendente) con un vaciado progresivo y natural de las distintas partes. Forzar un vaciado completo por medio de enemas o laxantes altera este ciclo, lo que podría conllevar una ausencia de heces durante muchos días, el tiempo que tarda el colon en llenarse de nuevo. Esto puede crear rápidamente un círculo vicioso de dependencia de las prácticas para «sentirse vacío». En el aspecto psicológico, alimentan la idea errónea de que el cuerpo está «sucio», mientras que un intestino sano es perfectamente capaz de autorregularse gracias a una alimentación equilibrada y un estilo de vida apropiado.

Estas intervenciones agresivas son mucho más perjudiciales, pues debilitan la capa de mucosa protectora que tapiza la pared intestinal, exponiendo este órgano a infecciones, a una inflamación local y a consecuencias potencialmente graves a largo plazo. También irritan la «piel» de tu intestino, lo que aumenta el riesgo de colitis y hemorroides, incluso de heridas graves (a veces mortales), como perforaciones de colon. Por último, también pueden introducir bacterias externas indeseables.

No olvidemos que este tipo de prácticas declara la guerra a nuestro microbioma intestinal, órgano que todos deberíamos mimar. ¿Qué crees que pasa cuando lo expulsas de su hábitat? ¿Y qué es lo que ocupará su lugar? ¿La misma colonia de bacterias simpáticas o patógenos oportunistas que sembrarán el caos?

Además, estas prácticas agresivas eliminan electrolitos importantes, lo que puede provocar cansancio, calambres y problemas cardiacos. En otras palabras..., ¡no lo hagas!* Para limpiar bien el intestino, espacia tus comidas al menos cuatro horas.

* Salvo prescripción médica en el marco de una situación específica (por ejemplo, en caso de oclusión intestinal).

Ayuno intermitente y cerebro

Durante la evolución, nuestro organismo, incluido nuestro cerebro, debía poder funcionar en ayunas para permitir la supervivencia. Éramos «flexibles» desde un punto de vista metabólico, capaces de correr durante mucho tiempo utilizando el cerebro para encontrar el camino a pesar de no haber comido desde hacía unas horas.

Hoy comemos al menos tres veces al día, con frecuentes picoteos entre comidas, lo que resulta aberrante desde el punto de vista evolutivo.[7] El estilo de vida actual, en el que el carburante favorito de nuestras neuronas, la glucosa, es accesible de forma excesiva y constante, aliada del sedentarismo y de un nivel de ejercicio insignificante, implicaría «un funcionamiento cerebral deficiente que aumentaría los trastornos neurodegenerativos y psiquiátricos».[8] ¿Qué ocurre durante una fase de ayuno y de actividad física prolongada? Pues bien, las reservas de glicógeno en el hígado se agotan y el nivel de glucosa en sangre disminuye hasta el punto de que las famosas cetonas se producen a partir de ácidos grasos almacenados en nuestro tejido adiposo. El cuerpo y el cerebro deben entonces cambiar de carburante: el cerebro ya no funciona con glucosa, sino con cetonas, y esta transición suele recibir el nombre de *G-to K switch* («cambio de glucosa por cetonas»). Este cambio metabólico en la fuente del carburante va acompañado de adaptaciones celulares y moleculares de las neuronas, que podrían mejorar su funcionalidad, las funciones cognitivas, la salud mental y la neuroplasticidad, así como reforzar la resistencia al estrés y la resiliencia a lo largo de la vida ante diversas enfermedades, como las neurodegenerativas, a través de múltiples mecanismos.[9]

¿Respuestas en el futuro?

Muchas cuestiones siguen en suspenso, como el efecto de un ayuno intermitente de tipo más restrictivo (por ejemplo, dieciséis horas de ayuno) en las mujeres que padecen síndrome premenstrual, en la fertilidad de las mujeres, en las personas que padecen estrés crónico o incluso en los niños cuyos padres practican el ayuno intermitente: ¿esto puede influir en su relación con la comida?, ¿hay riesgo de desarrollar trastornos de la conducta alimentaria? Mantengámonos, pues, en un equilibrio. El ayuno intermitente es una práctica ancestral, pero escuchemos nuestro cuerpo y seamos amables con él. De hecho, un ayuno de doce a catorce horas es una hazaña para tu cuerpo en una sociedad en la que se come a todas horas. Empecemos por ahí.

Ayuno intermitente y salud global

Este tipo de ayuno es beneficioso para la salud y permite perder peso preservando la masa muscular (si trabajas en ello, como repito siempre que puedo). Pero esto no es todo. Numerosos estudios han mostrado que el simple ayuno intermitente mejora el metabolismo de las personas que padecen sobrepeso u obesidad, baja los niveles de azúcar en sangre si sufrimos diabetes tipo 2 y también reduce la inflamación, lo que mejora un conjunto de problemas de salud y podría aumentar la esperanza de vida con buena salud o la función cerebral y la salud mental. Una mejora de estos parámetros implica una mejora de la salud global.

Personas para las que el ayuno intermitente no está recomendado

- Las personas que deben comer con mucha regularidad debido a los cambios metabólicos causados por una enfermedad o por los tratamientos médicos, como en el caso de ciertas formas de diabetes (por ejemplo, quienes dependen de la insulina), o que tienen necesidad de una ingesta alimentaria para acompañar los medicamentos por la mañana o por la noche. Conviene hablar primero con el médico de cabecera.

- Las personas que padecen trastornos de salud mental, como trastornos de la conducta alimentaria. Consultar también con el médico de cabecera.
- Los niños y adolescentes, que están en pleno crecimiento. También se ha observado que el hecho de saltarse el desayuno a estas edades se vincula a la obesidad.
- Las mujeres que menstrúan, sobre todo, si no tienen sobrepeso o están cerca de la delgadez. Si su peso está dentro de la norma, e incluso al límite de la delgadez, o si practican deportes de alta intensidad (CrossFit...), mantienen un ritmo frenético, trabajan y cuidan de su familia, padecen estrés crónico y duermen poco, seguir un ayuno intermitente demasiado restrictivo añadirá un estrés suplementario a su organismo, lo que podría alterar la regularidad de los ciclos y la fertilidad.
- Las mujeres embarazadas o en periodo de lactancia, que tienen necesidades extras. Un régimen restrictivo podría aumentar el riesgo de desarrollar ciertas carencias que comprometan su salud y la de su bebé.
- Las personas mayores, que podrían manifestar una pérdida de apetito y que están en riesgo de malnutrición.
- Los atletas sin sobrepeso, porque podría perjudicar el equilibrio de sus hormonas sexuales (testosterona o estrógenos).

En conclusión, si gozas de buena salud y deseas practicar el ayuno intermitente, observa si te funciona bien. Si tienes sobrepeso o padeces obesidad, asociada o no a otros desórdenes metabólicos, podría ser interesante para ti. Sin embargo, no dudes en acompañar este proceso con un seguimiento médico e incluso psicológico si es necesario, para hacerlo con toda seguridad y evitar las frustraciones vinculadas a un fracaso potencial a largo plazo. Si padeces cualquier patología, habla con tu médico. ¡Y, sobre todo, combínalo con una actividad física cotidiana sin descuidar el refuerzo muscular!

Mi práctica de ayuno intermitente

Desde hace muchos años, como entre las once y las doce de la mañana y ceno a las siete u ocho, lo que equivale a ayunar casi dieciséis horas con una ventana de alimentación un poco superior a las ocho horas. Me escucho a mí misma y no hay reglas estrictas. Me sienta bien y tengo buena salud, como demuestran mi experiencia personal y mis análisis médicos, entre ellos, los parámetros que permiten evaluar mi fertilidad. Además, me beneficio de un pequeño depósito de masa grasa ginoide que me conserva en plena salud.

Para mí, las cenas son momentos que comparto con las personas que amo. Son esenciales para mi bienestar. Me gusta acabar el día de trabajo con una comida cocinada con amor. Evidentemente, a veces ceno después de las ocho, pero siempre intento no comer nada dos o tres horas antes de acostarme.

Por último, por nada del mundo me aislaría para respetar una restricción alimentaria. Si me invitan a un *brunch* a las nueve de la mañana de un domingo, ¡me verás incluso tomar un cruasán! Como he dicho, no funciono a partir de reglas inmutables..., ¡la vida sería muy aburrida!

En la práctica

Antes de empezar el ayuno intermitente:

- Empieza por no comer después de cenar. Cena en la mesa, recoge la cocina, dedícate a tus actividades y luego lávate los dientes (usando cepillos interdentales, véase pág. 53), para evitar picar por la noche; personalmente, me fastidiaría tener que repetir mi rutina bucodental. Intenta sustituir el picoteo por una infusión caliente o fría, cuyo sabor sea reconfortante y sin azúcar (rooibos, especias de Navidad...). El picoteo del fin del día suele centrarse en alimentos ultraprocesados, muy energéticos, ricos en azúcares y grasas, mientras estamos echados en el sofá mirando una serie. Para muchas personas, son un aporte calórico nada desdeñable y que está en el origen de su sobrepeso. Suprimirlos podría tener efectos beneficiosos rápidos e importantes sobre tu composición corporal, tu descanso y tu bienestar.
- Evita comer un mínimo de dos o tres horas antes de acostarte. Por ejemplo, si te vas a dormir a las once, no cenes después de las ocho o las nueve (y no comas nada después de cenar, claro). A veces, quienes han tomado una cena opípara o rica en grasas y azúcares no tienen hambre por la mañana. En este caso, es imperativo corregir la cena antes de intentar el ayuno intermitente. Es mejor cenar más ligero y más temprano.
- Y evita comer por la noche... Ciertas personas sufren trastornos de la conducta alimentaria por la noche. Si te ocurre a ti, busca la ayuda de profesionales cualificados y empáticos.

Así pues, ¡manos a la obra!

- Intenta espaciar tus comidas al menos cuatro horas y no picotees entre dos comidas. Si tienes hambre o te asalta una necesidad compulsiva de comer al final del día, toma un pequeño refrigerio entre el almuerzo y la cena para evitar los antojos y asegúrate de que tu comida al principio del día sea completa, con una atención especial al aporte de proteínas (véase pág. 179).

- Ayuna doce horas al día o un poco más, hasta catorce o dieciséis, pero no más. Por ejemplo, come entre las siete de la mañana y las siete de la tarde (12/12) o entre las ocho de la mañana y las seis de la tarde (14/10).

  Si gozas de buena salud o tienes sobrepeso sin otros trastornos, podrías intentar, si te apetece y te conviene, practicar un ayuno intermitente más restrictivo: entre las diez de la mañana y las seis de la tarde o entre las once de la mañana y las siete de la tarde (16/8). Estos horarios se ofrecen a título de ejemplo: adáptalos en función de tus preferencias.

¿Qué quiere decir 12/12, 14/10 o 16/8?

Es muy sencillo: el ayuno 14/10 consiste, en transcurso del día, en ayunar catorce horas y luego comer en una ventana de alimentación de diez horas.

¿Cómo proceder?

- Disminuye la ventana de alimentación de forma muy progresiva. Por ejemplo, si tienes la costumbre de comer desde que te levantas hasta que te acuestas, entre las siete de la mañana y las once de la noche (8/16), empieza por retrasar una hora el desayuno y deja de comer dos horas antes de acostarte, con lo que comerás entre las ocho de la mañana y las nueve de la noche (11/13). Si te resulta conveniente, aumentarás progresivamente el periodo de ayuno hasta un mínimo de 12/12, idealmente 14/10.
- Elige siempre un ayuno intermitente simple, con horarios fijos, que convenga a tu ritmo de vida y que puedas mantener a largo plazo y sin frustrarte.
- Para saber qué incluir en la primera comida del día, la que rompe el ayuno, es decir, el desayuno, consulta las recomendaciones que ofrecemos más adelante (véase pág. 176).

- Da marcha atrás y reduce tu periodo de ayuno (si estás en 14/10, vuelve a 12/12) si notas que:
  - Estás cansado o la práctica parece afectar negativamente a tu rendimiento físico o cognitivo o si detectas un aumento en tu nivel de estrés.
  - No logras adoptar este régimen, sufres crisis de atracones u observas que disminuye la calidad de tu alimentación (por ejemplo, sientes una mayor inclinación por los alimentos más procesados).

Sobre todo, el ayuno intermitente no debe privarte de tu vida social ni de momentos compartidos. Las relaciones con nuestros semejantes son un pilar del bienestar. No rechaces una cena con amigos: ¡es importante ser feliz y estar bien acompañado! ¡Tus amistades te alimentarán!

Advertencias

- Cuidado con no compensar un ayuno intermitente con un aumento de las bebidas con cafeína, que podrían alterar la calidad del sueño y, por lo tanto, el control del apetito y de la ingesta alimentaria, así como la conservación de un peso estable.
- Durante los periodos de ayuno, es importante no olvidar hidratarse. Puedes beber agua, infusiones, café o té sin azúcar, ni edulcorantes, ni leche ni crema.
- Debes estar atento a mantener un suficiente aporte de proteínas y calorías (y del resto de los nutrientes) si no tienes sobrepeso y no necesitas adelgazar, sobre todo si eres una mujer en edad de menstruar. Si observas cambios en la frecuencia de tus ciclos menstruales, vuelve a tu modo de alimentación anterior y consulta a tu médico.

- Las nefastas consecuencias de una alimentación basada en ultraprocesados jamás serán contrarrestadas por los potenciales beneficios del ayuno intermitente. Sigue las reglas de alimentación descritas en este libro (el régimen mediterráneo tradicional), practica actividad física de forma regular y no descuides los ejercicios de refuerzo muscular.
- Avanza progresivamente, muestra flexibilidad y amabilidad hacia ti misma. Seguir un ayuno intermitente no debe convertirse en una obligación para ti.

ETAPA 5

PREPARA UNA PRIMERA COMIDA RICA EN PROTEÍNAS, FIBRA Y GRASAS BUENAS

¡La primera comida del día, ya sea el desayuno, un *brunch* o el almuerzo, puede transformar tu día! ¡De verdad! Siempre y cuando lo prepares de forma óptima, sentirás un impacto inmediato en tu energía, tus capacidades intelectuales, tu bienestar, el control de tu apetito y, asimismo, a largo plazo en tu salud global.

Así que te lo digo desde este momento: guarda la bollería, las tostadas con mermelada y otros cereales en la alacena... ¡Resérvalos para ocasiones muy especiales!

El desayuno óptimo no está compuesto por «azúcares de liberación rápida», como los que encontramos en el zumo de naranja. No debe incluir carga ni índice glicémico elevados, como ocurre con el pan de molde, la mermelada o el bol de granola industrial. Debe estar formado, en cambio, por grasas buenas, glúcidos ricos en fibra y nutrientes y, sobre todo, debe contener, de forma imperativa, suficientes proteínas. Esto es fundamental por diversas razones, como optimizar el despertar, la sensación de energía, el rendimiento intelectual y el estado de ánimo,[1] mejorando, especialmente, la síntesis de dopamina y noradrenalina.[2] ¡Un estudio demostró que un desayuno «azucarado» podría alterar la memoria durante cuatro días![3] Imagina las consecuencias si se mantiene durante toda una vida... ¡Otro estudio reveló que una misma persona podía tomar decisiones totalmente diferentes en función de la composición de su desayuno![4]

Un desayuno más rico en proteínas también permite mejorar la sensación de saciedad y disminuir el hambre y el apetito, así como los antojos a lo largo del día, incluso hasta una hora muy tardía.[5] Para obtener estos beneficios, el aporte en proteínas tendría que ser de 25 a 35 g y estas tendrían que representar el 40 % del aporte calórico total del desayuno, es decir, que su proporción sea superior a la de los otros nutrientes, en especial, los glúcidos. Estos últimos tienen que ser complejos y naturalmente ricos en fibra para aportar energía a las neuronas a lo largo de la mañana (por ejemplo, frutos secos y cereales integrales contenidos en un pan de estilo «paleo» o una granola casera sin azúcares añadidos). La fibra también contribuye a mejorar la sensación de saciedad, ralentizar la absorción de los «azúcares» presentes en los glúcidos y, así, mantener una glicemia estable. Por último, no olvides añadir una porción de grasas «buenas», como frutos secos, mantequilla de frutos secos crudos y sin aditivos, cereales, etcétera, para ralentizar la digestión y mejorar el efecto sobre la saciedad.

Si no tomas desayuno, las reglas son parecidas para el almuerzo. Sin embargo, se pondrá el acento en el aporte de verduras variadas, sobre todo, las de hoja verde y crucíferas, más difíciles de tomar en el desayuno para quienes no están acostumbrados. Personalmente, cuando las tomaba, mis desayunos se parecían a una comida tradicional: ¡huevos, pescado o carne y verduras variadas!

1. CONTROLA TU APETITO Y OPTIMIZA TU DESPERTAR Y TU RENDIMIENTO GRACIAS A LAS PROTEÍNAS

Las proteínas forman parte de las tres grandes familias de macronutrientes, junto con los glúcidos y los lípidos. ¡Son absolutamente fundamentales para el mantenimiento de nuestra salud y nuestro bienestar! He observado que, cuando las personas me hablan de proteínas, piensan en los músculos, el cabello, las uñas y, desde hace poco..., en la piel, debido a la nueva moda de los complementos alimenticios con colágeno. En efecto, en nuestro organismo, podemos imaginar que las proteínas son «ladrillos de construcción» de nuestra piel, de nuestros músculos... Pero, de hecho, las encontramos en todas partes: hay cientos de miles de proteínas que forman la estructura de nuestras células, sus mensajeros, sus «puertas de entrada», etcétera. Nos permiten funcionar, son esenciales para el desarrollo, el crecimiento de los tejidos, su estructura, su reparación y la comunicación entre las diferentes entidades de nuestro ecosistema. Son indispensables para mantener la masa y la fuerza musculares, sobre todo, al envejecer (véase pág. 137). Tendemos a pensar que, cuantas más proteínas consumamos, mejor, sin importar su fuente. Sin embargo, incluso en esto, podemos elegir mejor.

¿Qué nos dice la ciencia?

¿Las proteínas hacen adelgazar?

Si no son utilizadas por el organismo, las proteínas se transforman en glúcidos y son almacenadas en forma de grasa. Por lo tanto, si tomas más de las que necesitas* y superas tu necesidad calórica (en torno a 2.100 para una mujer moderadamente activa), «engordarás». Sin embargo, consumir suficientes proteínas ayuda a la gestión del peso en muchos sentidos:[6]

- Las proteínas contribuyen al mantenimiento de la masa muscular (a condición de trabajarla en paralelo), que consume más energía en reposo que la masa grasa.[7] Por desgracia, nuestra composición corporal cambia con los años: tenemos tendencia a observar una reducción de la masa muscular (por lo tanto, quemamos menos calorías en reposo) y un aumento de la masa grasa (véase pág. 40). Mantener la masa muscular a lo largo de la vida es una de las estrategias más eficaces, después de la alimentación,

* El número total de calorías medias que gastamos cada día es de 2.100 para las mujeres entre dieciocho y cincuenta y nueve años y 2.600 para los hombres entre dieciocho y sesenta y nueve años (ANSES).

para gestionar nuestro peso en líneas generales. Debes saber también que la masa muscular es más densa, más pesada que la masa grasa: un kilo de músculo es menos voluminoso que un kilo de grasa. Por lo tanto, para el mismo peso, si sustituimos la grasa (por ejemplo, 5 kilos) por músculo, tendremos un aspecto más delgado o más «tonificado», menos «flácido».

- Las proteínas contribuyen a una gran sensación de saciedad en comparación con otras familias de macronutrientes.[8] Un desayuno rico en proteínas sirve para reducir el aporte calórico y, si comes menos, esto también te permitirá controlar tu peso. La fibra, junto con las grasas «buenas», también ayuda a la sensación de saciedad.
- El consumo de proteínas produce un mayor gasto energético que el de los otros dos macronutrientes y estimula, entre otras cosas, la termogénesis.[9]

¿Cuál es la cantidad óptima de proteínas que debes consumir al día?

Las autoridades internacionales recomiendan un aporte de unos 0,8 g de proteínas al día por kilo de peso. Yo peso 57 kilos, por lo tanto, necesito 45 g de proteínas al día. Una porción normal de pollo (de unos 150 a 180 g) puede aportar esa cantidad. Por lo tanto, se puede conseguir en una sola comida (que a menudo también contiene otras fuentes de proteínas), pero hay que repartir el aporte de proteínas en las diferentes comidas del día. Como es obvio, es importante señalar que las necesidades individuales pueden variar en función de diversos factores, como la cantidad de masa muscular, la edad, el nivel de actividad física y aspectos específicos relacionados con la salud (por ejemplo, enfermedades).

Como invito a todo el mundo a actuar para reforzar y preservar la masa muscular con ejercicio físico todos los días y dos sesiones de refuerzo muscular de intensidad moderada a elevada cada semana, ¡podemos revisar esta cifra al alza! Numerosos estudios de intervención de refuerzo muscular han demostrado que un aporte de 1 a 1,6 g de proteínas por kilo al día permite mejorar ligeramente el incremento de la masa muscular.[10] Sin embargo, a partir de 1,6 g, parece que se da un efecto «meseta» y que no hay beneficios adicionales para el aumento de la masa muscular.[11] Según la literatura científica, parece interesante aumentar el aporte de proteínas a un rango de entre 1 a 1,6 g de proteínas por kilo al día repartidos a lo largo de toda la jornada.

Si tu aporte es superior a 1,6 g, esto puede significar que ingieres una gran cantidad de comida y existe el riesgo de exceso calórico. Por lo tanto, salvo que seas una persona que practica una gran actividad física, y en especial refuerzo muscular de alto nivel, con este régimen alimenticio te arriesgas a subir de peso.

Procura consumir entre 25 y 35 g de proteínas por comida, en especial en el desayuno y el almuerzo.

¿Son útiles los complementos alimenticios con proteínas?

En la mayoría de los casos se trata de alimentos ultraprocesados que contienen aditivos y no forman parte de una alimentación saludable. También hay que estar atentos a su aporte calórico: con mi estatura y mi nivel de actividad física (aunque cotidiana y de intensidad elevada), tomar un batido que contiene mantequilla de cacahuete, plátano, otros ingredientes y, potencialmente, azúcar añadido, sin duda no me permitiría conservar la línea, por ejemplo. Lo mismo puede decirse de muchas barritas ricas en proteínas.

Estos complementos pueden ser recomendados por un médico en situaciones específicas, como en individuos que han sido sometidos a una cirugía de la obesidad (cirugía bariátrica), personas mayores o quienes padecen diversas enfermedades y necesitan ayuda para cumplir con las recomendaciones nutricionales.

En la gran mayoría de los casos, conviene inclinarse por un aporte en proteínas procedente de la alimentación. Sin embargo, si deseas recurrir a estos productos, lee detenidamente las etiquetas y pide consejo a un dietista nutricionista o a un médico nutricionista.* Evita los productos que contienen azúcar añadido, edulcorantes y otros aditivos que te harán más mal que bien. A día de hoy, solo he encontrado unos pocos productos, en una o dos marcas, que satisfagan mi nivel de exigencia de calidad.

Las personas que deben supervisar su aporte de proteínas

- Las personas con una alimentación rica en ultraprocesados. Por ejemplo, un sándwich de pan blanco al mediodía, con un paquete de patatas fritas y un postre azucarado, pasta con kétchup por la noche y tentempiés azucarados no aportan, ciertamente, bastantes proteínas.
- Las personas que siguen un régimen específico (vegetarianos o veganos), si sus dietas no están bien planificadas.
- Los niños y adolescentes. En pleno crecimiento, deben cubrir su necesidad de proteínas.
- Las mujeres embarazadas o en periodo de lactancia, cuyas recomendaciones nutricionales son específicas. Su aporte de proteínas debe ser elevado para sostener el desarrollo del feto y la placenta y el crecimiento mamario y de otros tejidos (volumen sanguíneo, producción de leche materna...).
- Las personas mayores, sobre todo si no se alimentan lo suficiente.
- Las personas que padecen trastornos de la absorción, quienes han padecido una cirugía digestiva y los enfermos que no logran nutrirse bien.

* Solo estas dos profesiones legitiman el término *nutricionista*: ¡desconfía de los charlatanes! Son muchos los que se autoproclaman así después de unos pocos fines de semana (o un año) de formación. Esto no basta para ofrecer consejos de salud en una consulta. Confía tu salud a expertos que han cursado estudios rigurosos y que comprenden la complejidad de la salud humana global.

¿Qué fuentes de proteína elegir?

Moderar tu consumo excesivo de proteínas de origen animal y sustituirlas en parte por fuentes vegetales puede beneficiar su salud; sin embargo, tal vez hayas oído decir que las proteínas animales son de mejor calidad porque contienen todos los aminoácidos.* [12] A pesar de eso, las proteínas vegetales son ricas en nutrientes y otros compuestos igualmente esenciales para la salud que no se encuentran en las proteínas de origen animal. Un consejo: ¡basta con variar y diversificar! Consume y combina cada día diferentes cereales y legumbres mínimamente procesados; consume frutos secos todos los días y setas una vez a la semana. Sigue un régimen tradicional, principalmente vegetal, con aproximadamente, si lo deseas:

- Un huevo al día, enriquecido con omega-3.
- De una a dos porciones de productos lácteos idealmente fermentados, ricos en proteínas y pobres en ácidos grasos saturados (por ejemplo: yogures, *skyr*, ricota, queso *cottage*, queso suizo...).
- De dos a tres porciones por semana de pequeños pescados grasos (por ejemplo: sardina, arenque, caballa, trucha, anchoas con bajo contenido en sal) y algas cuyo contenido en metales pesados haya sido controlado por los productores (por ejemplo: *kombu*, *nori*, *dulse*...).
- De dos a tres porciones por semana de carne blanca bio y enriquecida con omega-3.
- Una pequeña porción semanal de carne roja magra, de pastoreo, ecológica y también de producción con omega-3.

Estas cantidades proceden de recomendaciones extraídas de la literatura científica sobre el régimen óptimo para la salud (y el pla-

* En el pasado, la calidad de las proteínas se establecía a partir de la fuente y el equilibrio del aporte de los diferentes aminoácidos, sobre todo, los esenciales, de un alimento. Esta definición convencional, basada más en la bioquímica que en el impacto en la salud humana, ha sido cuestionada recientemente. Hoy, se recomienda aumentar el consumo de alimentos de origen vegetal y moderar el consumo de carne.

neta).[13] Evidentemente, hay que adaptarlas en función de tus necesidades y de tu estado de salud personal. Atención: no digo que no haya que ser vegetariano o vegano, es posible serlo y cuidar de la propia salud. Sin embargo, eso exige una planificación adecuada y conocimientos de nutrición.

¿Es necesario volverse vegetariano o vegano?

Personalmente, no recomiendo imponerse un régimen estricto. Soy partidaria de hábitos alimentarios que benefician la salud, pero permitiéndose cierta flexibilidad. La ortorexia (la obsesión por comer un alimento que se considera sano) es un trastorno que podría ser más nefasto para tu cerebro que una transgresión ocasional de tus reglas. Por mi parte, mi alimentación es, sobre todo, vegetal, pero no únicamente; respeto aproximadamente el aporte de proteínas animales recomendado anteriormente. Cuando me invitan, como lo que se me ofrece en un momento de convivencia que consiste en compartir y respetar a mi anfitrión.

Aunque las proteínas vegetales tienen numerosas ventajas, seguir un régimen vegetariano, y, sobre todo, vegano estricto, por razones de salud o ecológicas no está avalado por la literatura científica. Un consorcio de investigadores del mundo entero ha publicado un informe sobre el régimen óptimo para la salud y el planeta.[14] En este régimen, la carne animal no está excluida, pero debe consumirse con moderación. Ciertos estudios muestran una asociación significativa entre la abstención total de carne y la depresión y la ansiedad. Las personas que consumen carne presentan niveles medios de depresión y ansiedad más bajos que quienes no la comen en absoluto.[15] Además de sus riesgos potenciales para nuestro estado de ánimo, la abstención total de carne y pescado podría afectar al rendimiento cognitivo. Esto podría explicarse por un régimen vegetariano o vegano inadecuado, que no cubre las necesidades de selenio, zinc, hierro, ácido fólico y vitamina B12, así como ácidos grasos omega-3 (EPA/DHA).[16] Por esta razón, se recomienda un consumo moderado de pescado y carne de calidad.

Ideas para combinaciones de proteínas vegetales

Combinar cereales y legumbres en una comida permite cubrir el aporte de aminoácidos esenciales. Diversas comidas tradicionales realizan este tipo de asociación al complementar, por ejemplo, el trigo (bajo en lisina), el arroz (bajo en lisina y treonina), el maíz (bajo en triptófano y en lisina) con legumbres bajas en metionina, pero que se complementan bien con cereales integrales.

Ejemplos: *dhal* de lentejas (India: arroz integral + lenteja coral), humus y pan de pita con harina ancestral poco refinada (Oriente Medio: trigo + garbanzos), arroz integral y frijoles negros o *azuki* (América Latina y Asia), arroz cantonés (Asia: arroz integral + guisantes), cuscús con garbanzos (África del Norte), *edamames* con sésamo (Japón).

Es importante subrayar que un régimen vegano mal planificado puede implicar carencias nutricionales. Los veganos se arriesgan a carencias en vitamina B12, que se encuentra, sobre todo, en productos de origen animal. Por eso, se recomienda que tomen suplementos de esta vitamina o que consuman alimentos ricos en ella.

Además, puede ser útil supervisar el aporte de hierro, B12, zinc, selenio, EPA y DHA (y de yodo) por parte de un médico y tomar decisiones alimentarias razonables para garantizar un aporte adecuado de estos nutrientes. Se recomienda consultar siempre a un profesional de la salud o a un nutricionista para recibir consejos personalizados, en particular cuando se trata de adoptar un régimen alimentario restrictivo. Una cuestión que yo misma me planteo a menudo: para nuestra salud planetaria, ¿es más conveniente consumir con moderación carne animal procedente de productos de buena calidad o ingerir píldoras industriales envasadas en plástico, metal y otros elementos para cubrir las carencias que podemos identificar?

En resumen, ejemplos de buen aporte de proteínas en el desayuno o el almuerzo:

- Frutos secos y semillas, germinadas o en cremas para untar, sin azúcares añadidos u otros aditivos (almendras, pistachos, nueces, avellanas, semillas de chía, cáñamo, calabaza, girasol, lino...). Si se presentan en forma de cremas, verifica que no hayan sido tostados, triturados o prensados en frío para preservar la calidad de sus grasas buenas.
- Cereales integrales mínimamente refinados o legumbres: *kamut*, quinoa, avena integral, espelta, alubias secas... Por ejemplo, combinados en mi receta de pan casero con *psyllium*.
- Huevos, idealmente de gallinas alimentadas con semillas de lino, para mejorar el aporte de ácidos grasos omega-3 (busca los sellos Organic Valley, entre otros).
- Productos lácteos, con preferencia por los quesos que son fuente de probióticos, bajos en grasas saturadas y ricos en proteínas (ricota, queso batido, queso *cottage*, *petit-suisse*, *skyr*, yogur natural...).
- Fuentes de proteínas animales (huevos, pescados, carnes blancas o carnes rojas magras y ricas en omega-3, de pastoreo y ecológicas).
- Setas, al menos dos veces por semana.
- Productos a base de soja (tofu, *tempeh*, *edamame*) dos veces por semana.

2. CUIDA DE TUS DOS CEREBROS CON GLÚCIDOS RICOS EN FIBRA

La fibra contribuye a una buena salud digestiva y general. Ralentiza la digestión de los alimentos y la absorción de nutrientes, lo que mejora la sensación de saciedad.[17] El hambre se aplaca antes con una porción de brócoli o de frutos secos o incluso con una rebanada de pan integral con semillas que con una de pan blanco con harina refinada. De hecho, al contrario que otros nutrientes, que son fundamentalmente digeridos y absorbidos en los primeros segmentos del intestino, la fibra viaja hasta el colon. De camino, absorbe agua, lo que aumenta el volumen y la consistencia de las heces, todo lo cual favorece un tránsito intestinal sano y agradable.

Al ralentizar la absorción de azúcares naturalmente contenidos en los glúcidos, la fibra permite mantener una glicemia estable y proporciona una energía duradera al cerebro a lo largo de toda la jornada.

¿Qué nos dice la ciencia?

La fibra forma parte de la familia de los glúcidos. A veces se la llama «glúcidos no digeribles». En efecto, existen diferentes tipos de glúcidos presentes en la alimentación. Para simplificar, utilizaría los términos «glúcidos simples» y «glúcidos complejos» (a veces llamados «azúcares rápidos» o «azúcares de liberación rápida» y «azúcares lentos») y distinguiría entre «almidones» (digeribles) y «fibra» (no digerible) en la clase de los glúcidos complejos.

Los glúcidos son una fuente de glucosa y podemos pensar en ellos como en el carburante de nuestras células, mientras que la fibra lo es para nuestro microbioma. En general, cuanto más compleja sea la estructura del glúcido, más lentamente será digerido y absorbido, lo que proporcionará energía, en especial, al cerebro. Una liberación más lenta permite abastecer las células de una forma más estable, progresiva y constante, en función de sus necesidades; a la inversa, una liberación demasiado rápida y que exceda la demanda en un momento determinado requerirá un almacenamiento de la energía y exigirá un tratamiento poco óptimo para la salud a largo plazo. Ciertos glúcidos muy complejos pueden no ser digeridos ni absorbidos, pero sí metabolizados por el microbioma. Es lo que ocurre con la fibra.

Los glúcidos están formados por unidades de azúcar. Se pueden clasificar en función de un número de unidades combinadas en una molécula. Hay que imaginarlos como compañeros de clase que se dan la mano. Tu intestino puede absorber una o incluso dos unidades de azúcar unidas. Algunos se presentan solos, solo tienen una unidad de azúcar (como la fructosa, naturalmente presente en la fruta), y otros siempre aparecen de dos en dos (como la lactosa, presente en los productos lácteos). Estos azúcares son glúcidos «simples» o «rápidos», porque se digieren y se absorben con rapidez y nos aportan energía enseguida.

Por el contrario, existen glúcidos más complejos, como una larga cadena de amigos que se dan la mano. Es el caso del almidón, que encontramos en los tubérculos (por ejemplo, en las patatas), los cereales y las legumbres. Se trata de glúcidos «complejos»: el intestino debe cortarlos en pedazos antes de poder absorber las subunidades y, por lo tanto, el aporte de energía es más lento. Por último, ciertas cadenas son tan largas y enmarañadas, como en el caso de la fibra, que el intestino no es capaz de digerirlas y no nos aportan energía. ¡Encontramos fibra en todos los alimentos del reino vegetal que han sido poco o nada procesados!

De hecho, lo que en realidad conviene recordar es que la naturaleza nos ofrece un aporte de energía bajo la forma de glúcidos y que, cuando elegimos productos no procesados, el aporte de fibra mejora de forma natural el perfil de estos alimentos. Cuando tomas una fruta, contiene fructosa, pero también fibra, lo que mejora su perfil glicémico. En cambio, si estos azúcares se añaden sin la fibra y la matriz alimentaria, que es muy difícil de reproducir, el perfil del alimento es menos sano e interesante para la salud. La fructosa separada de la fibra en un zumo de frutas, el almidón del pan blanco de harina ultrarrefinada e incluso el sirope de «glucosa-fructosa» añadido a tu helado no son tus aliados.

¿Cuál es la cantidad óptima de fibra que hay que consumir a diario?

Consume al menos 30 g de fibra al día.

¿Por qué consumir 30 g de fibra al día es fundamental?

Aumentar tu aporte de fibra al menos hasta esta cantidad ofrece múltiples beneficios para la salud. La fibra ayuda a la gestión del peso al aumentar la saciedad y reducir el aporte calórico; mejora el equilibrio del azúcar (homeostasis glucídica); reduce el colesterol total y el LDL (el «colesterol malo»), la presión arterial y los triglicéridos y disminuye el riesgo de enfermedades cardiovasculares. Una alimentación rica en fibra también se relaciona con una reducción significativa del riesgo de cáncer colorrectal y mamario, así como con una disminución de la mortalidad.[18]

En pocas palabras, adoptar una alimentación rica en fibra, incorporando más verduras, cereales integrales y legumbres, frutas y frutos secos, es una estrategia sencilla y accesible para mejorar tu salud.

El impacto de la fibra en el microbioma y la salud digestiva

Ciertos componentes que los glúcidos contienen de forma natural, como la fibra alimentaria, desempeñan un papel esencial en la salud digestiva al nutrir de forma selectiva las bacterias beneficiosas de la microbiota intestinal, lo que favorece la salud global. Esto recibe el nombre de efecto «probiótico». Estas bacterias fermentan la fibra no digerible en el colon, produciendo ácidos grasos de cadena corta (AGCC), como el butirato, el acetato y el propionato, que refuerzan la integridad de la barrera intestinal y reducen la inflamación sistémica.[19] Una microbiota «equilibrada», sostenida por un consumo adecuado de fibra, está vinculada a una mejor inmunidad y a una reducción del riesgo de enfermedades crónicas, sobre todo, cardiovasculares y metabólicas.[20]

Además, la fibra aumenta el volumen de las heces y mejora su consistencia, así como su hidratación, lo que facilita su tránsito y previene trastornos gastrointestinales como la diarrea, el estreñimiento, la diverticulitis y las hemorroides.[21] Al modificar favorablemente la composición de la microbiota, también contribuye a una óptima salud digestiva y global.

Algunas personas que padecen trastornos digestivos pueden tolerar mal ciertos alimentos ricos en fibra, en especial, los famosos FODMAP; otras sienten molestias más o menos graves después de haber consumido alimentos con gluten. Si este es tu caso, es conveniente consultar con un profesional para establecer un régimen adecuado a tu situación personal.

Las fuentes de fibra

Todas las frutas, las verduras, las legumbres, los cereales integrales mínimamente procesados, los frutos secos y otros productos integrales no procesados del reino vegetal son, en general, excelentes para la salud. Como descubrirás en la siguiente etapa (pág. 207), la clave está en variar y diversificar.

- Frutos secos: nueces; semillas de lino, de chía, de calabaza y girasol, pistachos, almendras, avellanas...
- Cereales integrales no procesados: quinoa, avena integral, espelta, cebada, trigo sarraceno...
- Legumbres: lentejas, garbanzos, alubias rojas, frijoles negros...
- Frutas y verduras: aguacate, brócoli, alcachofa, pera, manzana, puerro, cebolla...

Las fuentes de prebióticos

Los prebióticos están presentes en los alimentos del reino vegetal ricos en fibra, polifenoles y grasas buenas: en los frutos rojos, las manzanas, las verduras (puerro, espárrago...), las aliáceas (ajo, cebolla...), los cereales y legumbres poco o nada procesados, las especias y hierbas frescas, la achicoria, las semillas y los frutos secos...

¡Pan, sí, pero de harina ancestral, rico en fibra y proteínas!

Advertencia: ¡amigos de la *baguette* de pan blanco, es posible que me detestéis! Si os parezco simpática y no queréis entrar en conflicto conmigo, ¡no leáis esta sección! En Francia solemos consumir pan con cada comida, lo que está lejos de ser anecdótico. Ahora bien, la mayor parte de los panes de las grandes superficies, e incluso de las panaderías, son, en la actualidad, productos muy procesados. El pan no es algo que haya que proscribir en sí mismo, pues puede resultar un alimento muy interesante para la salud, además de ser muy práctico. Así pues, ¿cómo elegir un pan óptimo, rico en fibra, proteínas, vitaminas y minerales? ¿Un pan que favorezca la saciedad, con un índice y una carga glicémicos bajos, que mantenga la glicemia estable y proporcione una energía duradera al cerebro a lo largo de toda la mañana? ¿Un pan que obtenga sus ingredientes de una gran diversidad vegetal, que al mismo tiempo alimente nuestro intestino y su microbioma? Estos son mis consejos:

- Nada de aditivos (azúcares añadidos, gluten, conservantes, colorantes).
- Harina integral o completa. Cuanto menos refinada sea la harina, mayor será su contenido en salvado y en germen de trigo, ricos en nutrientes esenciales. Conviene evitar las harinas refinadas y blancas y optar por harina semicompleta, completa o, mejor, integral.
- Una harina distinta a la moderna harina de trigo. Otras opciones que pueden contener menos gluten y con una forma «ancestral», que resulta preferible (espelta, *kamut*, centeno), o incluso harinas sin gluten (trigo sarraceno, garbanzo, castaña, mijo, quinoa, amaranto, sorgo, arroz, maíz...).
- Un pan fermentado con masa madre. A diferencia de la levadura de panadería, la masa madre incorpora una mayor diversidad

de microorganismos y bacterias, como los lactobacilos, los hongos y las levaduras. Aunque estos microorganismos no sobreviven a la cocción, influyen en los aromas y en la composición del pan, pero, sobre todo, el pan de masa madre suele tener un índice glicémico más bajo. Hay estudios que confirman una reducción de la glicemia y de la insulina después de consumir este pan en comparación con otros; es un pan con más contenido y biodisponibilidad de nutrientes, así como de mejor digestión.[22]

- Un pan elaborado con una gran variedad de semillas no procesadas. Puedes elegir un pan que incluya algo más que harina, levadura y agua, por ejemplo, con semillas, frutos secos o legumbres o cereales integrales o molidos, ¡o incluso con especias y hierbas! Un *pumpernickel* o un pan nórdico. Cuidado: a veces los panes «multicereales» están hechos con una harina blanca muy refinada, pero decorados con algunas semillas para hacerlo pasar por saludable.
- Sal en cantidad limitada.

En resumen, ejemplos de glúcidos buenos y ricos en fibra para el desayuno:

- Frutos secos, ricos en proteínas y también en fibra.
- Cereales completos o poco procesados y legumbres.
- Pan rico en fibra y proteínas (véase mi receta a través del código QR de la pág. 213).

3. MIMA TU CEREBRO CON GRASAS «BUENAS» DESDE LA PRIMERA COMIDA

Los lípidos, a veces conocidos como «grasas», son los macronutrientes que aportan más calorías (9 kcal/g), más del doble del aporte energético de los glúcidos y las proteínas (4 kcal/g). Pero ¡tienes que meterte en la cabeza de una vez por todas que las grasas son esenciales para el buen funcionamiento de tu cuerpo y tu cerebro!

¿Y sabes por qué? Porque están presentes en las membranas (la envoltura) de las células, del cuerpo y del cerebro. Este último es el órgano más graso de nuestro cuerpo (¡al margen del tejido adiposo!). Las neuronas (las células nerviosas que se encuentran en la cabeza) y los nervios (las células nerviosas que conectan el cerebro con los diferentes órganos a través de la médula espinal) son células con una membrana muy grasa, igual que las demás células. Sin embargo, la suya está especialmente enriquecida con grasas «buenas» para favorecer una óptima comunicación neuronal y crear nuevas conexiones. Además, estas células protectoras se adhieren a los nervios y a las neuronas durante el desarrollo del cerebro y forman una vaina de protección que las aísla, como la funda de un cable eléctrico. De hecho, los impulsos nerviosos son tan rápidos gracias a estas vainas:* mueve los dedos ahora mismo..., ¿lo ves? En milisegundos, las neuronas y los nervios que conectan tu cerebro y los dedos de tus pies han comprendido la información, la han transmitido y han realizado la acción.

Los lípidos también pueden ser utilizados y transformados para sintetizar ciertas hormonas, como los estrógenos, la testosterona o el cortisol. En otras palabras, son absolutamente esenciales, aunque ciertos regímenes absurdos les han dado mala fama. ¡Te interesa introducir grasas buenas en tu primera comida del día!

¿Qué nos dice la ciencia?

¿Los lípidos hacen engordar?

Como aportan muchas calorías, debido a una confusión entre los diferentes tipos, en los años sesenta se promovieron regímenes «sin grasa» para perder peso y proteger el corazón. Sin embargo, en sí mismos, los lípidos no hacen engordar. Cuando el aporte calórico es constante y apropiado para nuestras necesidades (por ejemplo, 2.000 kcal al día), la acumulación de grasa corporal no se ve afectada

* Estas células se llaman «oligodendrocitos» o «células de Schwann» y la vaina protectora se llama «vaina de mielina».

por los cambios, incluso muy pronunciados, en la cantidad de grasas incluidas en la alimentación,[23] es decir, consumir 2.000 kcal al día con un 40 % de lípidos en lugar de con un 20 % no nos volverá especialmente «gordos». De hecho, en realidad, no hay relación entre el porcentaje global de calorías procedentes de las grasas y dolencias relevantes, incluidas las enfermedades cardiacas y el aumento de peso.

Los lípidos tienen una función crucial para nuestra supervivencia, mucho más allá de su aporte energético. Por esta razón, la contribución de los lípidos al aporte energético total recomendada en Francia se sitúa entre el 35 y el 40 %. Como con el resto de los macronutrientes, lo más importante es la calidad.[24] No se trata de reducir el consumo de grasa, sino de consumir grasas «buenas».

¿Cómo diferenciar las grasas buenas de las malas?

Simplificando y generalizando, las grasas «buenas»* se encuentran, de forma natural, en los alimentos del reino vegetal (frutos secos, semillas, aceitunas, aguacates...), en los pequeños pescados grasos (sardinas, arenques, anchoas, caballas, truchas...) y, en menor medida, en los huevos y la carne de animales bien alimentados, por ejemplo, con semillas de lino, como los pollos ricos en omega-3, o con pastos, como ocurre con la carne de pastoreo. Simplificando aún más, estas grasas «buenas» generalmente son «líquidas» a temperatura ambiente, lo que revela una estructura más fluida (por ejemplo, el aceite de oliva o de pescado), al contrario que otras grasas que no siempre son «malas», pero cuyo consumo hay que limitar y cuyo estado a temperatura ambiente normalmente es «sólido» (por ejemplo, la grasa de la carne que se ha dejado toda la noche en una sartén, el aceite de coco...). Pero, cuando la grasa está en un alimento, es difícil hacer la prueba.

* De forma general, los ácidos grasos insaturados son las grasas «buenas» y son preferibles a los ácidos grasos saturados. Sustituir los alimentos ricos en ácidos grasos saturados permite reducir el riesgo de numerosas patologías, especialmente cardiovasculares. Otro tanto puede decirse de los alimentos ricos en glúcidos refinados. Estos ácidos grasos permiten disminuir las tasas de colesterol «malo» y de triglicéridos y rebajar la inflamación de bajo grado o sistémica.

Por último, la grasa «buena» está naturalmente contenida en los alimentos o se extrae en frío (por ejemplo, con el prensado o el triturado) y no está refinada, como un buen aceite de oliva virgen extra en frío o la mantequilla de almendras trituradas en frío. En general, no se añade a los productos industriales.

¡Atención! ¡La grasa «buena» es frágil! Por ello, es preferible una cocción suave; el aceite de oliva nunca debe chisporrotear ni humear. Del mismo modo, los alimentos que son una fuente de grasas buenas nunca deben calentarse demasiado: ¡freír una sardina o tostar almendras es más perjudicial que beneficioso! Prioriza los pescados grasos en forma de ceviche o cocinados a baja temperatura, así como cremas de frutos secos molidos en frío y sin tostar.

Los omegas

Los omega-3 son los ácidos grasos «estrella» y habitualmente no consumimos en cantidad suficiente. Forman parte de la familia de los ácidos grasos poliinsaturados, que en líneas generales se consideran grasas «buenas». Dentro de esta gran familia se encuentran los famosos omega-3, lamentablemente poco presentes en nuestra dieta. Estos ácidos grasos poliinsaturados (AGPI) tienen una estructura única, más «fluida», menos «rígida», con muchos enlaces dobles.

Entre estos últimos, quiero detenerme en dos familias (o series): los omega-6 y, en especial, los omega-3. Son familias esenciales: es necesario un aporte obligatorio a través de la alimentación, ya que no podemos sintetizarlos. El precursor de la familia omega-6 es el ácido linoleico y el de la familia omega-3 es el ácido alfa-linolénico (ALA), que son precursores de moléculas bioactivas importantes para nuestro buen funcionamiento. También son las «madres» de las familias omega-3 y omega-6, como si pudieran engendrar subtipos o «hijos» aún más preciosos. Estos precursores se pueden convertir en ácidos grasos de cadena más larga, pero esta conversión es limitada y hace falta un aporte nutricional. En general, la longitud de la cadena de un ácido graso (corto, medio o largo) determina el modo en que nuestro cuerpo lo metaboliza y su eficacia para proporcionarnos energía, así como sus propiedades únicas. Por ejemplo, el ALA puede producir los preciados ácidos grasos omega-3, el EPA y, en menor medida, el DHA.

Una escasa proporción de ácidos grasos insaturados posee, al menos, un doble enlace trans. Con frecuencia denominados ácidos grasos trans (AGT), tienen muchos orígenes: natural, industrial o doméstico. Estos son los únicos «malos».

Los ácidos grasos «malos»

No me gusta decir que los alimentos son buenos o malos, pero en este caso hay que señalar los que contienen lípidos peligrosos cuyo consumo debemos limitar al máximo. El término trans no significa que se trate de grasas que encontramos, sobre todo, en los alimentos procesados industrialmente, sino que se refiere a la estructura de su molécula en el espacio.

- **Ciertos ácidos grasos trans se consideran «naturales».** Se producen en el estómago de los rumiantes (vacas, ovejas) por acción de las bacterias que viven ahí. Estos AGT se incorporan rápidamente a su grasa y a su leche. Por lo tanto, están presentes, en una baja cantidad, en su carne, en los productos lácteos y, sobre todo, en la mantequilla. No se trata de suprimir estos alimentos, porque aportan poco AGT, sino de limitarlos.
- **Otros son de origen doméstico o producto de la restauración.** Se forman al calentar o cocinar aceites vegetales (que contienen grasas insaturadas) a alta temperatura, por ejemplo, en una fritura, sobre todo, cuando el aceite se usa varias veces. Por tanto, evita reutilizar el aceite de freír (además, conviene limitar el consumo de frituras a una pequeña porción por semana o incluso menos). La cantidad

de AGT así producidos es baja; en cambio, sí se encuentran en gran cantidad en ciertos productos industriales.

- **Por último, otros son de origen industrial.** Por ejemplo, en los aceites vegetales hidrogenados, sometidos a un proceso que facilita su uso y su conservación. Este procedimiento, que consiste en transformar grasas líquidas en sólidas, facilita su uso, permite un almacenamiento más largo en el tiempo y los hace menos sensibles a la oxidación. Los aceites parcialmente hidrogenados contienen una media de entre el 25 y el 45 % de AGT. Por desgracia, es prácticamente imposible identificarlos en las etiquetas: un «aceite de palma» o «aceite de colza» puede ser hidrogenado.

Incluso cuando se consumen en pequeñas cantidades, los ácidos grasos trans aumentan los niveles del colesterol «malo», que transporta el colesterol del hígado a la sangre, un marcador biológico reconocido como de riesgo de enfermedades cardiovasculares, y se reducen los niveles de colesterol «bueno», el HDL, que lleva el colesterol desde las arterias hasta el hígado, donde será excretado en la bilis. Los ácidos grasos trans obstruyen las arterias, lo que aumenta el riesgo de infarto y de muerte.

La OMS recomienda que el total de aportes en ácidos grasos trans se limite a menos del 1 % del aporte energético total, es decir, menos de 2,2 g al día para un régimen de 2.000 kcal.[25] Son muchos los ciudadanos que se encuentran más allá de ese umbral.

Los alimentos industriales ultraprocesados que más contribuyen al aporte de AGT en el mundo son la margarina, los productos de panificación y la bollería industrial (por ejemplo, cruasanes, *pizzas*, pasteles, galletas, bizcochos), las patatas fritas congeladas, los platos cocinados, las barritas de chocolate, los helados, las sopas y las salsas industriales... Es mejor evitarlos.

En Francia, las industrias agroalimentarias y las cadenas de restauración están sustituyendo de forma progresiva las perniciosas grasas trans por alternativas más sanas. Su uso es cada vez menos habitual, porque las autoridades sanitarias han exigido a los fabricantes que eliminen estos ácidos grasos tan nocivos para nuestra salud.

Al contrario que en Estados Unidos, el consumo de productos de origen animal en Francia también contribuye, y de forma mayoritaria, al aporte de AGT. La ANSES (Agencia Nacional de Seguridad Sanitaria de la Alimentación francesa)[26] recomienda reducir el consumo de productos lácteos, como la mantequilla y el queso, y también la carne. No se trata de suprimirlos, sino de limitarlos a unas pocas veces a la semana, como ya hemos mencionado.

La mantequilla, idealmente cruda, de *baratte* (artesanal) o clarificada y procedente de vacas de pasto, es más interesante que otras opciones, como la margarina. La mantequilla es útil porque permite una cocción a una temperatura más elevada, al contrario que las «grasas buenas», que no deben calentarse mucho, pero se recomienda limitar el consumo de mantequilla a uno o dos dedos.

Los ácidos grasos saturados, que normalmente se encuentran en mayor cantidad en los productos del reino animal, no son nocivos, a diferencia de las grasas trans. Juegan un papel fundamental en la estructura de las células y en la síntesis de ciertas hormonas. Consumirlos con moderación no suele suponer ningún problema.

El régimen occidental suele ser pobre en ácidos grasos poliinsaturados en comparación con los ácidos grasos saturados y, especialmente, en ácidos grasos omega-3 en comparación con los omega-6. Las grasas insaturadas (excepto algunos omega-3) se encuentran en los alimentos de origen vegetal, como los aceites, las nueces y las semillas.

Los omega-3: los número 1 del cerebro

El cuerpo humano puede producir la mayor parte de los lípidos que necesita a partir de otras grasas o glúcidos, pero esto no ocurre con los ácidos grasos omega-3. Estos ácidos grasos poliinsaturados son lípidos «esenciales»: es necesario obtenerlos a través de la alimentación, porque nuestro cuerpo no puede sintetizarlos.

Como hemos visto, en la familia de los omega-3, encontramos el ácido alfa-linolénico (ALA), que se puede convertir, de forma limitada, en ácido eicosapentaenoico (EPA) y, en menor medida aún, en ácido docosahexaenoico (DHA), dos cadenas más largas de omega-3. Por esta razón, el EPA y el DHA son ácidos grasos esenciales «condicionales».

Entre los alimentos ricos en ALA se encuentran los aceites (lino, nuez, colza, oliva...), los frutos secos y las semillas (semillas de lino, chía, cáñamo, soja, germen de trigo, nuez...), las legumbres y, en menor medida, ciertas hierbas y verduras de hoja verde (espinacas, verdolaga, tomillo, orégano...). Sin embargo, la conversión de ALA en EPA y DHA es limitada y puede no ser lo bastante eficaz. Así, es altamente recomendable su aporte a través de la alimentación, sobre todo en ciertas etapas de la vida.

El EPA y el DHA provienen fundamentalmente de pescados grasos de mares fríos, por eso a veces reciben el nombre de «ácidos grasos marinos».

Los pequeños pescados grasos

Según los estudios, los numerosos beneficios de un consumo moderado de pescado parecen atribuirse en su gran mayoría a su omega-3 EPA y DHA, que encontramos, sobre todo, en los pequeños pescados grasos. Sus beneficios superan los riesgos potenciales, incluso en mujeres en periodo de lactancia, que planean quedarse embarazadas o que ya lo están, vinculados a una mayor contaminación por ciertas sustancias.[27] Hablamos de contaminantes como el mercurio, el metilmercurio, las dioxinas y el policlorobifenilo (PCB). Simplificando, cuanto más grande es el pescado y más tiempo vive, más contaminado estará, ya que se encuentra al final de la cadena alimentaria y acumula sustancias contaminantes.

- **Pescados cuyo consumo está recomendado** (son ricos en EPA/DHA y menos contaminados): anchoas, caballa pequeña, arenque, sardina, trucha arcoíris...
- **Pescados que conviene evitar** (desde los muy ricos en EPA/HDA, pero muy contaminados, a pobres en EPA/HDA y muy contaminados): bonito listado, atún de aleta amarilla, atún rojo del Pacífico, besugo, caballa real, tiburón, marlín, pez emperador, atún patudo, pez espada...

En resumen, ejemplos de grasas buenas en el desayuno:

- Aguacate, aceite de colza sin refinar, aceite de oliva virgen extra, aceite prensado en frío (hay que conservarlo protegido de la luz y a una temperatura de 15-20 ºC)... Nunca debe chisporrotear ni humear. Es mejor decantarse por el aceite de coco, la mantequilla y la mantequilla clarificada para cocciones a alta temperatura.
- Grasas naturalmente contenidas en los frutos secos y las semillas (semillas de lino, chía, nueces...). Si los consumes en forma de cremas para untar, comprueba que hayan sido molidos o prensados en frío, que no estén tostados ni contengan aditivos (azúcar, edulcorantes u otros).
- Pequeños pescados grasos (caballa, arenque, anchoa, sardina, trucha) dos veces por semana (de 150 a 250 g cada semana). Consúmelos frescos o en conserva. Si están congelados, asegúrate de que lleven menos de seis meses en ese estado para garantizar su contenido en omega-3. Opta por la cocción a baja temperatura o los ceviches. ¡A mí me encantan con cítricos! Evita los gran-

des pescados depredadores o blancos; en todo caso, no hay que consumirlos más de una vez por semana (véase pág. 201).
- Huevos de gallinas alimentadas con semillas de lino. Deja la yema líquida para preservar sus preciosos ácidos grasos.

En la práctica

Si, además, puedes añadir verduras frescas, junto a todas las reglas mencionadas anteriormente, tendrás un verdadero desayuno de campeones. Una porción de verduras, hierbas o una pequeña porción de frutas frescas no procesadas y crujientes aporta vitaminas y minerales, así como fibra suplementaria, lo que permite mejorar la sensación de saciedad, mantener una glicemia estable y proporcionar energía al cerebro a lo largo de todo el día.

- Verduras locales y de temporada, según tu gusto (tomates, hierbas frescas, brotes germinados, ensalada mixta...).
- Algunos trozos de fruta fresca y de temporada.
- Frutos rojos (ecológicos, frescos si son de temporada o congelados).

Un pequeño extra: especias (canela, cacao, cúrcuma, pimienta...), hierbas y algas, que son ricas en yodo y en ácidos grasos omega-3 de origen marino (*kombu*, *dulse*...). Elige algas locales cuyo contenido en contaminantes haya sido controlado.

¡No lo consumas en el desayuno!

Los alimentos ricos en glúcidos de liberación rápida y desprovistos de fibra o aquellos ricos en azúcares añadidos, para no sufrir bajones, cambios de humor ni alteración del rendimiento cognitivo (por ejemplo, zumos de frutas, bebidas azucaradas chocolateadas o bebidas vegetales con azúcar añadido, cruasanes, pan de molde con o sin azúcar añadido, mermelada, cremas industriales para untar...).

Ejemplos de buen desayuno:

- Tostada de pan de cereales integrales, queso *cottage*, aguacate, uno o dos huevos pasados por agua, sésamo y escamas de chili.
- Bol de yogur con granola casera con semillas y frutos secos, un puñado de frutos rojos bio, bayas de *açaí* o, mejor aún por ser locales, arándanos silvestres frescos o congelados.
- Una tortita de trigo sarraceno, huevos, setas y espinacas.
- Tostada de pan de calidad, mantequilla de nueces prensada en frío, algunas rodajas de manzana o pera con trocitos de cacao crudo o de chocolate superior al 80 %.
- Pudin de semillas de chía y lino y algunos trozos de frutas frescas.
- Tostada de pan de masa madre de harina integral, ricota, trucha, brotes germinados y hojas de ensalada mixta.
- *Skyr*, manzanas salteadas con canela y vainilla, trocitos de cacao y granola casera.
- Avena entera al estilo tiramisú, sin azúcar, con semillas de chía y de lino.
- Tortilla de verduras o hierbas frescas, acompañada de otras opciones.
- *Pancakes* ricos en proteínas (por ejemplo, a base de guisantes y verduras verdes), *shakshuka* (verde o roja; ¡es mi *brunch* favorito!).

Personalmente, reservo una o dos porciones de fruta para la merienda y mi primera comida del día suele ser a las once o doce de la mañana; normalmente es un gran plato de «ensalada variada» que contiene cereales integrales y legumbres, verduras variadas, una lata de sardinas, uno o dos huevos, una pechuga de pollo o un lácteo. Ejemplo: quinoa y garbanzos con salsa *tahini*, verduras asadas y pollo con *zaatar* y otras especias, *kimchi* y hojas de ensalada mixta. Otro ejemplo: una gran ensalada con brotes tiernos de espinaca, menta y eneldo abundantes, espárragos, guisantes y judías frescos salteados, medio aguacate y una gran cantidad de ricota aliñada con aceite de oliva de gran calidad y pimienta Isot, acompañada de una lata de sardinas y bayas de Batak. Si no te entusiasman las ensaladas y esta descripción te inspira rechazo, ¡debes saber que todos mis invitados han sucumbido a sus encantos! Comparto muchas ideas para inspirarte en mi cuenta de Instagram (@TheBrainGutScientist) y en mi página web (feedyourbrain.io).

¡Come con calma!

En todas las comidas es fundamental que nuestro cerebro comprenda que nos disponemos a comer para advertir al resto del cuerpo de que es hora de ponerse a trabajar. Y, sobre todo, el cerebro tiene que considerar que la digestión es nuestra prioridad. Salivar es una de las señales que el cerebro ha enviado al segundo cerebro para indicarle que la digestión es inminente. Aunque otros mecanismos inconscientes también deben ponerse en marcha. En lo esencial, para que el segundo cerebro funcione correctamente, es fundamental dejarlo tranquilo. Si comemos bajo un estado de estrés, la digestión puede plantear problemas a todos los niveles y suscitar síntomas desagradables, una alteración de la permeabilidad intestinal y una respuesta inflamatoria. En la fase de estrés crónico, es frecuente sufrir trastornos gastrointestinales: diarreas frecuentes, hinchazón, dolores...

Si no dejas tiempo a tu cerebro y a tu intestino para que comprendan que vas a comer y de repente te pones a engullir un plato preparado que apenas has visto, mientras sigues trabajando o viendo la televisión, no cuentes con que hagan un buen trabajo y, sobre todo, no debe sorprenderte si comes más de lo necesario y siempre tienes hambre.

Mis consejos:

- **Prepara a tu cerebro con un ritual previo a la comida.** Pon la mesa, aunque estés solo. Tómate el tiempo de crear un espacio agradable. Come sentado y tranquilo.

- **Reduce el estrés practicando algunos ejercicios de respiración.** Insiste en una espiración lo más lenta posible, porque así se estimula la activación del sistema nervioso autónomo parasimpático, que facilita la digestión (véase pág. 307).
- **Prepara la comida**, lo que permite al cerebro recibir una serie de señales para lanzar el proceso de la digestión o, al menos, una vez en la mesa, activa tus sentidos. Tómate un minuto para aspirar el aroma del plato, contemplarlo, saborearlo, atender al sonido y sentir la sensación al masticar. Conéctate con el alimento. Piensa en la comida que estás tomando. Sé consciente de lo que estás consumiendo.
- **Mastica tranquilamente.** Traga una vez que los alimentos hayan alcanzado una forma líquida.
- **Deja el tenedor** y haz una pausa entre cada bocado.
- **Evita las distracciones**, come sin estar atento a las pantallas o a los demás. Esto permite concentrarse en la comida y regular mejor la velocidad de la deglución. También permite reducir la cantidad de alimento ingerido porque somos más conscientes y receptivos a las señales de saciedad enviadas por el cuerpo.
- **No sirvas todos los platos a la vez** para comer en función de tus señales de saciedad y no porque aún queda comida a la que no puedes resistirte, aunque no tengas hambre.

Además, los beneficios de la dieta mediterránea no se limitan a lo que comes, sino a cómo lo comes: viviendo el instante presente, saboreando lo que la naturaleza nos ofrece, en una comida agradable y compartida con los seres queridos.

ETAPA 6
¡VARÍA, COLOREA Y COMBINA!

«Dime, Émilie, mi piel empieza a mostrar los signos de la edad, ¿qué alimento puede prevenir el envejecimiento?», «Émilie, ¿qué puedo comer por la noche para dormir bien?». Todos buscamos soluciones y alimentos milagrosos. Esto es comprensible porque tenemos un tren de vida desenfrenado y nos sentimos obligados a hacer cada vez más cosas. Para complacerte, compartiré una lista de alimentos que procuro consumir conscientemente, pero la realidad es que no existen los milagros y este tipo de cosas no sirven para mejorar tu salud. Si tuviera que dar un buen consejo a mis seres queridos, sin duda no sería una lista de «cinco alimentos para conseguir uno u otro objetivo».

Del mismo modo que un bosque sano se basa en una fauna y una flora desbordantes de vitalidad y de diversidad para mantener su equilibrio y su resiliencia, nuestra salud también depende de una nutrición y un microbioma ricos y diversificados para garantizar el buen funcionamiento de todos los aspectos de nuestra salud. En la actualidad, en plena crisis climática, nuestros suelos se empobrecen y terrenos enteros pasan a ser monocultivos; su diversidad se reduce, lo que influye en la fauna que vive en ellos y en la salud global del sistema. Del mismo modo, nuestro microbioma también se empobrece. Esto afecta en especial a los habitantes de las ciudades,* [1] porque nuestro microbioma se alimenta de la diversidad de la alimentación y, de manera más general, del entorno que nos rodea y ambos tienden a ser más ricos en los espacios rurales que en los urbanos. Sin embargo, como hemos visto en la primera parte de esta obra, la diversidad del microbioma es una de las características clave que revelan nuestra buena salud... ¡y la tuya! Es importante mimarlo adoptando un estilo de vida que favorezca su diversidad para preservar la herencia microbiológica.** Este es mi mejor consejo: ¡varía, diversifica! Variar significa comer diferentes alimentos vegetales integrales y no procesados (manzanas, espinacas, etcétera); diversificar implica consumir diferentes variedades de frutas y verduras (manzana Cox, Pink Lady, etcétera). ¡Hazlo incluyendo todos los colores del arcoíris cada día y llenando tu plato con una mitad de verduras variadas!

1. CONSUME TREINTA ALIMENTOS DE ORIGEN VEGETAL DIFERENTES CADA SEMANA

Te estoy viendo cerrar el libro y tirarlo lejos: «¿Treinta alimentos diferentes a la semana? ¿Es que Émilie no tiene otra cosa que hacer en la vida?». De hecho, descubrirás que es mucho más fácil de conseguir de lo que crees. ¡Quédate conmigo unas páginas más! Estos treinta alimentos incluyen todos los vegetales no procesados: verduras, cereales integrales y legumbres, frutas, frutos secos, semillas, especies y hierbas. Las setas y los aceites sanos también forman parte de este objetivo. A esto hay que añadir los alimentos probióticos (alimentos fermentados) e incluso el té, el café o el cacao crudo. ¿Lo ves? ¡Lo vamos a conseguir!

* En comparación con las personas que viven en el campo, y más aún si las comparamos con las últimas tribus de cazadores-recolectores, como los hazdas.

** Transmitimos nuestro microbioma intestinal de generación en generación. Un microbioma empobrecido, a menudo debido a dietas desequilibradas, estilos de vida urbanos o una exposición excesiva a los antibióticos, puede tener consecuencias en tu salud y en la de tus hijos y nietos.

¡Atención! No te estoy pidiendo que te hagas vegetariano o vegano. Se trata, sobre todo, de fomentar la diversidad de tu microbioma. Puedes seguir consumiendo productos del reino animal de calidad y con moderación y, además, la mayor cantidad de vegetales diferentes que te resulte posible.

¿Qué nos dice la ciencia?

¿De dónde sale la cifra de treinta alimentos? Hay estudios que demuestran que el número de especies vegetales consumidas por un sujeto se asocia a la diversidad microbiana, y la diversidad del microbioma intestinal se corresponde con el número de especies diferentes que constituyen su población. Es uno de los marcadores más importantes de la buena salud del microbioma. Las personas que consumen cada semana más de treinta plantas diferentes tienen un microbioma más diversificado comparado con quienes consumen menos de diez. Entre los primeros, este consumo rico en vegetales también se asocia a un aumento de ciertas bacterias estrella que han sido muy estudiadas por sus virtudes para nuestra salud (por ejemplo, *Faecalibacterium prausnitzii*).* Las bacterias del microbioma son capaces de liberar pequeñas moléculas que encontramos en la alimentación y que no podemos sintetizar nosotros mismos. Por último, hay una reducción de los «genes de resistencia» a los antibióticos, lo cual es una buena noticia.[2]

¡Los superalimentos no existen y las dietas de zumo no son mágicas!

Los alimentos en su estado natural son complejos, pero a menudo los reducimos a los nutrientes que contienen. Por ejemplo, nos centramos en las naranjas porque son una fuente de vitamina C, a

* *F. prausnitzii* es una bacteria intestinal a menudo asociada a una buena salud gastrointestinal por sus propiedades antiinflamatorias. Desempeña un papel crucial en la producción de ácidos grasos de cadena corta, como el butirato, que ayudan a mantener la salud de la pared intestinal, y puede proteger contra enfermedades como la colitis ulcerosa y la enfermedad de Crohn.

pesar de que otros alimentos contienen al menos el doble: ciertos frutos rojos; algunas variedades de col, como la col rizada y el *kale*; los pimientos; el brócoli, o incluso los kiwis y las hierbas frescas, que hay que incorporar en todas las comidas, como el perejil (en un delicioso tabulé de hierbas frescas) o el tomillo. Otro ejemplo: la carne se consume por ser una fuente de proteínas, lo que sugiere que los productos de origen vegetal no las contienen o que no son de buena calidad (véase pág. 184). ¡Es falso! Este planteamiento reduccionista de la alimentación nos empuja a demonizar ciertas categorías de alimentos o de macronutrientes, sin diferenciar los subtipos. Muchas personas siguen así regímenes sin glúcidos o sin lípidos para perder peso o cuidar de su salud cardiovascular, algo que debe evitarse por completo (véase pág. 47). Por el contrario, algunos supuestos nutricionistas ensalzan «los cinco alimentos que optimizan tu cerebro» (arándanos, chocolate, nueces, trucha y té verde), lo que lleva a muchos a creer que los cinco, sin duda muy interesantes para nuestra salud, bastan para compensar una alimentación de baja calidad, el sedentarismo o la falta de sueño. ¡Los superalimentos no existen! Y, además, comer alimentos sanos de forma excesiva, incluso una verdura como la espinaca, podría ser perjudicial para la salud.* [3] Salvo prescripción médica rigurosa, no hay que seguir dietas de zumo (ni siquiera si son al cien por cien); se trata de una moda que carece de fundamento científico. Este tipo de práctica podría aumentar el riesgo de un aporte excesivo de ciertos nutrientes y privar tu salud y tu microbioma de otros nutrientes esenciales, como la fibra.

Por lo tanto, la clave está en variar, diversificar y concentrarse en la calidad global de una alimentación lo más natural y vegetal posible. Los alimentos influyen en nuestra salud a través de múltiples mecanismos: algunos de sus componentes son una fuente directa o

* La literatura científica recoge algunos casos clínicos de pacientes que consumieron (únicamente) zumo de espinacas en cantidad excesiva y durante muchos meses. El consumo excesivo de zumos verdes ricos en espinacas puede implicar una acumulación de oxalatos, compuestos naturales presentes en ciertas verduras, la cual está relacionada con un riesgo creciente de formación de cálculos renales y puede interferir en la absorción de ciertos minerales esenciales.

actúan como intermediarios para el funcionamiento del organismo, mientras que otros, como los polifenoles, desempeñan un papel regulador, por ejemplo, mejorando la defensa contra el estrés oxidativo (antioxidantes). Numerosas moléculas alimenticias nutren el microbioma del intestino, que metaboliza estos compuestos y otros metabolitos que a continuación podrán ser utilizados y transformados por las células. En otras palabras, ¡cada comida es una oportunidad de proteger nuestra salud! Aprovéchala para regalarte una vida larga y llena de vitalidad.

Evita los alimentos ultraprocesados

Al margen de ciertas excepciones, no hay alimentos buenos o malos. El verdadero debate tiene que ver con su grado de procesamiento. Cuanto más procesada está la comida, más afecta a la matriz alimentaria (véase pág. 77), lo que puede tener consecuencias nefastas sobre nuestra salud.

Para ayudar a tu intestino a trabajar con calma, no hay nada más sencillo: ofrecerle alimentos naturales, vegetales y mínimamente transformados. ¡Muerde y mastica alimentos enteros! Si eliges un tomate de verdad, que ha crecido con esfuerzo, como en los viejos tiempos, y que muestra su sabiduría y su fuerza a través de manchas y hendiduras, debes saber que su contenido en ciertos nutrientes protectores, como los preciados polifenoles, es probable que sea más elevado y beneficie tu salud.* Al contrario que el tomate liso, perfectamente redondo, que ha crecido en un ambiente artificial, que jamás ha tenido que defenderse y ha sido regado con pesticidas y despojado de su sabor y de nutrientes esenciales.

La biodiversidad del mundo que nos rodea, que tocamos e ingerimos, mejora nuestra salud y nuestro microbioma. Tus decisiones alimentarias son decisiones políticas. ¡Comprométete! Compra alimentos que han crecido «a la antigua usanza», cuidados por ma-

* Se ha beneficiado del famoso efecto de hormesis mencionado anteriormente: el estrés que este pequeño tomate ha vivido le ha permitido aprender a defenderse solo, del mismo modo que el estrés que experimentamos durante el ejercicio físico también nos refuerza.

nos de agricultores que se esfuerzan por alimentarnos generación tras generación. Elige productos locales, éticos, respetuosos con los trabajadores, con el planeta e, idealmente, ecológicos. Pero debes saber que, si eso no es posible, siempre será mucho mejor (con diferencia) comer frutas y verduras que no sean ecológicas que no consumirlas en absoluto. Si no son bio, lávalas bien o pélalas (aunque su piel es muy rica en fibra y polifenoles).

¡Nada de zumo de naranja en el desayuno!

Servir un zumo de naranja a nuestros hijos todas las mañanas para reforzar su energía no es en realidad interesante para la salud, a pesar de la creencia popular. Debes saber que, si no se consume con mucha rapidez, algunos de sus nutrientes (como la vitamina C), sensibles al oxígeno, a la temperatura e incluso a la luz, sufren una intensa degradación.

Además, a menudo se trata de una bebida ultraprocesada, enriquecida con vitamina C sintética (y a veces con otras vitaminas y minerales) y almacenada durante muchos meses en una botella de plástico al lado de los refrescos.

De modo general, los zumos de frutas van en contra de nuestras capacidades cognitivas y de nuestra sensación de energía y las de nuestros hijos. En realidad, es mejor consumir la fruta fresca entera, un alimento sano gracias a su matriz alimentaria compleja (véase pág. 77), porque, al exprimir el zumo, se desnaturaliza su matriz y, sobre todo, su fibra. La fructosa, un azúcar de liberación rápida (véase pág. 188), estará desprovista de otros nutrientes que ralentizan su absorción y tu máquina se verá inundada por un exceso de carburante rápidamente accesible. Salvo que lo tomes durante un ejercicio intenso, este exceso de carburante será almacenado (lo que fomentará varias complicaciones, como enfermedades del hígado y acumulación de masa grasa) en lugar de procurarte una energía estable y duradera.

Además, en un zumo de naranja no solo tomas una pieza de fruta. En un vaso grande, ingieres entre cuatro y ocho naranjas: ¡eso es mucho azúcar!

Conclusión: un zumo de fruta, exprimido por uno mismo o no, no forma parte de una alimentación saludable; es un «extra» que debe consumirse de forma muy ocasional (además, es muy ácido y podría dejarte un aliento de chacal: tus compañeros me lo agradecerán).

En la práctica

Toma un marcador fluorescente y subraya los alimentos (a continuación) que ahora mismo consumes habitualmente. Te invito a descubrir un nuevo alimento cada semana, sobre todo, si hay muchos que no has probado o solo en contadas ocasiones. Pregunta a tus amigos qué platos cocinan más a menudo e intercambia recetas. Descubre nuevas culturas y aprende las virtudes de sus recetas y recuerda una regla importante: en cada comida, ¡la mitad de tu plato debe estar compuesto por verduras!

Atención: las raciones que ofrezco son, evidentemente, a título ilustrativo. Se han incluido a partir de las recomendaciones científicas más reconocidas y óptimas para nuestra salud.[4] Sin embargo, debes adaptarlas a tu situación personal y ser flexible. Cada uno de nosotros es una persona única.*

* Algunas personas deben seguir un régimen sin gluten, sin lactosa, sin FODMAP... ¡y un largo etcétera! Esto se establece después de análisis médicos serios y rigurosos y del seguimiento exhaustivo de un médico (idealmente vinculado al entorno de un hospital universitario), porque todos los regímenes restrictivos deben planificarse con inteligencia para evitar riesgos.

Verduras de hoja verde y crucíferas, sobre todo, las de color verde oscuro

≥1 porción al día

Un gran puñado de verduras de hoja verde (crudas) o un gran puñado de crucíferas (crudas)

Peso crudo: entre 80 y 100 g al día

Puedes empezar por añadir un pequeño puñado de verduras de hoja verde en cada comida y consumir crucíferas varias veces a la semana. Elígelas frescas y de agricultura local o congeladas. En tu plato, mezcla hojas de ensalada y arbolitos de brócoli. Escoge verduras de hoja verde y crucíferas de colores intensos, vibrantes o verde oscuro, que a menudo es señal de un alto contenido en nutrientes, como la clorofila. Las de color verde oscuro, o incluso verde violeta o directamente violeta (como el *kale* morado, el romanesco púrpura o la lechuga morada) contienen ciertos fitonutrientes, como las antocianinas, que son poderosos antioxidantes. Evita la lechuga iceberg, pues contiene muchos menos nutrientes esenciales.

Las crucíferas, a menudo olvidadas, son alimentos protectores de nuestra salud, en especial, contra el declive cognitivo.[5] Son una fuente de sulforafanos, que podrían ser beneficiosos contra el declive cognitivo y otras patologías como el cáncer, y también son ricas en isotiocianatos, que podrían permitirnos luchar contra el estrés oxidativo de una manera eficaz.

Ejemplos

Acelga, brócoli y cualquier tipo de col (col china o *pak choi*, coliflor, col rizada, *kale*, colinabo, coles de Bruselas...), berro de agua, endibia, espinaca, canónigos, lechuga, hojas (de remolacha, nabos, rábanos), hojas con tallo (*mizuna*, mostaza, wasabi), brotes tiernos variados, verdolaga, rábano picante, rúcula, lechugas variadas (de todo tipo, salvo la iceberg).

Total de verduras variadas

≥4 porciones al día
Un gran puñado (crudo)
Peso crudo: al menos entre 400 y 600 g al día

Este total incluye las verduras verdes y las crucíferas. La cantidad de verduras se puede aumentar e, idealmente, debe constituir la mitad del plato. Esto es fácil de conseguir. Basta con consumir al mediodía un plato compuesto por un buen puñado de hojas de ensalada y brotes tiernos variados, medio aguacate y un huevo escalfado encima de una tostada de pan de semillas rico en fibra y proteínas, todo ello acompañado de un poco de salsa que haya sobrado del día anterior encima de una mezcla de quinoa y garbanzos, por ejemplo. Mi salsa preferida es una *putanesca* aún más variada: tomates, alcaparras, anchoas, olivas verdes y negras y todas las verduras que tenga al alcance de la mano. Personalmente, al mediodía aún suelo comer más vegetales: ¡mis platos son verdaderos arcoíris!

Las féculas no se incluyen aquí. Son los vegetales que contienen más glúcidos digeribles (almidón) y menos glúcidos no digeribles (fibra, que aporta poca o ninguna energía), como las patatas, los boniatos, las chirivías, la yuca... Estas verduras no son nocivas, pero deben consumirse en menor cantidad que las verduras no feculentas debido a su alto contenido en almidón y su menor presencia de fibra. Procura consumir menos de un pequeño puñado al día. Además, evita cocinarlas en puré o cocerlas demasiado: una patata al dente tiene un índice glicémico menos elevado que una patata cocida y aún menos que un puré de patatas.

A ser posible, escoge verduras frescas, de agricultura local y de temporada. Si es necesario, pueden ser verduras congeladas si te resulta más práctico y no tienes nada en la nevera. Intenta tener siempre en tu congelador verduras congeladas y, en las alacenas, salsas de tomate y tomates triturados o pelados sin aditivos ni azúcares añadidos, para cocinar en un momento salsas deliciosas y agradables con verduras y otros alimentos. Yo suelo tener salsas hechas a base de verduras y algunas verduras congeladas para poder preparar un plato rápido.

Varía la cocción y los aliños (crudo, fermentado, al vapor, wok, a fuego lento...). Los caldos, sopas y potajes de verduras y los zumos de verdura prensados en frío y consumidos al momento pueden formar parte de una alimentación equilibrada. Pero, salvo contraindicación médica, no deben consumirse de forma exclusiva, como ya habrás comprendido.

Los cereales integrales, nada o mínimamente procesados y no refinados

≥2 porciones al día
Un puñado (cocido)
Peso cocido: entre 200 y 225g; peso crudo: en torno a 75g

La cantidad diaria corresponde, por ejemplo, a dos finas rebanadas de pan Feed Your Brain® (véase mi receta a través del siguiente código QR) y uno o dos pequeños boles de cereales o pseudocereales, como quinoa al mediodía y arroz completo por la noche.

(En francés)

Se trata aquí de cereales no refinados, mínimamente transformados. Elige el cereal más integral posible, sin triturar o lo menos molido posible. Así, opta por la avena molida en bruto y no por los copos de avena instantáneos, o por el arroz negro, integral o completo y no por el arroz blanco o una sémola de arroz blanco, por ejemplo. Nos ocupamos de las harinas en la pág. 190.

Estas porciones incluyen la mezcla de cereales mínimamente procesados de una granola casera sin azúcares, con, por ejemplo, trigo sarraceno, quinoa o avena. También se incluyen los cereales integrales o triturados presentes en el pan Feed Your Brain®, en un tipo de pan paleo elaborado a partir de alimentos integrales o en un *pumpernickel*, que contiene una gran proporción de granos integrales no refinados, idealmente con el cien por cien de masa madre en fermentación larga (véase pág. 190).

¡Ve más allá del trigo! Busca la diversidad. En primer lugar, limita el trigo moderno (por ejemplo, en el pan blanco, las pastas, las *pizzas*...) y opta por trigos antiguos, como la espelta, la escanda menor, el *kamut*, el trigo de Jorasán, trigo *poulard*, el Montagnac o el llamado trigo de los faraones. En general, estas variedades ofrecen ventajas nutricionales superiores, a la vez que son potencialmente más toleradas por las personas sensibles al gluten. Estos trigos ancestrales implican un riesgo menor de alteración de la permeabilidad intestinal y de inflamación de bajo grado.

Esta sección no incluye los productos a base de cereales refinados (pasteles, pan de molde, pan blanco sin corteza, cereales industriales para el desayuno, granola industrial con azúcar y aditivos).

Ideas para el consumo

En un bol de *poke*, sustituye el arroz blanco por arroz integral o quinoa; elimina el azúcar y los frutos secos de la granola o prepárala en casa; elige un mejor pan (pág. 190); sustituye la sémola o el *bulgur* por sémola de escanda menor o por espelta entera; sustituye los copos de avena instantáneos por avena entera...

Descubre diferentes cereales bajo diferentes formas: calientes en *risotto*, en panes tipo paleo, en tortitas (por ejemplo, de trigo sarraceno), en ensaladas completas, en forma de gachas o de barritas energéticas caseras. Mézclalos para aumentar su diversidad y su textura. Opta por la cocción al dente y evita la mayoría de los purés de cereales, por las mismas razones anteriormente mencionadas en relación con las verduras feculentas.

Antes de utilizarlos, enjuaga con abundante agua los cereales integrales. En cuanto a mí, los pongo en un recipiente, los sumerjo en agua, remuevo con una cuchara y enjuago hasta que el agua está clara. Esto permite eliminar contaminantes potenciales y antinutrientes, como los fitatos, que en general están adheridos a los granos (tanto en los cereales como también en las legumbres, los frutos secos y las semillas). Estos antinutrientes pueden limitar la absorción de otros nutrientes esenciales presentes en tu comida y provocar trastornos gastrointestinales. También puedes poner a remojo los cereales uno o dos días antes; basta con meterlos en un recipiente lleno de agua. Tiene los mismos beneficios que el enjuague, pues permite iniciar el proceso de germinación y aumentar el contenido en ciertos nutrientes a la vez que reduce de manera importante el tiempo de cocción de los cereales. El remojo y la germinación también permiten mejorar su digestibilidad y, por lo tanto, el bienestar gastrointestinal.

Las porciones indicadas no se aplican a los cereales refinados. Por lo tanto, aquí no hablo de la pasta ni de los panes elaborados con harina refinada; estos alimentos deben consumirse con moderación, es decir, no en todas las comidas, y deben ser, siempre, opcionales. Hay que evitar los productos a base de cereales muy refinados (pasteles, pan de molde, pan blanco sin corteza, cereales industriales para el desayuno...).

Aunque haya que limitar el aporte de cereales refinados, si los consumes, reduce los cereales integrales. Por ejemplo, si comes pasta, no añadas cereales integrales. Además, limita el consumo de glúcidos y evita añadir porciones en la misma comida: por ejemplo, si comes manzanas o pasta, ¡no añadas un pedazo de pan! Si tomas una comida a base de cereales refinados, añade legumbres o frutos secos y semillas para mejorar su calidad nutricional. Por ejemplo, incluye garbanzos y almendras tostadas en tu cuscús o lentejas negras a tu plato de pasta, además de verduras variadas.

En general, los cereales necesitan un tiempo de cocción inferior al de las legumbres. Sin embargo, si no te apetece hacerlo o no tienes energía o tiempo, puedes comprar bolsitas de cereales precocidos (por ejemplo, cien por cien quinoa, y no mezcla de quinoa y sémola). Comprueba que no contienen aditivos (ni azúcar..., ¡te sorprendería!). Procura enjuagarlos con agua abundante, aunque ya estén cocidos, para eliminar una parte del almidón liberado en el agua si los cereales están remojados en su envase; a continuación, añádelos a tu plato.

Cocina los cereales, igual que las legumbres, en grandes cantidades y consérvalos de uno a tres días en la nevera para añadirlos a tus platos de una forma fácil y rápida.

Ejemplos

Avena, espelta, fonio, *kamut*, maíz, mijo, cebada, quinoa blanca, quinoa marrón, quinoa roja (cada cereal existe en diferentes formas), arroz (no arroz blanco refinado), trigo sarraceno, centeno, sorgo, *teff*, amaranto, cañihua, *einkorn*, *emmer*, trigo farro, *freekeh*, Jorasán, mijo perla, escanda menor...

Las legumbres, poco o nada procesadas

≥1 a 2 al día

Un puñado (cocido)

Peso cocido: entre 50 y 200 g al día, en función de tu capacidad para digerirlas

Introduce de forma progresiva las legumbres, hasta consumir en torno a 200 g (peso cocido) al día. Esto equivale, por ejemplo, a unas cucharadas de guisantes al mediodía y un pequeño bol de lenteja coral en un *dhal* por la noche. También puedes encontrarlas en el pan Feed Your Brain® (véase mi receta a través del código QR de la pág. 213).

Si así lo deseas y si las digieres sin molestias, puedes consumir más, sobre todo, si eres vegetariano o vegano. Si te cuesta digerirlas, además de introducirlas poco a poco, procura enjuagarlas bien o incluso dejarlas en remojo o ponerlas a germinar. Busca aquellas que toleres mejor y añádelas en primer lugar y de forma progresiva a tu alimentación. Consumirlas bien cocidas, incluso en forma de cremas (por ejemplo, el humus) o recurrir al *tempeh* y al tofu, también puede favorecer la digestión.

Compra legumbres poco o nada procesadas. En esta categoría de alimentos, también se incluyen y se recomiendan los productos a base de soja.

Comprueba la lista de ingredientes de los purés de legumbres que compras (por ejemplo, el humus) para elegir el de mejor calidad, sin aditivos como azúcar, emulsionantes o aceites poco saludables. Entre las legumbres, se recomienda consumir productos a base de soja de una a tres veces por semana, como en Japón: los *edamames* son, como el *tempeh* o el tofu, ricos en isoflavonas, valiosos fitonutrientes. Te veo poner una mueca al pensar en el tofu, pero te aseguro que es muy fácil de cocinar. También puedes mezclarlo con salsas o cremas.

Aperitivos saludables

Guarda frascos de altramuces y *edamames* en el congelador para cuando tengas un antojo. Puedes sazonar los *edamames* con especias. ¡Es un aperitivo delicioso, rico en fibra y proteínas!

Ciertas legumbres necesitan un tiempo de cocción largo. Si no tienes energía, ganas o tiempo, compra legumbres precocidas en conserva para añadirlas a cada comida. No olvides enjuagarlas con agua en abundancia, aunque ya estén cocidas, para retirar una parte del almidón. Como en el caso de los cereales, enjuaga las legumbres o ponlas en remojo uno o dos días antes.

Cocina las legumbres en grandes cantidades y consérvalas de uno a tres días en la nevera para añadirlas en tu plato de una forma fácil y rápida.

Ejemplos

Habas, judías *flageolets*, judías *azuki*, judías blancas, judías *borlotti*, judías *mungo* (o judías *urd*), judías negras, judías pinto, lentejas coral, lentejas negras, lentejas verdes, guisantes partidos, garbanzos, garbanzos negros (*kala chana*), garbanzos verdes (*chana dal*), guisantes de Lima, tirabeques, soja (*tempeh*, tofu)...

Las frutas

= de una a cuatro porciones al día
Un pequeño puñado (crudo)
Peso crudo: entre 100 y 400 g al día

Una porción equivale a una manzana pequeña. Intenta consumir de una a dos porciones de frutas frescas (no secas, porque el contenido en azúcar por gramo es mucho más elevado y tendemos a comer más) al día (no bajo la forma de zumo o *smoothie*), ecológicas, de agricultura local, lo más frescas posible y de temporada (o congeladas). De un modo general, evita cocinarlas para no elevar su índice glicémico.

Puedes consumir una o dos porciones extra, por ejemplo, hasta los 400 g como máximo, si tu alimentación es poco azucarada y no padeces trastornos metabólicos (prediabetes, diabetes u obesidad). Como es obvio, aunque tengas un trastorno metabólico y tu alimentación sea occidental y azucarada, siempre es conveniente sustituir los alimentos ultraprocesados por frutas, aunque eso signifique comer un poco más cada día.

Consume las frutas más azucaradas con moderación y opta por las frutas no demasiado maduras, que tienen un índice glicémico más bajo.

Después de la comida, si quieres acabar con una nota azucarada

Opta por una onza de chocolate negro y una fruta en lugar de un *snack* ultraprocesado. Si no te satisface, toma uno o dos dátiles o ciruelas secas. Si necesitas un postre, busca opciones sanas, como un pequeño pudin de chía y lino (o un pequeño bol de yogur) y añade, en el momento de consumirlo, algunos trozos de plátano congelado y de chocolate negro en virutas (¡es delicioso!).

Si tienes frutas maduras y eres consciente de que no podrás consumirlas a tiempo, córtalas en pedacitos y consérvalas en el congelador. Cuando te apetezca algo dulce, podrás inclinarte por esta opción más sana y fácil de preparar. Por ejemplo, puedes mezclar plátano congelado con un poco de agua y cubitos de hielo y añadirle fresas congeladas o cacao, un poco de mantequilla de cacahuete y un *shot* de expreso. ¡Un postre delicioso! Añade algunas semillas crujientes por encima. *Healthy pleasure!*

Asimismo, consume frutas exóticas con moderación por razones ecológicas, porque suelen contener más azúcar y también (para quienes cuidan más de su salud que de la del planeta, aunque las dos están relacionadas) porque el contenido en vitaminas puede disminuir durante el transporte y el largo almacenamiento. Toma las frutas con la piel, así son más ricas en fibra y polifenoles, lo que permitirá nutrir tu microbioma y reducir el índice glicémico; en este caso, ¡opta por las ecológicas y, en cualquier caso, lávalas bien!

Ejemplos

Frutas más azucaradas: dátil, uva, mango, plátano muy maduro.

Frutas con carga glicémica elevada: piña, plátano, uva, mango.

Frutas con índice glicémico elevado: sandía, piña, plátano muy maduro, uva, mango, papaya.

Frutas menos azucaradas: aguacate, frambuesa, mora, fresa, arándano rojo, limón, lima, ruibarbo.

Frutas con carga glicémica baja: sandía, frambuesa, mora, fresa, arándano, aguacate, pomelo.

Frutas con índice glicémico bajo: aguacate, cereza, pomelo, frambuesa, mora, fresa, manzana, pera, ciruela.

Frutas con mayor contenido en polifenoles: bayas rojas (arándano salvaje, *açaí*, saúco), granada, fresa, frambuesa, mora, cereza, manzana con piel, uva roja y negra, ciruela.

Los frutos secos

≥1 porción al día

Un pequeño puñado que cubra el hueco de la mano sin desbordarlo (crudo)

Peso crudo: entre 25 y 50 g

Evita los frutos secos ahumados, asados o tostados porque la exposición a mucho calor desnaturaliza sus valiosas grasas. Evita también los frutos secos salados o azucarados. Opta, en cambio, por los naturales y sazónalos en casa para controlar el añadido de aditivos. Crea mezclas de tu agrado. Sustituye los tentempiés a base de *snacks* ultraprocesados por un pequeño puñado de frutos secos, que también puedes tomar como aperitivo en lugar de las patatas fritas.

Esta recomendación (y los consejos asociados) incluye tanto los frutos secos enteros como las cremas. Si compras estas últimas, comprueba que hayan sido molidas en frío y que no tengan aceites añadidos ni otros aditivos. Puedes consumirlas sobre una rodaja de pan o una cucharadita (puré de cacahuetes) en un bol de yogur o de pudin de chía, por ejemplo.

Si quieres quitar la piel (nueces, almendras...), puedes enjuagarlos o ponerlos en remojo durante uno o dos días antes de pelarlos. Esto permite eliminar ciertos antinutrientes, como los fitatos, y mejorar su digestibilidad. Sin embargo, en todos los casos, y al margen de las modas que circulan en las redes sociales, siempre es mejor consumir los frutos secos con la piel que no consumirlos. Personalmente, nunca les quito la piel (pero enjuago y pongo en remojo los cereales y los frutos secos, porque no me supone ningún esfuerzo).

Ten siempre reservas de frutos secos variados en tarros visibles en tu cocina. Son bonitos y te invitará a comerlos en lugar de lanzarte sobre una bolsa de patatas fritas que no disminuirá tu apetito, al contrario que los frutos secos, ricos en fibra y proteínas (y en otros muchos nutrientes esenciales para tu salud, incluida la de tu cerebro).

¡Dos nueces de Brasil al día!

Si tu alimentación es principalmente vegetariana, tomar tan solo dos nueces de Brasil al día te suministra el aporte óptimo en selenio, un oligoelemento fundamental para nuestra defensa contra el estrés oxidativo.

Las nueces comunes se parecen a pequeños cerebros y son ricas en ácidos grasos omega-3. Cómpralas con la cáscara para que conserven todas sus propiedades.

Otros posibles ejemplos: nueces pecanas (si es posible, frescas), anacardos, almendras, avellanas, pistachos, piñones, nueces de Brasil, nueces de macadamia, cacahuetes...

Existen bebidas vegetales a base de diversos ingredientes: legumbres (soja, guisante...), cereales (arroz, espelta...) y también frutos secos (almendra, avellana...). Pueden ser interesantes para preparar bebidas con especias (cacao especiado, *chai*, *matcha*...) o para acompañar el café. A título personal, me gustan mucho. Pero no sustituyen el aporte de frutos secos enteros mencionado anteriormente.

Atención: elige una bebida vegetal sin azúcares añadidos ni aditivos perjudiciales para tu salud y tu microbioma, como los emulsionantes. Comprueba la tabla de composición nutricional y compra la que tenga mayor contenido en proteínas y menor contenido en glúcidos (y, sobre todo, en la categoría «de los cuales, azúcares...»). Esto varía mucho en función de las marcas. Algunas diluyen mucho el ingrediente y añaden aditivos para conseguir el color y la consistencia deseados por el consumidor, ¡y su producción es más económica!

Las bebidas vegetales con más proteínas (en orden decreciente) son: soja, guisante, cáñamo, almendra y anacardo.

Las bebidas vegetales normalmente menos azucaradas son: coco, avena, arroz y espelta.

Los frutos rojos

≥2 porciones a la semana
Un puñado (crudo)
Peso crudo: entre 100 y 400 g por semana o más

Los frutos rojos, al ser delicados y no tener cáscara, están más expuestos a los pesticidas. Opta por los ecológicos y lávalos con cuidado con agua limpia. Consume frutos rojos de agricultura local y de temporada (si no, congelados): a menudo esto reduce la necesidad de tratamientos intensivos relacionados con el transporte o largos periodos de conservación.

Ejemplos

Açaí, arándano rojo, grosella negra, cereza, fresas, frambuesa, grosella roja, mora, arándano y, sobre todo, arándano silvestre...

Las setas

≥3 porciones a la semana

Un gran puñado (crudo)

Las setas no forman parte ni del reino animal ni del vegetal, sino que forman un reino propio. Aportan muchos componentes beneficiosos en función de las variedades, como antioxidantes o vitamina D. Además, ¡son una fuente suplementaria de proteínas! Se dice que algunas son «mágicas» y contienen psilocibina, cuya estructura se asemeja mucho a la de la serotonina, cada vez más utilizada por la investigación médica para tratar diversos trastornos de salud mental, desde la depresión al síndrome de estrés postraumático. ¡La naturaleza es maravillosa! Hoy sabemos que un consumo frecuente de setas (¡comestibles y no mágicas!) se asocia a una reducción del riesgo de demencia en el ser humano.[6] Puedes comprar las setas crudas o liofilizadas y consumirlas crudas o cocinadas, ya que la cocción apenas degrada sus muchas moléculas beneficiosas (evita los complementos alimenticios a base de setas, la investigación aún no justifica su consumo de una forma seria). Aportan un sabor umami a las comidas y pueden dar la impresión de comer carne. Las encontrarás en mi receta de pasta y lentejas a la boloñesa vegana (a través del siguiente código QR).

(En francés)

Otra de mis recetas preferidas son las setas con salsa de salvia. Si quieres obtener tu dosis de vitamina D, opta por las setas que han crecido bajo el sol ¡y no las peles!

Ejemplos

Champiñón de París, boletus, rebozuelo, seta de ostra, colmenilla, *shiitake*, *enoki*, *maitake*, lengua de vaca, chantarella amarilla, níscalo, pie azul, champiñón silvestre, seta negra, trompeta de la muerte, *Amanita caesarea*...

Los aceites de oliva, colza y otras buenas grasas vegetales

≥3 al día

Cucharada sopera (1 o 2 por comida)

Elige un aceite de oliva extra virgen prensado en frío y utiliza este aceite de forma preferente para cocinar hasta los 180 °C. Los aceites no deben humear ni crepitar, porque esto indica que se han calentado a una alta temperatura y que pueden desnaturalizarse y convertirse en agentes prooxidantes para tu organismo.

El sabor naturalmente picante o especiado del aceite de oliva se debe, sobre todo, a su contenido en ciertos componentes fitoquímicos, como los polifenoles, de virtudes antioxidantes, entre ellos, el oleocantal, conocido por provocar una sensación de picor en la garganta. Elige un aceite de oliva con un sabor fuerte e intenso si lo prefieres así.

Conserva los aceites protegidos de la luz y a una temperatura fresca (15-20 °C) y minimiza su exposición al aire cerrando bien las botellas después de cada uso. Consúmelos rápidamente; si no es así, compra envases pequeños. Evita conservar los aceites abiertos más de seis meses en tu alacena. Opta por el aceite de colza no refinado y prensado en frío. Aliña preferentemente con una mezcla de aceite de oliva y aceite de colza. También puedes utilizar aceite de lino, nuez, cáñamo o camelina, pero solo para el aliño, porque son muy ricos en ácidos grasos poliinsaturados y, sobre todo, en omega-3. Atención: cuando estos últimos se exponen a la luz, a una temperatura potencialmente elevada y, sobre todo, al oxígeno, pueden cambiar de forma. En consecuencia, compra aceite en pequeñas cantidades, en botellas de vidrio de color oscuro y consérvalas protegidas de la luz y en un lugar fresco. Elígelos de la mejor calidad y no refinados y consúmelos en los dos meses posteriores a la compra, porque se oxidan más rápido que el aceite de colza y de oliva, y nunca los sometas a cocción. Personalmente, ya no los compro, pues prefiero los alimentos enteros. El aceite de oliva y el de colza me bastan, ya que soy consciente de que las buenas grasas oxidadas hacen más mal que bien.

Las hierbas frescas y secas y los brotes germinados

≥1 porción al día

Cucharada sopera

Añádelos al menos en una comida al día. Prueba nuevas recetas. Por ejemplo, me encanta añadir verbena a una ensalada de frutas de verano, estragón a una ensalada de melocotones y *burrata*, menta a una ensalada griega o albahaca (y pimienta) a una ensalada de frutos rojos. Preparo ensaladas de tabulé de hierbas con menta, cilantro y perejil, ricas salsas con tomillo y laurel y espolvoreo perejil picado, muy rico en vitamina C, en el momento de servir.

Ejemplos

Hierbas: eneldo, albahaca, perifollo, cebollino, cilantro, berro, estragón, hinojo, laurel, mejorana, melisa, menta, cebolla tierna, orégano, acedera, perejil, romero, ajedrea, salvia, tomillo, verbena...

Brotes germinados: alfalfa, brócoli, hinojo, mostaza, puerro, rábano...

Las semillas

≥1 porción al día

Una cucharadita

Las semillas son muy ricas en diversos nutrientes, como en fibra, ácidos grasos omega-3, zinc o hierro. ¡Consumirlas en grandes cantidades marca la diferencia! Añádelas a cualquier tipo de platos: tostadas (solo unos segundos) en tus ensaladas y sopas, frescas en tus yogures y tostadas, en barritas energéticas caseras, en *crackers* saludables... Prepara pequeños púdines de chía y de lino, que mejoran tu tránsito intestinal, o pan con *psyllium*, una fibra soluble procedente de las semillas y a menudo consumida en forma de polvo. Estas fibras absorben el agua y forman un gel en el intestino que ayuda a regular el tránsito: en caso de estreñimiento, pueden ablandar las heces y facilitar su paso; en caso de diarrea, pueden espesarlas. Observa si te resulta conveniente y no superes una cucharadita de *psyllium* al día, ya que, como comprobarás, su efecto es bastante impresionante.

Me gustan en especial las semillas de lino molidas por su contenido en omega-3; las muelo yo misma y las conservo en un recipiente hermético en el congelador (o en la nevera durante algunos días), porque se oxidan con mucha rapidez. Por eso, te aconsejo evitar las semillas de lino ya molidas que venden en las tiendas. Las semillas de chía también son una buena fuente de omega-3, además de tener un gran sabor en mis pequeños púdines.

Ejemplos

Semillas de lino, chía, cáñamo, sésamo, amapola, girasol, calabaza (o pepitas de calabaza), mostaza, quinoa, mijo, eneldo, alcaravea, comino, hinojo, neguilla, cilantro...

Las especias

≥1 porción al día

Una cucharadita

Procura añadir especias al menos a una comida al día. Personalmente, me encantan las especias mexicanas para sazonar las legumbres o un aguacate, el *zaatar* para las verduras asadas al horno y la canela y las virutas de cacao para los postres y desayunos. Añado especias al café (canela y cacao), al té (en un *chai*, o vainilla en un *matcha latte* con una bebida vegetal), bayas rosas en el ceviche o eneldo a un tartar de pescado crudo con cítricos.

Varios estudios avalan el interés de consumir especias. Por citar un ejemplo, un estudio en concreto ha mostrado que un consumo diario de especias superior a 3g al día permite reducir ciertos marcadores inflamatorios.[7] Otro estudio, realizado por el mismo grupo de investigadores, demostró que añadir 6g de especias a una comida rica en azúcares y grasas saturadas reduce la respuesta inflamatoria a esa comida.[8] Además, ¡está delicioso!

Ejemplos

Anís estrellado, bayas rosas, canela, cardamomo, alcaravea, clavo de olor, cilantro (semillas), jengibre, comino, cúrcuma, mostaza, nuez moscada, pimentón, chile (en copos, de Cayena, de Espelette), pimienta (cuatro bayas, negra, blanca...), azafrán, vainilla...

Y también cacao crudo (no azucarado) y chocolate negro (¡con al menos un 70 % de cacao!).

Buena noticia: ¡el chocolate está incluido en esta categoría! Elige un chocolate negro con poco o nada de azúcar y puedes consumir una onza después de cada comida (de una a tres al día).

Un buen chocolate

Opta por un chocolate con un porcentaje elevado de cacao, al menos el 70 % o más (si no te gusta, aumenta de forma progresiva el contenido en cacao, a lo largo de varios años, como hice yo, y acabará por gustarte el chocolate al 85 %). Cuanto más elevado es el porcentaje de cacao, más flavonoides contiene, que son antioxidantes beneficiosos para la salud.

Escoge el chocolate o el cacao crudos y el que tenga el contenido más bajo en azúcar, sin leche ni crema. Evita los que contienen aceites vegetales añadidos y aditivos industriales (emulsionantes, colorantes, edulcorantes...). Personalmente, adoro el de avellanas, que incluye una fuente de fibra y de proteínas suplementaria. Prioriza los que tienen un origen y una trazabilidad ética y ecorresponsable.

Los amantes del chocolate dirán que es una herejía, porque consumirlo frío disminuye el sabor y sus complejos aromas, pero siempre tengo una tableta de chocolate al 90 % para picarla y añadirla a los yogures y los púdines de chía para obtener un resultado extracrujiente. Se encuentra con mucha facilidad; para mis bebidas, prefiero el cacao en polvo cien por cien.

Los alimentos probióticos

≥1, hasta 6 o más al día

Bocado o sorbo

Intenta incorporar algunos bocados o sorbos de alimentos probióticos en tu alimentación cotidiana. Basta con un yogur en el desayuno, algunos bocados de *kimchi* a mediodía o una pequeña sopa de miso tibia por la noche.

Los alimentos ricos en probióticos nutren tu intestino no solo con bacterias vivas, sino también con levaduras. Muchos estudios han demostrado su eficacia para mejorar la diversidad del microbioma y otros aspectos de la salud. En uno de ellos, los participantes consumieron seis o más porciones de productos fermentados al día y se beneficiaron de una reducción muy prometedora de ciertos marcadores inflamatorios.[9]

Elige probióticos sin aditivos ni azúcares añadidos tras la fermentación. Es normal encontrar una pequeña cantidad de azúcar en los ingredientes, pues sirve para desencadenar el cultivo de bacterias, y esto suele estar indicado con claridad. Deben ser no pasteurizados, pues la pasteurización mata las bacterias y disminuye las ventajas para la salud. Toda esta información aparece en la etiqueta de los productos. En algunos casos, se mencionan las cepas presentes en el alimento (por ejemplo, en el yogur, *Lactobacillus bulgaricus* o *Streptococcus thermophilus*).

Si lo deseas, puedes realizar tus propios cultivos de alimentos probióticos en casa. Es fácil encontrar recetas en internet. ¡Es divertido, incluso para los adultos con alma infantil! Pero conviene extremar las precauciones: trabaja en un entorno limpio y sigue todas las recomendaciones. Un pequeño secreto: una vez volví a casa de las vacaciones y me encontré gusanos y moscas en mi *scoby* de *kombucha*... (¡ups!).

La masa madre también es un pequeño cultivo de microorganismos presentes en tu cuerpo, en tus manos y en tu harina. Aunque desaparecen después de la cocción del pan, la masa madre tiene muchas virtudes (véase pág. 191).

Ejemplos

Fuente vegetal: verduras lactofermentadas (zanahorias y jengibre, col y especias estilo *kimchi*, ciertos pepinillos, chucrut), *tempeh*, miso, *kombucha*, kéfir de frutas, *kvas*...

Productos lácteos: yogur, queso *cottage*, kéfir, *lassi*, suero de mantequilla (suero líquido o lecha batida)...

Las algas

Algunos gramos al día bajo la forma de condimento o algunas veces a la semana en forma de tartar o de ensalada de algas

Las algas que crecen en el mar son excepcionalmente ricas en yodo, un nutriente esencial para la salud. Por desgracia, diversas poblaciones, entre las que nos contamos (incluso en individuos que viven cerca del mar), experimentan una alarmante carencia de yodo, que tiene graves efectos sobre el cuerpo y el cerebro. Las implicaciones de la falta de yodo abarcan la salud de la tiroides, la salud cognitiva, el desarrollo del cerebro (con una reducción notable del coeficiente intelectual) y el aumento del riesgo de cáncer.[10] Al contrario que los suplementos de yodo, que solo acostumbran a tener una forma de esta sustancia, las algas marinas presentan muchos tipos de yodo bajo formas naturales y biodisponibles.

Sin embargo, cuidado con su posible contaminación por diversas sustancias tóxicas; es esencial elegir algas procedentes de productores responsables, que comprueban rigurosamente sus productos para garantizar que están libres de mercurio y de otros contaminantes. Las algas procedentes de zonas contaminadas pueden poner en riesgo la salud. Personalmente, me proveo gracias a productores bretones, que garantizan una composición natural y certificada, para asegurarme de consumir un producto sano y rico en yodo sin el riesgo de metales pesados.

Ideas para consumirlas

Me gusta añadir las algas en pequeños trozos a una ensalada (pasan desapercibidas). Me encanta el tartar de algas en una tostada. Algas rehidratadas sazonadas con semillas de sésamo, un poco de aceite de sésamo, copos de chili y unas gotas de soja ¡y ya lo tienes!

Ejemplos de algas: *kombu* (muy rica en yodo, una hoja del tamaño de una uña puede bastar), *wakame* (para añadir en sopas o ensaladas), *dulse* (para consumir en forma de chips o espolvoreada en los platos), *nori* (para envolver el *sushi* o para picar tal cual), *hijiki* (para rehidratar y mezclar con platos calientes)...

En resumen

Aumenta de manera progresiva el número de alimentos vegetales diferentes que consumes a la semana. Si ahora estás por debajo de diez, intenta llegar a ese número. A continuación, añade uno a la semana hasta llegar a treinta. En cuanto hayas alcanzado esta cifra, ¡intenta consumir cinco colores distintos cada día! Aprovecha los mercados del domingo para abastecerte de productos locales; es una actividad relajante. Lleva a tus hijos para que descubran buenos productos; toma un café con un amigo en la plaza del mercado. Y organiza un poco tu cocina para limpiar las verduras, enjuagar o poner en remojo los cereales y las legumbres y cocerlos en grandes cantidades para toda la semana.

Las verduras

- Opta por productos frescos y locales o congelados, de colores vibrantes, ricos en fibra y polifenoles.

- Evita las opciones pobres en nutrientes, como la lechuga iceberg o los sempiternos bastoncillos de pepino.

Los cereales y las legumbres

- Para consumir cada día de la forma menos procesada posible.
- Combina y varía para un aporte equilibrado de proteínas.

Las frutas

- Consume de una a dos porciones de frutas frescas y de origen local o congeladas, cada día, con al menos dos porciones de frutos rojos a la semana (ecológicos o congelados).

Los frutos secos y las semillas

- Consume entre 25 y 50 g de frutos secos al día, con dos nueces de Brasil por el selenio si eres vegetariano o vegano, y prioriza las nueces y las semillas de lino o de chía, por los omega-3.
- Añade diariamente semillas de chía, girasol y otras semillas ricas en fibra y nutrientes.

Las setas

- Consúmelas al menos tres veces a la semana.

Los aceites

- Para aliñar y cocinar a temperaturas inferiores a 180 °C, utiliza aceite de oliva virgen extra prensado en frío y aceite de colza sin refinar como aderezo para equilibrar los omega-3. Para las cocciones ocasionales a altas temperaturas, opta por el *ghee*, la mantequilla, el aceite de coco..., que tienen un punto de fusión más elevado.

Las hierbas y las especias

- Varía las hierbas frescas o secas (albahaca, perejil, cilantro, tomillo...) y utiliza especias como la cúrcuma (por ejemplo, en el yogur, con una gota de miel).

Los alimentos probióticos

- Añade al menos un alimento fermentado al día (chucrut, *kimchi*, miso, *kombucha*...).

Las algas

- Descúbrelas e intenta incorporarlas a tu alimentación.

Detalles sobre la cocción y la conservación de los alimentos

La cocción de los alimentos modifica su composición química, aumentando o disminuyendo la disponibilidad de ciertos nutrientes, reduciendo la presencia de compuestos existentes o añadiendo productos químicos ausentes en los ingredientes naturales. Esto se refleja, sobre todo, en los cambios de color. En el caso de ciertas verduras, estos cambios pueden indicar una reducción de algunas vitaminas. Cuando estos alimentos adquieren un color marrón o negro durante la cocción, en general, no es buena señal. Sin embargo, ¿hay que comerlo todo crudo? Hay quienes apuestan por una dieta cien por cien crudívora. Sin embargo, no siempre es lo más interesante para la salud. La cocción mejora la digestibilidad y la absorción de ciertos nutrientes, por ejemplo, de las proteínas, el betacaroteno o el licopeno (¡la salsa de tomate es excelente para tener una bonita piel!).

Pero es cierto que los polifenoles y ciertos minerales y vitaminas, como la vitamina C, son sensibles a la temperatura. Para los alimentos ricos en vitamina C, por ejemplo, es mejor una cocción rápida. Para esta vitamina, la cocción óptima es la de microondas, seguida de la cocción a vapor o una cocción rápida, por ejemplo, pasar un alimento por la sartén o cocinarlo al wok. La cocción que más degrada la vitamina C y los polifenoles es la ebullición. Por lo tanto, cocer rápidamente el brócoli al vapor es lo más interesante, o pasarlo rápidamente por la sartén. Consumir verduras y frutas frescas de temporada y de origen local también es esencial para conservar sus preciosos nutrientes, como la vitamina C. El brócoli que haya pasado cinco días en un camión tendrá menos vitamina C que el que provenga de la agricultura de proximidad. Y, si necesitas conservar más tiempo las frutas y las verduras, congélalas. ¡Yo siempre tengo bolsitas de frutos rojos (arándanos silvestres y otros) en el congelador!

De hecho, los estudios experimentales muestran que la cocción puede modificar el contenido de ciertos nutrientes específicos, pero que eso depende de cada vegetal. La cocción al microondas implica la mayor pérdida de vitamina K en los brotes tiernos o las hojas de amaranto en comparación con los otros tipos de cocción, pero ocurre al revés con las espinacas y las acelgas, que conservan mejor su contenido en vitamina K con este tipo de cocción.[11]

Recuerda, una vez más, que la diversidad es la clave. Toma los tomates crudos (¡de temporada!) con un chorrito de aceite de oliva, aguacate y *mozzarella*; a veces en un *tian* de verduras y otras en una buena *ratatouille*, en la que los tomates se hayan guisado durante un largo rato. Tampoco olvidemos que la diversidad es fundamental para procurar una sensación de recompensa en nuestro cerebro (pág. 63), ¡y este es uno de nuestros objetivos!

En todo caso, evita la cocción a altas temperaturas y, sobre todo, la fritura, que puede aumentar la presencia de compuestos como los producidos por la reacción de Maillard,* que puede dañar las células y contribuir al envejecimiento, incluido el de la piel, y a enfermedades crónicas, además del cáncer. Los ciclos de fritura aumentan de forma progresiva la formación de ácidos grasos trans (véase pág. 198) y de compuestos perjudiciales para la salud.

Consejos para la cocción:

- Utiliza, siempre que sea posible, métodos de cocción a baja temperatura. Estas son las cocciones desde la más baja a la más alta: microondas, cocción al vapor, salteado rápido, en *papillote*, hervido, al horno, fritura con aire (que no es tan *healthy* como los vendedores de *air-fryers* pretenden hacernos creer) y fritura tradicional.
- Respecto a las «grasas buenas», como el aceite de oliva, no las dejes chisporrotear ni humear. Opta por una cocción siempre inferior a 180 °C. Para los pequeños pescados grasos, elige una cocción a una temperatura aún más baja o incluso consúmelos crudos, por ejemplo, en forma de ceviche. Asar una sardina no tiene mucho interés, salvo por el sabor. En cuanto a los huevos enriquecidos con omega-3, mantén la yema líquida: huevos *mollet*, a la sartén, escalfados, etcétera.
- Para las cocciones a alta temperatura, opta por las materias

* La reacción de Maillard es una reacción química compleja que se produce entre los aminoácidos y los azúcares reductores cuando los alimentos se cocinan a altas temperaturas. Esta reacción es responsable del color marrón y del sabor tostado de los alimentos cocinados. Entre estos componentes encontramos acrilamidas, furfurales, aldehídos... La cocción a altas temperaturas puede aumentar la producción de estos compuestos.

grasas resistentes: mantequilla clarificada (o *ghee*), mantequilla, aceite de coco...

- Consume alimentos fritos con moderación. No más de una pequeña porción a la semana, idealmente un consumo lo más cercano posible a 0.
- No tomes alimentos quemados o carbonizados (una tostada negra o carne recubierta de una costra marrón, aunque sea deliciosa...).

Aprovecho para recomendarte encarecidamente que priorices los utensilios y los recipientes de materiales seguros y duraderos, como la madera, el cristal, el acero inoxidable o la cerámica. Estos materiales no solo son respetuosos con el medioambiente, sino que también reducen el riesgo de contaminación de los alimentos por sustancias químicas indeseables. Por el contrario, es preferible evitar los recipientes y utensilios de plástico, incluso los etiquetados «sin BPA», porque pueden liberar microplásticos u otras sustancias tóxicas, sobre todo cuando se calientan.

Evita asimismo las sartenes y los utensilios recubiertos de teflón (u otros revestimientos antiadherentes que contengan PTFE o PFOA), porque estos materiales pueden liberar compuestos químicos nocivos cuando se calientan a altas temperaturas. Si buscas alternativas antiadherentes, piensa en las sartenes de hierro fundido, de acero inoxidable de buena calidad o en las cerámicas modernas no tóxicas.

Por último, da prioridad a los recipientes alimentarios de vidrio o de acero inoxidable para sustituir los de plástico, en particular para almacenar alimentos calientes o ácidos, que pueden favorecer la migración de productos químicos a los alimentos. Estas decisiones son beneficiosas para tu salud y para el medioambiente, ya que limitan los residuos y la contaminación química.

Podría enumerar otras muchas precauciones, pero terminaré así: ¡mantente alerta y no pierdas el sentido crítico! ¡No imaginas hasta qué punto todos los productos que consumimos, tocamos, utilizamos o ingerimos alteran nuestra salud en su integridad, desde el microbioma a la fertilidad, las alergias o la piel seca![12]

Por ejemplo, cuando nos dan un plato o una bebida calientes en un recipiente supuestamente de cartón, pero en realidad de plástico invisible, o cuando compramos alimentos envueltos en recipientes de metal o plástico coloreados (y, a menudo, con aditivos), tenemos que saber que una parte nada desdeñable de los contaminantes que contienen migran a los alimentos y, por lo tanto, a nuestro cuerpo, lo que perjudica la salud.

Cuando utilizas (a veces en exceso, por cierto) productos lavavajillas industriales con listas de ingredientes interminables e incomprensibles, estos compuestos también llegan a tu plato y, de ahí, a tu cuerpo, por lo que acaban afectando a tu salud. La piel seca e irritada y el aumento del número de personas con alergias también parecen favorecidos por el uso de productos industriales para lavar la ropa que respiramos y que entran en contacto con la piel.

Elegir la salud del planeta es también apostar por nuestra salud individual. ¡Toma decisiones duraderas que beneficien el ecosistema global! Opta por alternativas con certificación ecológica o que contengan ingredientes biodegradables. No utilices mucha cantidad de producto y enjuaga correctamente...

2. ¡CÓMETE EL ARCOÍRIS!

Una vez que logres consumir treinta alimentos de origen vegetal diferentes a la semana y que la mitad de tu plato esté compuesto por verduras, proponte un nuevo desafío: ¡consume cinco colores diferentes al día, si es posible! Alimentos enteros y no transformados del reino vegetal. Rojo, naranja, amarillo, verde, azul, violeta, marrón, blanco... Para motivar a tus hijos, pega un cartel en la nevera en el que podrán marcar los alimentos.

¿Qué nos dice la ciencia?

Cada alimento vegetal contiene cientos de compuestos preciosos. Imagina que el color de los alimentos refleja sus superpoderes, su contenido en diversas sustancias. Al comer alimentos de un color, te garantizas un aporte en sus (fito)nutrientes esenciales, lo que permite cultivar un buen microbioma, cuidar el estado de ánimo y mejorar las funciones cognitivas, así como prevenir el declive y las demencias. Te presentamos algunos ejemplos, pero ten presente que hay muchos más:

- Los vegetales rojos y anaranjados son ricos en betacaroteno (precursor de la vitamina A).
- Los vegetales verdeazulados o verde-violetas suelen tener una capacidad antioxidante superior en comparación con las verduras de color verde claro.
- Los vegetales de color violeta-azulado-rojo contienen antocianinas. Se trata de poderosos antioxidantes. Consumirlos cada día puede equivaler a recibir más del 20 % del aporte diario recomendado en antioxidantes.

En la práctica

Este truco visual permite alimentarnos con una gran diversidad de nutrientes, como las vitaminas y los minerales y, sobre todo, indica el contenido de los diferentes fitonutrientes con propiedades antioxidantes, como los preciados polifenoles.

Ejemplos de verduras

Rojo: remolacha (*chioggia*, roja), zanahoria roja, col rizada roja, endibia roja, frijol rojo (legumbre), lechuga roja, cebolla roja, boniato rojo (fécula), pimiento (de Cayena, rojo), rábano rojo, ruibarbo, tomate, tomatillo rojo.

Naranja: zanahoria, col rizada naranja, coliflor naranja, calabaza (*butternut*, *kabocha*, moscada), calabacín naranja, nabo naranja, boniato naranja (fécula), chile naranja, pimiento naranja, *rutabaga* naranja, tomate naranja.

Amarillo: berenjena amarilla, remolacha amarilla, zanahoria amarilla, col amarilla, repollo amarillo, coliflor amarilla, calabaza, calabaza amarilla, calabacín amarillo, maíz (fécula), mostaza amarilla (hojas), nabo amarillo, boniato amarillo (fécula), chile amarillo, guisante (legumbre), pimiento amarillo, rábano amarillo, tomate amarillo.

Verde: espárrago, acelga, *pak choi*, col de Bruselas, col rizada (*kale*), colinabo, repollo verde, pepino, calabacín, berro, espinaca, hinojo, judía verde, lechuga romana, nabo verde, guisante, pimiento verde, rábano verde, rúcula.

Azul: zanahoria azul (muy rara), colinabo azul (raro), maíz azul (fécula), guisante (muy raro), patata (fécula).

Violeta: alcachofa violeta, espárrago violeta, berenjena, albahaca morada, zanahoria violeta, col morada, coliflor violeta, colinabo violeta, endibia morada, maíz violeta (fécula), nabo violeta, ocra violeta, *pak choi* violeta, boniato violeta (fécula), guisante violeta, pimiento violeta, patata violeta (fécula), rábano violeta, tomate morado, tomatillo morado.

Marrón: champiñón, castaña de agua (fécula), cúrcuma, jengibre, rábano (fécula), chirivía (fécula).

Blanco: ajo, alcachofa, espárrago blanco, apionabo, perifollo tuberoso, champiñón, col blanca, coliflor, colinabo blanco, calabaza espagueti, berro, endibia, hinojo, judía blanca (legumbre), jícama, nabo blanco, cebolla, chirivía, puerro, rábano blanco, tupinambo.

Ejemplos de frutas

Rojo-rosa: cereza, membrillo rojo, fresa, frambuesa, granada, grosella espinosa roja, grosella roja, nectarina, melocotón de viña, pera roja, manzana roja, uva roja.

Naranja-amarillo: albaricoque, limón, clementina, membrillo amarillo, *kumquat*, mandarina, mirabel, nectarina, níspero, melocotón, *physalis*, pera amarilla, melón, naranja, uva blanca.

Verde: aguacate, grosella espinosa, grosella verde, kiwi, pera verde, manzana verde, uva verde.

Azul-violeta-negro: grosella negra, higo, mora, arándano, ciruela, endrina, uva negra, saúco.

Blanco: lichi, melocotón blanco, pera blanca, manzana blanca, rambután.

COMBINA LOS NUTRIENTES

¿Qué nos dice la ciencia?

Si combinas los alimentos, sus componentes actuarán en sinergia para una mejor biodisponibilidad y absorción, lo que facilitará su procesado por parte del organismo.

En la práctica

Glúcidos digeribles y fibra

La naturaleza ha empaquetado los glúcidos con la fibra en la práctica totalidad de los alimentos que nos ofrece. Esto permite (además de nutrir nuestro microbioma) ralentizar su absorción, suministrar energía duradera y disminuir su impacto en la glicemia. Sin embargo, en la actualidad, consumimos cada vez más alimentos con una fuente de glúcidos muy refinados e incluso alimentos que contienen azúcares añadidos y poca fibra (o nada). Sabemos que los picos y las caídas de la glicemia afectan al estado de ánimo y a las capacidades cognitivas de manera visible y casi inmediata. Y, de forma invisible, los alimentos con un índice glicémico elevado (y las comidas muy grasas) favorecen una respuesta inflamatoria que debilita poco a poco nuestra salud.

Evita consumir alimentos que provienen de métodos de extracción o de triturado de frutas, cereales o féculas (zumos o *smoothies*, pan blanco o puré de patatas), porque estarás ingiriendo almidón o fructosa sin la preciosa fibra, lo que provocará un pico de glicemia y una caída reactiva más importante.

Podrás acompañar tus buenas fuentes de glúcidos mínimamente procesados con fibra suplementaria para aligerar tu glicemia. Por ejemplo, añade verduras (la mitad de cada comida), cereales, legumbres y frutos secos y semillas. La grasa también permite ralentizar la absorción de los glúcidos. Una salsa con verduras y una pequeña porción de arroz integral está bien, pero con aceite de oliva ¡es aún mejor y está delicioso!

Hierro y vitamina C

Consumir alimentos ricos en hierro no hemínico* (más difícil de absorber para nuestro cuerpo), como las lentejas y las alubias secas, con fuentes de vitamina C, como los pimientos, el brócoli o una ensalada aliñada con zumo de limón, aumenta considerablemente la absorción de hierro.

Vitaminas liposolubles y lípidos

Los lípidos, por ejemplo, presentes en el aguacate o en el aceite de oliva extra virgen prensado en frío pueden mejorar la absorción de vitaminas liposolubles, como las vitaminas A, E, D y K contenidas en las zanahorias, las setas o las verduras de hoja verde. Consumir

* La carne animal es una fuente de hierro hemínico, una forma de hierro mejor absorbida por el organismo que el presente en los vegetales.

tomates (fuente de betacaroteno) o setas (fuente de vitamina D) con aceite de oliva es, por lo tanto, interesante.

En resumen

Consume más de treinta alimentos de origen vegetal a la semana.

Aumenta tu consumo de fibra: incorpora alimentos ricos en fibra, como los cereales integrales, las legumbres y las verduras para nutrir la diversidad microbiana y de tu microbioma.

Opta por los alimentos fermentados: yogur, kéfir, chucrut y *kimchi* aportan bacterias beneficiosas.

Reduce los alimentos ultraprocesados: evita los aditivos, los conservantes y los azúcares refinados que fomentan los microbios menos beneficiosos.

Disfruta de la naturaleza: la exposición a un entorno natural y rural puede enriquecer tu microbioma.

Limita el uso inútil de antibióticos: preserva la diversidad microbiana utilizando estos medicamentos solo cuando sea estrictamente necesario.

Esta es la lista de alimentos que componen la mayoría de tus comidas:

Mitad de verduras
+ Cereales o legumbres mínimamente procesadas.
+ Grasas buenas.
+ Granos o frutos secos y semillas.
+ Hierbas o brotes germinados.
+ Especias.
+ Setas (tres veces a la semana).
+ Productos fermentados (por ejemplo, *kimchi*).
+ A veces, pequeños pescados grasos (dos veces por semana).

+ Opcional, productos de origen animal: carne blanca, huevos, productos lácteos idealmente fermentados y pobres en ácidos grasos saturados y, en raras ocasiones, carne roja magra de pastoreo, enriquecida con omega-3 y ecológica.

Composición del tentempié ideal si sufrimos antojos compulsivos: 1-2 porciones de fruta, un puñado de frutos secos, una onza de chocolate negro, infusión.

ETAPA 7

GESTIONA LOS BAJONES Y LOS ANTOJOS DE LA TARDE

Si eres el tipo de persona que cabecea después del almuerzo y se despierta sobresaltada y avergonzada, que tiene escalofríos y preferiría esconderse bajo las mantas o que está mortalmente aburrida y finge trabajar después de comer, ¡esta etapa del protocolo es para ti!

Somos muchos los que, al empezar la tarde, sufrimos un bajón de energía. A menudo se traduce en cansancio e incluso somnolencia. Como veremos, las soluciones son específicas, pero convendrá haber seguido las etapas precedentes: si en el desayuno has tomado un cruasán y un zumo de naranja y al mediodía un plato de pasta con una copa de vino, ¡primero debes cambiar tus costumbres! En efecto, un almuerzo copioso, pesado, graso o muy azucarado podría acentuar la letargia posterior a la comida. Opta por una alimentación sana: prescinde de los alimentos con un índice o carga glicémicos elevados, que podrían suponer una bajada de energía tras la digestión. Prioriza las comidas equilibradas que incluyen un porcentaje importante de proteínas magras, glúcidos complejos, ricas en fibra y verduras y acompañadas, con moderación, de grasas buenas. Evita beber alcohol al mediodía, aunque solo sea una copa, si quieres beneficiarte de una sensación de energía y de capacidades cognitivas óptimas, así como de un buen estado de ánimo, en la segunda mitad del día.

El cansancio es una sensación de falta de energía física o mental, a menudo asociada a una sensación de lasitud o agotamiento. Puede estar causado por diversos factores (estrés, aburrimiento en el trabajo...) y podemos experimentarlo incluso después de haber dormido lo suficiente y durante largos periodos.

La somnolencia se refiere al deseo casi irresistible de dormir, a menudo acompañado de bostezos frecuentes, temblores, párpados pesados o incluso la sensación de «picor en la nariz». En general, está causada por la falta de sueño, un horario de descanso irregular o trastornos relacionados con el sueño.

1. LUCHA CONTRA LA CAÍDA DE ENERGÍA ENTRE LA UNA Y LAS TRES

¿Qué nos dice la ciencia?

Una pequeña caída de nuestro ritmo de vigilia y sueño al principio de la tarde es normal: los niveles de adrenalina y noradrenalina son, de forma natural, más bajos, y el nivel de atención disminuye. La temperatura también baja entre la una y las tres del mediodía, como ocurre durante la noche. Factores como un almuerzo abundante, una escasa actividad física o la falta de sueño la noche anterior pueden agravar el temido cansancio. Algunas personas lo experimentarán algo más pronto o algo más tarde, en función de su «cronotipo», es decir, de si son diurnas o nocturnas (véase pág. 112).

En la práctica

Para combatir el cansancio y recuperar la energía y la motivación, muchas personas toman una dosis de cafeína, que habría sido mejor tomar una hora antes del almuerzo. Si aún no han pasado las dos, puedes tomar un expreso. Después de esa hora, es mejor abstenerse. Como hemos visto anteriormente, esto alteraría tu sueño nocturno y alimentaría un círculo vicioso (véase pág. 158). Si perdiste el momento para hacerlo y aún no son las cuatro, podrías prepararte un té verde. Los elementos clave son el calor del movimiento, la luz y un cambio de actividad.

- Aumenta tu temperatura corporal, que cae de manera natural en este momento del día, lo que podría permitirte recuperar la sensación de energía. Permanece activo, muévete, limita el sedentarismo. Por ejemplo, da un breve paseo, da la vuelta al bloque, sube y baja todas las escaleras de tu edificio o realiza algunos estiramientos para estimular la circulación sanguínea y aumentar tu nivel de actividad. Toma una bebida caliente, como un té, achicoria sin cafeína o una infusión. Levántate, visita a un compañero o busca un vaso de agua. Trabaja de pie (*standing desk*). Uno de mis deseos es tener un escritorio de pie sobre una cinta de correr...
- Combina movimiento y luz. Si tienes tiempo para dar un paseo, matarás dos pájaros de un tiro. Sal a comprar algo, toma un café en una terraza o incluso almuerza ahí. Si no tienes esa posibilidad, tómate una bebida caliente frente a una ventana para disfrutar de una breve pausa contemplativa.
- Combate el cansancio mental para luchar contra el aburrimiento. Después de haber trabajado toda la mañana, a veces sentimos «pereza». Cambia de actividad, haz una tarea placentera o menos monótona. Reserva para este momento del día las tareas que te divierten un poco más o las reuniones con compañeros a los que aprecias y que te estimulan. De un modo general, organiza tu tiempo en función de tu ritmo circadiano. Reserva las tareas más sencillas para el principio de la tarde. Deja las tareas más complejas o que exijan una atención especial para la mañana, si este es el momento en el que disfrutas de un mayor nivel de atención, como nos ocurre a la mayoría.
- Puedes hacer una breve siesta estratégica si estás un poco cansado y esto no perturbará tu ritmo de vigilia y sueño. Atención: ¡la siesta no debe durar más de veinte minutos ni conviene echársela después de las tres! Un truco consiste en tomarse un expre-

so justo antes de la siesta, así te despertará la acción de la cafeína. Otro truco, que funciona de maravilla, consiste en descansar sosteniendo un objeto pesado pero no frágil en las manos (por ejemplo, un juego de llaves). Deja que tu mano cuelgue por el borde del sofá, justo encima del suelo. Cuando el objeto caiga, te despertará. Detén tu siesta en ese momento. Esto significa que acabas de entrar en un sueño ligero (fase 1-2 del sueño lento y profundo) y que te has beneficiado de la relajación muscular asociada. Prolongar la siesta y despertarte en mitad de un ciclo de sueño, que normalmente dura noventa minutos, podría dejarte más cansado de lo que estabas. Como yo, son muchos los que saben de qué hablo: ¡casi todos nos hemos echado una siesta demasiado larga y nos hemos despertado con la sensación de estar en Saturno!

- Bebe agua suficiente a lo largo del día para mantener tu nivel de hidratación, lo que también puede ayudar a reducir la sensación de cansancio.
- Practica técnicas de gestión del estrés. La meditación (véase pág. 144), la respiración profunda (véase pág. 307) u otras técnicas de gestión del estrés pueden ayudarte a mantener el bienestar durante la jornada (véase pág. 131).

Al adoptar estas estrategias y estar atento a tu ritmo circadiano, gestionarás mejor el cansancio y mantendrás un nivel de energía más constante a lo largo del día, tanto si trabajas como si no.

Atención si estás somnoliento

La somnolencia es una señal de alarma; no hay que considerarla normal si sobreviene durante el día, pues indica una deuda de sueño que tiene consecuencias para la salud. Además, puede resultar peligrosa a la hora de conducir o cuando se maneja determinada maquinaria. Lo primero que hay que hacer es actuar para cuidar el sueño (véase pág. 285). Además, habrá que exponerse a la luz del día y moverse un poco.

2. MUÉVETE, HIDRÁTATE Y, POR ÚLTIMO, SABOREA

No olvides moverte al menos una vez cada hora e hidratarte: intenta beber al menos dos litros de agua antes de que acabe la tarde. Y no meriendes salvo que tengas hambre o padezcas impulsos compulsivos de comer sistemáticos al final de la tarde.

Muchos de nosotros percibimos cambios en el comportamiento y el apetito. Los días luminosos no me apetece merendar. Pero en invierno, aunque mis hábitos alimentarios no hayan cambiado, al final de la tarde suelo tener hambre. A veces no me controlo y consumo productos poco sanos. Cuando los atracones reaparecen, vuelvo a instaurar el hábito de la merienda. Prefiero tomar una merienda deliciosa pero saludable a las cuatro y media antes que comer una o dos horas después alimentos que habría preferido (y podido) evitar. Además, saco del armario la lámpara de luminoterapia (véase pág. 122).

¿Qué nos dice la ciencia?

Si has tomado un desayuno y un almuerzo con proteínas (y estas comidas son lo bastante calóricas y equilibradas), esto debería bastar para que tu apetito aguante hasta la cena. Si solo has tomado una triste ensalada iceberg acompañada de unas rodajas de pepino porque estás «haciendo régimen», no te sorprenda si tienes la sensación de morir de hambre durante la tarde y, entonces, tratas de compensar esta mala elección con un consumo excesivo de alimentos no planificados que reducirán a la nada tu tentativa de restricción.

No descuides el aporte de proteínas al menos hasta el almuerzo (incluido). Hay estudios[1] que han demostrado que un desayuno que contenga más proteínas en comparación con otro más azucarado permite reducir el nivel de grelina hasta en un 20 %. Esta sustancia suele recibir el nombre de «hormona del hambre» y se dice que es «orexígena», es decir, que abre el apetito. Tu estómago libera grelina cuando se vacía para señalarle a tu cerebro que ha llegado la hora de comer. Esta hormona se sintetiza en el estómago y circula por la sangre hasta llegar al cerebro, donde actúa sobre el centro de control del hambre, en el hipotálamo, y allí estimula la ingesta de alimentos.

Una comida rica en proteínas también permite aumentar el nivel de otras hormonas, como el péptido tirosina-tirosina (PYY), que, por el contrario, reduce el apetito, limita la ingesta alimentaria y estimula el gasto energético. ¡Este tipo de desayuno influye en la conducta alimentaria hasta el fin del día! Cuando consumimos un desayuno menos rico en proteínas, tendemos a picar más por la tarde, sobre todo, alimentos ricos en grasas y azúcares, como hemos visto en la página 177.

Lucha contra los atracones

¿Padeces episodios de comer compulsivamente? Se trata del deseo irresistible de comer sin tener una verdadera sensación de hambre. Estos impulsos pueden combinarse con un conjunto de trastornos del estado de ánimo caracterizados a la vez por tristeza, irritabilidad y ansiedad. Las personas que padecen este tipo de deseos compulsivos a menudo se decantan por alimentos muy azucarados o grasos (barrita de chocolate industrial, *brownie*, patatas fritas...). Si estos impulsos compulsivos no se controlan, los individuos que los padecen (con mayor frecuencia, mujeres) experimentarán una progresiva degradación de su salud: acumulación de masa grasa y sentimientos de culpabilidad y frustración relacionados con la alimentación. El estrés crónico puede participar en los atracones y la estigmatización sufrida por las personas con sobrepeso es una forma de estrés crónico que puede aumentar su apetito (por desgracia, se trata de un círculo vicioso que se activa en la obesidad).

Es habitual detectar deseos compulsivos de comer en la tristeza invernal (véase pág. 120). Los atracones también son más frecuentes en el síndrome premenstrual y esto se explica por el aumento del gasto energético en reposo durante este periodo. Y es que necesitamos unas 300 kcal más al día al final del ciclo y, si no adaptamos la alimentación en consecuencia, nuestro cuerpo, que no estará lo bastante alimentado, nos empujará a comer. Asimismo, los deseos compulsivos de comer también se dan en las situaciones de abstinencia (de nicotina, por ejemplo), con el uso actual o previo de otras sustancias, en los trastornos del comportamiento alimentario o de salud mental, en el caso de abusos o traumas pasados, así como en trastornos del sueño, hipotiroidismo y trastornos metabólicos como el síndrome de ovario poliquístico o la obesidad.[2]

Existen numerosas maneras de explicar estas compulsiones, entre ellas, la búsqueda de recompensas (dopaminérgica) o una manera inconsciente de aumentar la síntesis de serotonina y así mejorar el estado de ánimo y la sensación de bienestar. En la etapa 9 del protocolo, dedicada a la cena, verás que aumentar ligeramente la proporción de glúcidos (frente a las proteínas) y, por lo tanto, de insulina, estimula el transporte de triptófano hacia el cerebro: es una molécula clave para la síntesis de la serotonina (véase pág. 266). Algunos ejemplos de alimentos ricos en triptófano son:[3]

- Semillas de calabaza, chía, sésamo, lino y otras semillas.
- Tofu, *tempeh* y otros productos a base de soja y legumbres.
- Pollo y otras carnes.
- Langosta, pulpo, cangrejo y otros crustáceos.
- Avena, trigo sarraceno y otros cereales integrales mínimamente procesados.
- Anacardos, pistachos, almendras, avellanas y otros frutos secos.
- Huevos.
- Trucha, abadejo y otros pescados.

La elección de productos muy azucarados o grasos puede repetirse y reforzarse porque la persona ha asociado este tipo de alimentos a una sensación de bienestar, ya sea fisiológico (sobre todo, dopaminérgico y serotoninérgico), cultural o vinculado a la educación (por ejemplo, tu madre te daba dulces cuando llorabas).

Anticiparse a las compulsiones con una merienda óptima pero sana es una estrategia eficaz. De todos modos, debes buscar la ayuda de un profesional médico si estos atracones implican un sufrimiento psicológico.

¿Qué merienda tomar si realmente tienes hambre?

Evidentemente, si no lo necesitas porque no tienes hambre, no te aconsejo añadir una merienda a tus comidas diarias, sobre todo, si no sufres deseos compulsivos de comer al final del día, con predilección por los ultraprocesados. Pero, si al volver del trabajo te abalanzas sobre ellos y devoras un paquete de patatas fritas seguido de chucherías ricas en azúcares añadidos, anticípate a estos deseos con una merienda que contenga glúcidos, pero más interesantes para tu salud y tu bienestar gracias a su riqueza en nutrientes esenciales. Una merienda rica en glúcidos estimulará el transporte de triptófano hacia el cerebro; ingerida en ese momento o más temprano, inducirá la síntesis de serotonina. Esto ayudará a controlar tu apetito y a mejorar tu estado de ánimo. Si es posible, toma esta merienda una hora o treinta minutos antes de que aparezcan tus impulsos de comer. La solución: una merienda fuente de glúcidos, pero rica en fibra. Atención: aunque aumentar el aporte de glúcidos frente al de proteínas es una estrategia que permite mejorar el estado de ánimo, evita los alimentos ricos en glúcidos simples procedentes de alimentos procesados, en los que se ha eliminado la fibra, o aquellos otros ricos en azúcares añadidos, que aumentarán tu sensación de cansancio y tus cambios de humor o afectarán al rendimiento cognitivo, como los zumos de frutas, los pasteles, la bollería... Los alimentos ultraprocesados consumidos con frecuencia y en exceso se asocian a muchos trastornos del estado de ánimo, como la depresión, la ansiedad y los trastornos del sueño, así como a diversos problemas de salud.[4]

Ejemplos de buena merienda

Puedes tomar un puñado de frutos secos y una ración de fruta (de una a dos porciones al día, por ejemplo, medio plátano y media pera, frescos y crujientes), con una onza de chocolate negro. Y tomar una bebida caliente y reconfortante que te aportará una sensación de placer. Mi elección personal es el rooibos y la manzanilla. Pero mi preferida es una infusión con especias: canela, virutas de cacao y jengibre.

Y, si aún tienes hambre o mucha hambre (a pesar de haber respetado el resto de los consejos de este libro), toma una merienda aún más importante. Por ejemplo, 100 g de yogur natural, unos pedazos de fruta, un pequeño puñado de frutos secos y semillas mezclados con una cucharadita de mantequilla de cacahuete, rica en triptófano, o de mantequilla de avellanas prensada en frío y sin aditivos. O un pequeño bol de *porridge* caliente (preparado con granos de avena enteros o triturados, no copos), con pedazos de manzana, chocolate y canela.

3. PRACTICA UNA ACTIVIDAD FÍSICA

En la etapa 2 del protocolo, compartí una serie de recomendaciones de actividad física. Son ambiciosas, pero contribuyen al buen estado de ánimo, al optimismo y a la salud global. Si aún no has tenido tiempo de moverte y hacer deporte, aprovecha el trayecto entre tu casa y la oficina para cuidarte. Vuelve caminando o en bicicleta mientras escuchas el episodio de un pódcast, lleva la ropa de correr al trabajo y vuelve trotando o pasa por el gimnasio para una breve sesión de refuerzo muscular, que también puedes hacer en casa. Cuando me invade una pereza inmensa, hago una sesión de refuerzo muscular o de bicicleta en el apartamento mientras veo una serie divertida. ¡A veces paro la serie, me pongo una *playlist* que me motive y me empleo a fondo! Pero no soy perfecta, otros días me quedo tirada en la esterilla después de dos sentadillas y no pasa nada.

Por último, intenta beber entre 2 y 2,5 l de agua antes de la cena (se trata de no compensar después y no tener que ir al baño a hacer pipí en mitad de la noche).

ETAPA 8

ALIMÉNTATE INTELECTUAL, SOCIAL Y EMOCIONALMENTE

Si has llegado hasta aquí, habrás entendido que puedes alimentar tu cerebro (y tu segundo cerebro). ¡Literalmente! En esta nueva etapa, vamos a nutrir el cerebro de manera figurada. No vamos a hablar de la actividad física del cuerpo, sino de la del cerebro. El cerebro no es un músculo y, sin embargo, vamos a aprender a entrenarlo para luchar contra el declive cognitivo y disfrutar de una buena salud mental, que es tan esencial como la salud física. Y aquí es donde interviene la idea de reserva cognitiva.

Esta hace referencia a la capacidad de tu cerebro para adaptarse y encontrar medios alternativos para cumplir sus tareas. Refleja la agilidad con la que moviliza sus competencias y capacidades para resolver problemas y enfrentar los desafíos. En otras palabras, es la forma en que nuestro cerebro utiliza sus recursos para compensar los daños o los cambios relacionados con el envejecimiento o las enfermedades neurodegenerativas.

¿Qué nos dice la ciencia?

Nuestro cerebro demuestra una plasticidad formidable, que llamamos neuroplasticidad. Es un órgano capaz de formar nuevas conexiones neuronales a lo largo de la vida. Así, puede adaptarse a nuevas situaciones, aprender nuevas competencias e incluso restablecerse después de ciertas heridas. Podemos imaginar la reserva cognitiva como una red de rutas y caminos alternativos en el cerebro. Si algunos han sido dañados o están bloqueados, el cerebro puede usar otros para cumplir las mismas tareas. Ahora vamos a ver cómo podemos estimular el cerebro para que nuestra red de neuronas no se organice como las calles rectilíneas de Nueva York (si una se bloquea, ¡es el caos!), sino como en París o Londres, con infinidad de pequeñas rutas alternativas.

¿Cómo se crea la reserva cognitiva?

El concepto de «reserva cognitiva» apareció a finales de los ochenta, cuando los investigadores observaron individuos sin síntomas de demencia, pero que, tras la autopsia, presentaban lesiones cerebrales típicas de un alzhéimer avanzado. Estas personas no mostraban signos clínicos de la enfermedad mientras vivían, porque su cerebro disponía de una reserva cognitiva suficiente para compensar los daños y mantener las funciones normales. Desde este descubrimiento, las investigaciones han confirmado que las personas con una reserva cognitiva más importante se benefician de una reducción de la aparición de síntomas vinculados a trastornos neurodegenerativos, como la demencia, y resisten mejor los cambios cerebrales atribuibles a la edad.

La reserva cognitiva se crea de forma progresiva, a lo largo del tiempo, y sus bases son la educación, las interacciones sociales, los retos intelectuales y otros pilares de nuestro estilo de vida. Pero la actividad física, el sueño, la alimentación e incluso la gestión del estrés también pueden mejorarla. Al adoptar hábitos de vida estimulantes y participar en actividades intelectuales y sociales complejas, reforzamos la capacidad para hacer frente a los cambios cerebrales relacionados con la edad o con ciertas enfermedades. Cada nuevo aprendizaje, cada reto superado, cada libro leído (¡sobre todo, esto!) construyen tu reserva cognitiva y contribuyen a mantener tus capacidades, incluso a una edad avanzada. Así pues, ¿cómo crear nuevas rutas y despejar los caminos que ya no se utilizaban?

Un estilo de vida favorable: ¡nunca es demasiado tarde!

Los estudios sugieren que, cuanto antes se involucren las personas en una actividad intelectualmente estimulante (el nivel de educación, la profesión, los compromisos sociales, la actividad física y los pasatiempos creativos), más tiempo conservarán sus capacidades de reflexión, memoria, flexibilidad o rapidez: recibir estímulos desde la infancia y la adolescencia es un factor clave para una buena reserva cognitiva, a condición de que se mantengan durante toda la vida.[1] Las personas con una red social variada y rica obtienen mejores resultados cognitivos[2] aun teniendo en cuenta factores como la edad; el impacto negativo del envejecimiento cerebral se atenúa en los individuos que mantienen interacciones sociales diversificadas. En otras palabras, la estimulación cognitiva aportada por la diversidad de las relaciones sociales ayuda a reforzar la reserva cognitiva.

Aunque se construya a lo largo de toda la vida, nunca es demasiado tarde para adoptar hábitos estimulantes para nuestro cerebro. Los investigadores han señalado que, incluso a una edad avanzada, las actividades mentales y sociales (y físicas) pueden ayudar a prevenir el declive cognitivo.

¿Predecir el riesgo de enfermedades neurodegenerativas en monjas?

Un ejemplo notable de predicción de la reserva cognitiva lo ofrece el estudio de las monjas[3] (*nun study* en inglés). Los diarios íntimos escritos por las monjas al entrar en sus respectivas órdenes, a menudo cuando tenían veinte años, permitían predecir su riesgo de padecer alzhéimer muchas décadas más tarde. Los investigadores han analizado la complejidad gramatical y la densidad de las ideas expresadas en estos escritos y han demostrado que las religiosas que utilizaban un vocabulario rico y estructuras complejas eran menos susceptibles de desarrollar signos de declive cognitivo. Así, fueron capaces de predecir, con una precisión de un 85 a un 90%, qué religiosas iban a manifestar signos de degeneración cerebral sesenta años más tarde. Este increíble descubrimiento reveló que un cerebro bien alimentado por ideas, incluso joven, parece acumular cierta protección contra las enfermedades neurodegenerativas.

Las enseñanzas extraídas de este estudio son evidentes: un estilo de vida activo, tanto a nivel intelectual como social, puede desempeñar un rol crucial en la protección del cerebro contra el envejecimiento y la enfermedad. Las religiosas que dedicaron su vida a la enseñanza, a resolver problemas y a interactuar socialmente mostraron una mayor resistencia a la demencia. El estudio también reveló que una serie de hábitos, como la gestión del estrés, la adopción de una alimentación sana y rica en nutrientes, como el ácido fólico (que encontramos, sobre todo, en el hígado de los animales o en las crucíferas y verduras de hoja verde), y la prevención de accidentes cerebrovasculares, podía reducir de forma considerable el riesgo de declive cognitivo.

Si padeces ansiedad o depresión...

La relación entre el estrés, la ansiedad, la depresión y la reserva cognitiva es un ámbito de investigación esencial, sobre todo, por sus implicaciones en el declive cognitivo y en problemas como los trastornos cognitivos leves (en inglés, MCI, *mild cognitive impairment*) y la enfermedad de Alzheimer.

- El estrés crónico (a través de una serie de mecanismos, entre los que destaca la producción crónica de hormonas del estrés) afecta negativamente a la salud del hipocampo,* lo que aumenta el

* El hipocampo es una estructura cerebral que desempeña un papel central en la cognición, la memoria, el aprendizaje y la localización en el espacio.

riesgo de sufrir MCI y la enfermedad de Alzheimer. Los entornos estresantes previos a una lesión pueden agravar los síntomas postraumáticos y los resultados cognitivos.

- La depresión y la ansiedad suelen asociarse a déficits cognitivos, como una disminución de la flexibilidad cognitiva y de la atención. Durante mis prácticas en neuropsicología, observé que las personas que padecen depresión severa podían manifestar síntomas similares a los del alzhéimer. El aislamiento social y profesional que padecen las personas que sufren trastornos de la salud mental, así como las obsesiones y los problemas de atención relacionados con la ansiedad y el estrés crónico, frena el desarrollo de una reserva cognitiva adecuada. Dejarnos atrapar por pensamientos recurrentes puede aislarnos del mundo exterior, lo que priva a nuestro cerebro de experiencias y aprendizajes esenciales.

En la práctica

Las investigaciones[4] muestran que diversos tipos de actividad pueden reforzar la reserva cognitiva.

Un aprendizaje constante y desafíos intelectuales

El aprendizaje a lo largo de la vida es uno de los medios más eficaces para reforzar la reserva cognitiva. No se trata tan solo de leer o resolver crucigramas, sino de adquirir competencias complejas que exigen el trabajo simultáneo de varias funciones cognitivas. Por ejemplo, aprender a tocar un instrumento musical o hablar una nueva lengua no solo implica la memoria, sino también la atención, la coordinación y la flexibilidad mental. Este tipo de estimulación cognitiva compleja contribuye a la agilidad cerebral, incluso durante el envejecimiento.

- ¡Aprende algo nuevo cada semana e, idealmente, cada día! Por ejemplo, empieza a tocar un nuevo instrumento o practica una nueva lengua cinco minutos al día gracias a una aplicación, aprende a jugar al ajedrez (¡yo he empezado hace poco y mi objetivo es derrotar a mi pareja al menos una vez!) o juega a algún juego con amigos...

- Centrémonos en el aprendizaje de un instrumento musical. Exige coordinación física, lectura de partituras, memorización de secuencias y comprensión del ritmo y del tempo. Todos estos elementos constituyen un entrenamiento completo para el cerebro, pues estimulan diferentes zonas y crean nuevas conexiones neuronales. Del mismo modo, aprender una nueva lengua es una forma excelente de poner retos al cerebro. Implica la comprensión de nuevas reglas gramaticales, la ampliación del vocabulario y la práctica de la pronunciación. Estos ejercicios cognitivos pueden mejorar la memoria, reforzar la atención e incluso estimular la competencia de resolución de problemas.
- Evita tareas demasiado fáciles y busca desafíos. Personalmente, procuro imponerme retos de muchas formas posibles: no uso la calculadora, no utilizo el GPS, intento recordar de memoria un número de teléfono, leo un ensayo filosófico en el baño, participo en un debate con personas que tienen una opinión opuesta a la mía e intento comprender su punto de vista...
- Participa en actividades que requieren flexibilidad mental. Hacer nuevos amigos, jugar a un nuevo juego de mesa, pedir a alguien cuyo trabajo no entendemos en absoluto que nos explique a qué se dedica... Debes esforzarte por comprender de verdad.

El compromiso social

¡El amor y la risa son un alimento esencial para el cerebro! El mantenimiento de relaciones sociales sólidas es fundamental para la reserva cognitiva. Hay estudios que muestran que las personas con redes sociales diversificadas e interacciones sociales regulares tienen un menor riesgo de desarrollar enfermedades neurodegenerativas. De hecho, las interacciones sociales ponen a trabajar diferentes regiones del cerebro vinculadas a la comunicación, la empatía, la memoria o la resolución de problemas, lo que refuerza la resiliencia cerebral. ¡Socializar es un elemento principal del cerebro!

Así que multiplica las interacciones sociales. No se trata de tener un único grupo de amigos con el que siempre haces las mismas cosas. Como en el caso de la alimentación, varía y diversifica. Comprométete con tus compañeros, entabla conversación con el anciano que busca establecer contacto en el metro, participa en actividades sociales o simplemente conversa con vecinos o desconocidos.

Favorece la calidad de las relaciones sociales. Las relaciones complejas pero enriquecedoras son especialmente beneficiosas para el cerebro.

Si es posible, mezcla interacciones sociales y retos cognitivos. Unirse a un club de lectura o de juegos estratégicos, organizar un curso de cocina entre amigos, un grupo de ajedrez u otro, hacer voluntariado...

Gestos sencillos para cuidar del cerebro

Sonreír a la gente en la calle, dejar tu lugar a una persona mayor en el metro, hablar con el vecino en el tren, ofrecerse a ayudar: todas estas pequeñas acciones en el ámbito de diversas relaciones sociales nutren la reserva cognitiva y, además, permiten cuidar a los demás.

Una estimulación social en la vida real supone un desafío intelectual: moviliza varias regiones cerebrales de forma simultánea. Por ejemplo, la corteza prefrontal trabaja para analizar las intenciones y anticipar las respuestas; el hipocampo, para acceder a los recuerdos compartidos, y el sistema límbico, para regular las emociones. Este ejercicio exige una lectura fina de las señales no verbales, como el tono de la voz o las expresiones faciales, que activa las redes implicadas en la empatía y la cognición social. Cada interacción es, de hecho, una verdadera gimnasia para el cerebro.

La actividad física

El ejercicio físico es un poderoso estimulante para el cerebro. Las investigaciones han demostrado que una actividad física intensa y regular aumenta el flujo sanguíneo cerebral (lo que implica un mejor flujo de nutrientes y oxígeno al cerebro) y estimula la neuroplasticidad gracias a la producción de moléculas esenciales para la supervivencia, así como el crecimiento, el desarrollo y el buen funcionamiento de las neuronas, como el BDNF (*brain-derived neurotrophic factor*, véase pág. 92).

El ejercicio también ayuda a mejorar el estado de ánimo, la gestión del estrés y la autoestima y refuerza la capacidad para concentrarnos y fijar la atención y nuestra creatividad. No es necesario que esta actividad física sea intensa si en la actualidad no eres capaz de ello: ¡caminar, ir en bicicleta o bailar es suficiente! La clave es la regularidad.

Así pues, la próxima vez que quieras saltarte una sesión de ejercicio, recuerda que el deporte no solo le hará bien a tu cuerpo, sino también a tu cerebro. Es una doble ventaja para tu salud global y una etapa importante para reforzar un cerebro resiliente.

- Incorpora ejercicios físicos regulares a tu rutina, como la marcha rápida, la danza o la bicicleta. Incluso una actividad moderada puede tener un impacto beneficioso en el cerebro. Revisa la etapa 2 para la actividad física recomendada (véase pág. 131).
- Prioriza actividades mental y físicamente estimulantes, como la danza o el yoga, que requieren coordinación, una atención sostenida y memorización.

Pon tu cerebro a bailar

La danza es una actividad maravillosa para estimular tu cerebro.[5] Combina ejercicio físico con un reto mental: recordar los pasos de baile y las secuencias. Además, implica interacciones sociales con los otros bailarines, otro factor importante para estimular y mantener la salud cerebral.

Por último, la danza tiene un impacto emocional positivo, que contribuye a reducir el estrés y la ansiedad, dos factores que, cuando son crónicos, debilitan la reserva cognitiva. Hay estudios[6] que indican que quienes practican actividades físicas como la danza muestran menos signos de depresión y un mejor estado de ánimo en general. Esta gestión del estrés, junto con otros beneficios cognitivos y físicos, convierte la danza en una herramienta poderosa para mantener la salud cerebral a largo plazo.

La gestión del estrés y del sueño

El estrés crónico y la falta de sueño son factores que pueden afectar de manera negativa a la reserva cognitiva. El estrés libera hormonas, como el cortisol, que a largo plazo pueden dañar las estructuras cerebrales, en especial, el hipocampo, que, como hemos visto, está muy implicado en la memoria. En cambio, la gestión del estrés (a través de prácticas de meditación) y un sueño de calidad ayudan a mantener las capacidades cognitivas y refuerzan la resiliencia cerebral.

- Practica regularmente técnicas de gestión del estrés, como la meditación (véase pág. 144), el yoga o los ejercicios de respiración profunda (véase pág. 307).
- Prioriza un sueño reparador. Adoptar una rutina de sueño regular y crear un entorno propicio al descanso, limitando las pantallas y favoreciendo la relajación antes de acostarnos, es algo esencial (véase pág. 285).

La alimentación

Una alimentación equilibrada desempeña un papel clave en la salud del cerebro. Regímenes como el mediterráneo, el DASH (*Dietary Approaches to Stop Hypertension*) o el MIND (*Mediterranean-DASH Diet Intervention for Neurodegenerative Delay*) se han asociado a un declive cognitivo más lento y a una impresionante reducción del riesgo de padecer alzhéimer.[7] Algunos de estos regímenes, cuyos consejos retomamos aquí, han permitido una mejora de las funciones cognitivas en personas con un declive cognitivo preexistente.[8] Estos regímenes, ricos en verduras verdes, bayas, pescados grasos y aceites saludables, han demostrado efectos protectores contra el declive cognitivo.

- Adopta un régimen rico en alimentos con virtudes antioxidantes y antiinflamatorias: verduras, frutas y otros alimentos del mundo vegetal. Si necesitas ejemplos: especias, *kale* verde rizado o púrpura, alcachofas, cebollas rojas, espinacas, cacao, té verde, café, arándanos y moras silvestres, frambuesas, *açaí*, olivas... En otras palabras, todos los alimentos naturales de colores profundos y vibrantes. O para simplificarlo más: los que no consumirías nunca antes de una entrevista de trabajo si llevas una camisa blanca, porque ¡sabes que la mancha no pasaría inadvertida! Consume entre 150 y 250g de sardinas, anchoas, arenques o caballa a la semana (ricos en omega-3) para reforzar la salud del cerebro.
- Limita los alimentos ultraprocesados, ricos en azúcares añadidos y en grasas saturadas, que se asocian a la neuroinflamación y al declive cognitivo.
- Combina una alimentación sana con ejercicio físico para maximizar los beneficios cognitivos.

Las pasiones

Otra forma poderosa de reforzar tu reserva cognitiva y mejorar la resiliencia de tu cerebro es cultivar tus pasiones: música, puzles, jardinería, danza... Involucrarse en actividades que amamos no solo enriquece nuestras vidas, sino que también estimula nuestro cerebro, nos conserva mentalmente activos y puede incluso contribuir a incrementar la capacidad cognitiva.

ETAPA 9

UNA CENA FUNDAMENTALMENTE VEGETARIANA Y NO COMER NADA DOS HORAS ANTES DE ACOSTARTE

La composición de tus cenas puede mejorar en gran medida tu relajación y la sensación de bienestar y el sueño, desde el momento en el que te adormeces hasta la calidad del descanso. Como ocurre con el desayuno y el almuerzo, también podemos transformar la cena para relajarnos y dormir mejor. Y, como se dice, «dormir también alimenta»; un buen descanso mejora el control del apetito.[1] Pero, además de contribuir a la salud metabólica con una reducción de los famosos trastornos cardiometabólicos, un sueño de calidad mejora todos los aspectos de la salud. Una vez más, creamos un círculo virtuoso. Sabemos que un sueño de calidad es fundamental para mantener una buena salud mental y cognitiva, para prevenir el declive cognitivo y mejorar diferentes factores que pueden permitirnos mantener la longevidad y la salud optimizada.

A aquí haremos más bien lo contrario que con las comidas del inicio del día. Pero ¡cuidado! Esto no quiere decir que haya que prescindir de las proteínas e introducir una gran cantidad de azúcar. ¡No! Seguiremos preparando platos ricos en verduras de colores vivos e intensos, cereales y legumbres para un aporte suplementario de fibra y proteínas, así como de ácidos grasos «buenos». ¡No vamos a evitar las proteínas! Tan solo vamos a invertir la relación glúcidos-proteínas en comparación con el desayuno y el almuerzo.

Como hemos dicho antes, variar el aporte de estos macronutrientes es una estrategia interesante, porque permite influir en la síntesis de ciertos neurotransmisores, y, al acabar el día, nos conviene optimizar la de serotonina y melatonina.

Las comidas más ricas en glúcidos pueden «tranquilizarnos», fomentar la sensación de calma e incluso la somnolencia.[2] Esta estrategia también es eficaz para mejorar los síntomas en las personas que padecen impulsos compulsivos de comer: cenar una pechuga de pollo y una ensalada probablemente no te satisfará. Como la mayoría de nosotros, por la noche buscas comida reconfortante o *comfort food*. ¡Y es posible hacerlo de forma saludable!

Adaptemos el contenido de nuestro plato para reforzar la producción de serotonina y melatonina

Quienes han padecido o padecen depresión tal vez estén familiarizados con la serotonina, porque quizá les han recetado antidepresivos del tipo ISRS (inhibidores selectivos de la recaptación de serotonina). Estos medicamentos frenan el reciclaje (o reabsorción) de la serotonina por la neurona emisora, estimulando su acumulación entre las neuronas y prolongando su señalización, lo que permite un efecto regulador del estado de ánimo.

La serotonina es un mensajero del cerebro (o neurotransmisor) que emite multitud de señales.

Desempeña un papel esencial en el control del apetito, y, por lo tanto, en la aparición de impulsos compulsivos de comer (los célebres antojos), en el adormecimiento, en las funciones cognitivas, en la capacidad de aprendizaje y la memoria y en la regulación del dolor y de la libido.

La melatonina es el mensajero principal de los ritmos de vigilia y sueño. Al caer la noche, cuando tenemos la costumbre de acostarnos, baja la temperatura y hay menos luz, la serotonina se puede transformar en melatonina, a veces llamada «hormona del sueño».

La síntesis de la melatonina aumenta a medida que oscurece, alcanza su pico en mitad de la noche y cae hasta el despertar.

La serotonina y la melatonina son sintetizadas a partir de un aminoácido, el triptófano. Este aminoácido es esencial, es decir, nuestro organismo no puede sintetizarlo solo, al contrario que la dopamina o la noradrenalina, que se producen a partir de la tirosina (véase pág. 85). Por lo tanto, es indispensable un aporte de triptófano a través de la alimentación para la síntesis de serotonina en nuestros dos cerebros. Los estudios han demostrado que un régimen en el que haya una carencia de triptófano puede reducir rápidamente los niveles cerebrales de este último en más del 80% en algunas horas, lo que induce una alteración de la síntesis de serotonina y trastornos serios, como síntomas depresivos, de estrés y de ansiedad,[3] una preocupación exacerbada por la imagen corporal y una pérdida de control sobre la alimentación, lo que favorece los atracones y las crisis de bulimia.[4]

Aunque con una alimentación equilibrada esta carencia es extremadamente rara, nosotros aspiramos a la optimización. El contenido de tu plato puede favorecer el transporte y la absorción del triptófano en el cerebro. Es raro tener un déficit de triptófano; sin embargo, conviene saber que el aporte en glúcidos estimula su transporte hacia el cerebro.

Nuestro impulso por esos alimentos podría ser un mecanismo inconsciente para fomentar la síntesis de serotonina con el objetivo de mejorar el bienestar.[5] De hecho, diversos estudios muestran una preferencia por los alimentos ricos en glúcidos, sobre todo, en las personas emocionalmente susceptibles o más frágiles, o durante acontecimientos estresantes, antes de hablar en público, por ejemplo.[6] Además, los estudios de manipulación alimentaria han revelado que el aporte de glúcidos es más beneficioso para la mejora del estado de ánimo en caso de estrés elevado o en los sujetos que lo gestionan peor o que son más sensibles al estrés en relación con los grupos de control.

En mi opinión, estos conocimientos son fascinantes: podemos adaptar el contenido de nuestros platos e «impulsar» la síntesis de serotonina en el cerebro. Como consecuencia: mejoramos el bienestar, el rendimiento cognitivo y también el control del apetito.

El peligro es que, cuando estos deseos nos incitan a elegir alimentos muy azucarados o grasos, provocan una sensación de recompensa. Y, cuando se repiten, el individuo puede asociar este tipo de alimentos a una sensación de bienestar, de modo que la conducta es reforzada por esa percepción de bienestar asociada y por la liberación de dopamina. Ahora bien, sabemos que la alimentación a base de ultraprocesados se asocia a la depresión (véase pág. 84). El aumento de peso que conlleva este tipo de comportamiento también afecta al estado de ánimo y a la autoestima. Además, una alimentación de carga e índice glicémicos muy elevados es perjudicial para el descanso nocturno. Sí, he dicho que una comida con una mayor proporción de glúcidos permite mejorar la calidad del sueño y el estado de ánimo, pero siempre que se respeten las reglas de la dieta mediterránea. ¡Se trata, entonces, de aprender a preparar la cena óptima para el sueño nocturno!

¿Qué nos dice la ciencia?

Por una parte, cenar antes por la noche puede mejorar de forma significativa la calidad del sueño. Se recomienda dejar de comer como mínimo una hora antes de acostarse, idealmente al menos dos horas antes. Debes saber que comer incluso más temprano (dos o tres horas antes) es óptimo en muchos sentidos y respeta tu pequeño reloj biológico interno y toda la sinfonía que cada día dirige para ti (véanse la crononutrición y el ayuno intermitente, pág. 163). Al permitir que tu cuerpo concluya las primeras etapas de la digestión antes de acostarte, mejorarás tu confort digestivo (por ejemplo, se reduce el riesgo de reflujo gastroesofágico). Los estudios también muestran que comer unas tres horas antes de dormir se asocia a una menor acumulación de masa grasa y a una mejor regulación del azúcar (homeostasis glucídica). Por último, cenar muy tarde, y que la comida sea muy grasa, azucarada o pesada altera la síntesis de melatonina, hormona crucial para nuestros ritmos de vigilia y sueño.[7]

Otros inconvenientes de cenar tarde por la noche

Cenar muy tarde, o incluso durante la noche, puede desencadenar desequilibrios metabólicos, lo que aumenta el riesgo de obesidad, diabetes tipo 2 y trastornos cardiovasculares.

- Efectos metabólicos:[8]
  - Intolerancia a la glucosa: comer justo antes de dormir aumenta los niveles de glucosa y de insulina durante la noche, lo que altera la regulación natural.
  - Reducción de la oxidación de las grasas: limita la capacidad del cuerpo para movilizar y quemar los ácidos grasos libres, lo que favorece la acumulación de grasas.
  - Aumento del cortisol: los niveles de cortisol, hormona asociada al estrés, suben después de una cena tardía, lo que conlleva efectos metabólicos negativos.
- Impacto sobre la salud cardiovascular:[9]

  Los trabajadores nocturnos, que muchas veces están obligados a comer de noche, presentan un mayor riesgo de obesidad, diabetes tipo 2 y enfermedades cardiacas. En cambio, prolongar el ayuno nocturno evitando las comidas tardías puede reducir estos riesgos.

- Cronotipo y hábitos alimentarios:[10]

  Las personas que prefieren acostarse tarde suelen consumir más calorías por la noche, lo cual está relacionado con un peso más elevado y una salud metabólica más frágil.

  Comer por la noche se asocia a una mala calidad del sueño, un IMC elevado y una actividad física reducida.

  Además, los trastornos del sueño alteran el control del apetito, lo que perturba notablemente la regulación de las dos hormonas clave (la grelina y la leptina).

Por lo tanto, cenar ligero evita que tu cuerpo tenga que trabajar intensamente en la digestión durante la noche. Hay que priorizar una cena con la mitad de verduras (¡el resto de las comidas del día también están idealmente compuestas por la mitad de verduras variadas!). Una comida demasiado pesada, grasa, azucarada o especiada también puede aumentar tu temperatura corporal, lo que altera la síntesis de la melatonina, la hormona del sueño. Una mejor producción de melatonina contribuye a un sueño de calidad y a un ritmo circadiano bien sincronizado y, por lo tanto, a un descanso óptimo y a un despertar con una sensación de energía optimizada.

Además, un pequeño aporte de glúcidos complejos durante la noche favorece la producción de serotonina y de melatonina, porque un ligero aumento de los glúcidos, y por lo tanto de la síntesis de insulina, participa en el transporte del triptófano hacia el cerebro. Asegúrate de consumir una proporción importante de proteínas en el desayuno y el almuerzo, sobre todo, para garantizar un aporte suficiente de triptófano durante el día. Opta por una dieta mediterránea y trabaja en la gestión del estrés: el triptófano también es metabolizado en nuestro segundo cerebro (el intestino y su microbioma). Un estilo de vida proinflamatorio (estrés crónico, sedentarismo, alimentación ultraprocesada) puede perturbar «el ciclo de reciclaje» del triptófano en el cerebro de abajo, lo que tendrá consecuencias sobre el bienestar del cerebro de arriba.*

Del mismo modo, reducir el consumo de comidas con un índice y una carga glicémicos elevados, especialmente, de glúcidos muy refinados y con azúcares añadidos, puede mejorar tu sueño,[II] tu estado de ánimo y tu bienestar. Opta mejor por alimentos con un bajo índice glicémico, que aporten una energía estable y estimulen un sueño reparador. Como siempre, lo menos procesados y lo más ricos en fibra que sea posible. Prioriza las legumbres y los cereales mínimamente procesados, las frutas y las verduras, y evita consumir una cena a base de arroz con kétchup, puré instantáneo y galletas azucaradas. Sí, elevar la insulina permite transportar el triptófano al cerebro, pero esto es posible con una dieta mediterránea, sana y poco procesada.

Por último, procura no tomar alcohol o, en todo caso, no más de una copa antes de acostarte, porque puede fragmentar el sueño y perjudicar su calidad (así como el resto de los aspectos relacionados con tu salud), aunque a algunos les dé la impresión de que facilita la conciliación del sueño y un mejor descanso (véase etapa 10, pág. 284). De hecho, aprovecho para recordar que se recomiendan varios días de abstinencia a la semana y no superar las diez copas semanales. El cuestionario AUDIT (*Alcohol Use Disorders Identification Test*) permite evaluar el riesgo asociado al consumo de bebidas alcohólicas; puedes responderlo a través del siguiente código QR.

(En francés)

* Un estilo de vida proinflamatorio puede alterar el metabolismo del triptófano, lo que favorece su conversión en quinurenina –a través de los indoles–, en detrimento de su transformación en serotonina. Este desequilibrio afecta a la regulación del estado de ánimo y a las funciones cerebrales.

En la práctica

Cena temprano

Fija una hora límite. Personalmente, cuando no salgo, ceno entre las siete y las ocho y media de la noche y tengo la norma estricta de no comer nada después de las nueve (si estoy en casa; de otro modo, soy flexible). En general, me acuesto a las once.

¿Cómo preparar el plato óptimo?

La cena óptima debe ser conveniente para tu intestino delgado. Evita los alimentos que te cuesta digerir y que podrían alterar tu sueño. Opta, en cambio, por una comida principalmente vegetariana, compuesta por verduras variadas y una combinación de cereales y legumbres mínimamente procesados. Acompáñala con setas, productos a base de soja (tofu o *tempeh*), frutos secos y semillas y grasas «buenas». Para el postre, unos trozos de fruta sustituirán a tus tentempiés azucarados. Si necesitas algunos bocados más «azucarados» para sentirte satisfecha, opta por un dátil, un pequeño pudin de chía, un *nice cream* de plátano o un yogur con frutos rojos en lugar de 500 g de helado ultraprocesado.

Ideas para la cena

- Curri vegetal con leche de coco: verduras preparadas con leche de coco y una pasta de curri (por ejemplo, curri verde en verano o curri rojo en invierno), acompañadas de una porción de arroz integral, tofu y un toque de cacahuetes y hierbas frescas (albahaca tailandesa, menta o cilantro).
- Cuscús vegetal: verduras preparadas con especias orientales (cúrcuma, jengibre, pimentón, comino o *ras al hanut*), aceitunas y limón confitado, acompañadas de quinoa y garbanzos.
- Boloñesa vegetariana: una salsa boloñesa vegetariana tradicional, con verduras y una porción razonable de pasta. Las lentejas y las setas aportan el sabor umami, ¡que realmente puede dar la

impresión de comer una boloñesa tradicional! Y, personalmente, me encanta con una base mitad pasta, mitad garbanzos (y por encima la pasta ¡o sin pasta!).

- Tacos vegetarianos *night*: frijoles rojos, pico de gallo, guacamole, maíz, arroz integral... Una comida festiva y que hará las delicias de los niños.

Y otras muchas ideas sabrosas: chili sin carne, minestrone, sopa *pho* o *ramen* casero, *dhal* de lentejas, bufet de platos mediterráneos variados (libaneses, israelíes...), *risotto* de espelta pequeña con setas, *parmigiana*, ensalada templada con lentejas, sopa de guisantes partidos, boniatos rellenos (con una mezcla de frijoles negros, maíz, cebolla roja, cilantro y salsa de yogur con lima), *pizza* vegetal casera con una pasta de brócoli o coliflor (¡mi página web y mis redes sociales desbordan de inspiración!)...

¿Tomar glúcidos por la noche engorda?

¡Todo depende de la fuente de esos glúcidos! Evidentemente, como hemos visto, en general se aconseja una alimentación con un índice y una carga glicémicos bajos y rica en fibra. Una comida que contiene glúcidos no significa necesariamente 500 g de pasta blanca con kétchup seguida de un helado de chocolate. Por el contrario, los glúcidos complejos, ricos en fibra y poco procesados, como los que presentamos aquí, permiten una buena gestión del peso corporal.

Las comidas que hemos señalado anteriormente son sabrosas y satisfactorias y evitan los antojos a altas horas de la noche. Además, una comida con una proporción suficiente de glúcidos complejos (en especial, en relación con la proporción de proteínas) favorece la síntesis de serotonina, esencial para controlar el apetito y el estado de ánimo, así como de la melatonina, la hormona del sueño. Sin embargo, si duermes mejor, ¡al día siguiente tendrás menos hambre! Lo veremos con más detalle en la última etapa de este protocolo. Es un círculo virtuoso.

Para evitar comer después de la cena

- Come únicamente en la mesa y levántate en cuanto acabes de cenar. Así indicarás a tu cerebro que la comida ha terminado. Evita comer en otros lugares (en el sofá, en la cama...) para acostumbrar a tu cerebro.
- Cepíllate los dientes justo después de lavar los platos y de recoger la cocina, pero antes de la hora habitual a la que sueles empezar a picar. Así, ¡te lo pensarás dos veces antes de picar para no tener que volver a cepillártelos! A continuación, usa el cepillo interdental (véase pág. 53). La pereza tiene sus cosas buenas...
- Opta por infusiones reconfortantes. Las infusiones sin cafeína pueden ser muy relajantes. Si te habitúas a tomar una cada noche, reforzarás el condicionamiento e indicarás a tu cerebro que ha llegado el final de la comida. Una buena hidratación también puede mejorar la sensación de saciedad. Sin embargo, procura que el aporte hídrico no se extienda muy tarde en la jornada ¡para evitar levantarte muchas veces a hacer pipí!

¿Y qué hay de los suplementos?

Llegamos al final del día ¿y estás angustiada porque aún no hemos hablado de los complementos alimenticios mágicos? Cada mes te gastas una fortuna en productos que ofrecen grandes promesas, del estilo «vientre plano», «piel radiante o antiedad», «descansa como un bebé», «antidepresivo», «inmunidad y vitalidad», «belleza de la piel y de las uñas»... No estoy en contra de los suplementos alimenticios, pero la realidad es que ninguno de ellos será superior a la alimentación natural (véase matriz alimentaria, pág. 77).

Cuando los consumes, estás aislando el nutriente de su matriz. ¿Resultado? El nutriente puede ser absorbido con rapidez, lo que implica un aporte masivo desequilibrado o, peor, cambios de función. Por ejemplo, cuando los antioxidantes, como el betacaroteno o la vitamina A, se consumen en altas dosis y al margen de su matriz alimentaria, pueden convertirse en prooxidantes y dañar las células en lugar de protegerlas. Entre los fumadores, estas vitaminas aisladas se asocian a un aumento del riesgo de cáncer.[12]

Del mismo modo, dosis elevadas de omega-3 mal conservadas pueden generar radicales libres, lo que pone en riesgo la salud.

Paradójicamente, suelen ser las personas con una alimentación equilibrada las que consumen suplementos alimenticios, a pesar de que no tienen un déficit de estos nutrientes. En su caso, los suplementos no aportan ningún beneficio extra e incluso pueden ser nocivos.

El objetivo de un suplemento alimenticio es completar un régimen alimenticio normal. En primer lugar, céntrate en la alimentación. En lugar de buscar la salud en una píldora, es esencial dar prioridad a alimentos poco procesados, ricos en fibra, vitaminas, minerales y compuestos bioactivos. Estos alimentos contienen nutrientes en su entorno natural, lo que maximiza su eficacia y limita los riesgos para la salud. La alimentación, en su complejidad y su riqueza, sigue siendo más poderosa que un suplemento alimenticio aislado. Opta por la diversidad alimentaria y deja que los alimentos integrales toquen su sinfonía natural al servicio de tu bienestar. Habla con tu médico: en función de tu situación personal, puede haber riesgos. Más no es sinónimo de mejor.

Los suplementos alimenticios: promesas a veces arriesgadas

Aunque los suplementos alimenticios atraen por su promesa de mejorar la salud o el rendimiento, a menudo la realidad es otra. Muchos de ellos son ineficaces, caros y, lo que es peor, pueden representar un riesgo para la salud.[13]

- Las sobredosis: un consumo excesivo de vitaminas o minerales puede resultar peligroso. Al contrario de lo que se cree, un exceso de nutrientes podría ser tóxico. Por ejemplo, se ha informado de casos de muertes relacionadas con una sobredosis de vitamina D en bebés o de vitamina A en adultos. Ciertas vitaminas (A y E) se desaconsejan a las mujeres embarazadas debido al riesgo de malformaciones congénitas. En resumen: más no es sinónimo de mejor.
- La interacción con los medicamentos, con peligros a menudo desconocidos. Ciertos suplementos pueden interferir con los tratamientos médicos. La hierba de San Juan, por ejemplo, disminuye la eficacia de los anticonceptivos o de los tratamientos contra el VIH. Del mismo modo, el magnesio, el calcio y el *gingko biloba* pueden alterar la acción de ciertos medicamentos. Los estudios han informado de interacciones graves en unas veinte familias de tratamientos. Por esa razón, es fundamental consultar a un médico antes de empezar un tratamiento.
- Los efectos secundarios frecuentes: en Francia, el sistema de vigilancia nutricional informa cada año de unos trescientos efectos secundarios relacionados con estos productos. Entre ellos, un 20% son problemas hepáticos (dolencias del hígado, a veces graves); un 18%, trastornos gastrointestinales (dolores abdominales o diarreas); reacciones alérgicas (un 16%), así como trastornos neurológicos y psiquiátricos (un 12%). Estos datos muestran que incluso los productos considerados «naturales» no están desprovistos de peligro.
- Los fraudes y los productos falsificados: el sector de los suplementos alimenticios, sobre todo *online*, está lleno de productos fraudulentos. Los análisis realizados en suplementos para adelgazar, estimulantes eréctiles o potenciadores del rendimiento revelan que el 70% contienen sustancias prohibidas, a veces peligrosas.[14] Entre estos se

encuentran: compuestos nocivos o cancerígenos, sustancias que provocan daños cardiovasculares (como la fenolftaleína en ciertos laxantes), medicamentos no autorizados (por ejemplo, el tadalafilo o el sildenafilo en los productos para la erección) o inclusos sustancias que no han sido probadas en el ser humano. Estos productos, a menudo etiquetados como «cien por cien natural», exponen a los consumidores a complicaciones graves, incluso mortales. A pesar de un incremento de la vigilancia, buena parte de los productos analizados no son aptos para el consumo, incluso dos años después de haber sido retirados.

- Una advertencia necesaria: ¡los suplementos alimenticios no son inofensivos! Antes de seguir un tratamiento de moda, pregúntate si es realmente útil. Consulta a un profesional de la salud, evita las compras en sitios poco fiables y ten en cuenta las dosis. En definitiva, una alimentación equilibrada y variada sigue siendo la mejor fuente de nutrientes, sin los riesgos asociados a los suplementos.

Si tuviera que citar mis alimentos «mágicos» o «superalimentos»

Lo has entendido: no existen. Sin embargo, en función de mis necesidades personales, hay una lista de alimentos que procuro planificar e introducir en mi rutina. Es decir, me esfuerzo en consumirlos, ya que no forman parte de mis hábitos o no me gustan demasiado. Estos alimentos son muy superiores a cualquier suplemento alimenticio.

- Vegetales variados y de todos los colores: aunque me sale de forma natural, los menciono para animarte, una vez más, a diversificar tus opciones. Consumo todos los alimentos enumerados en «Treinta alimentos de origen vegetal diferentes a la semana» (véase pág. 237). Cada uno de ellos nutre mi cuerpo con una increíble variedad de fibra, polifenoles, vitaminas (C,

K...), minerales (potasio, magnesio...), fitonutrientes (antocianinas, flavonoides, carotenoides...) y proteínas vegetales. Forman parte de una salud óptima. A esta base, añado algunos «superalimentos» a mi rutina.

- Mezcla de semillas variadas: espolvoreo una mezcla de semillas (lino, girasol, calabaza, chía...) en mis ensaladas, tostadas, yogures y en todo tipo de platos. Son una excelente fuente de fibra, magnesio, zinc y lípidos «buenos», así como de otros muchos nutrientes. Considero cada añadido como un «pequeño extra» que no requiere tiempo. Procuro tener listos una serie de frascos, uno que combine bien con preparaciones «dulces» como el yogur (tipo granola sin azúcar) y otro para preparados «salados» (por ejemplo, sésamo, lino...).
- Dos nueces de Brasil al día: son mis pequeñas bombas nutricionales de selenio. Conservo un frasco en la nevera para no olvidar comerlas cuando la abro. Es importante para mí porque, durante mis estudios, olvidaba comer carne y tenía déficit de zinc y selenio. Por suerte, todas mis carencias fueron corregidas gracias a una nutrición personalizada: ¡yo soy mi primera cobaya!
- Pequeños pescados grasos (sardinas, caballa, arenque, anchoas, trucha): los consumo dos veces a la semana por los omega-3 EPA/DHA, esenciales para mi cerebro, y por sus funciones antiinflamatorias y su vitamina D natural. Latas de conserva estratégicamente colocadas, tanto en casa como en la oficina, me lo recuerdan. Y, además, tomo un suplemento en ácidos grasos esenciales omega-3 (EPA y DHA, véase pág. 199).
- Nueces comunes: estas nueces, que parecen cerebros diminutos, son ricas en ácido alfa-linolénico (ALA), precursor del EPA y el DHA. Dejo un cuenco de nueces enteras con un cascanueces en mi encimera: ¡es mi pequeño *snack* cuando cocino o converso con alguien en la cocina!
- Pudin de semillas de lino y chía: ideales por su aporte en ALA y en fibra, son mis aliadas para un tránsito intestinal perfecto y, sobre todo, es mi truco personal número uno para llevarme algo a la boca y así apaciguar el deseo de comerme un bote de helado

después de la cena. Suelo preparar los púdines de chía y lino con una bebida vegetal. Basta con abrir mi nevera, añadir pedacitos de plátano o frutos rojos frescos o congelados y virutas de chocolate negro.

- Algas: un aporte en yodo esencial, a veces descuidado. Me gusta el tartar de algas, una ensalada de algas deshidratadas o incluso algunos trozos de algas secas en mis platos. Siempre tengo un tartar de algas fresco y un pequeño frasco de hojas de *kombu* desmenuzadas junto a la sal y la pimienta para añadir algunos gramos a mis platos (sin exagerar). Me proveo gracias a los productores bretones, que las analizan y garantizan un bajo contenido en sustancias contaminantes (por ejemplo, mercurio).
- Setas expuestas al sol: ricas en vitamina D y en compuestos bioactivos, como la ergotioneína, un antioxidante único y poderoso. Las setas *shiitake* o los pleurotos dorados son las que más a menudo crecen bajo el sol. No les quites la piel, que se ha dorado bajo el astro rey y contiene mucha vitamina D.
- Ostras: no me gustan (solo verlas me da un poco de miedo), pero como solo una cuando mi familia o amigos las consumen por su excepcional contenido en zinc.

Mi aporte en proteínas animales, con moderación

Además de consumir uno o dos huevos cada dos días (los elijo enriquecidos en omega-3 y dejo siempre la yema líquida para conservar sus preciados ácidos grasos), una fuente perfecta de proteínas completas, de colina y vitaminas liposolubles (A, D, E y K), procuro comer carne, porque tengo tendencia a descuidarla.

- Carne blanca y roja: consumo aves de corral unas dos veces a la semana y carne roja de pasto una vez a la semana por su hierro hemínico,* sus vitaminas B y otros nutrientes: zinc, selenio,

* El hierro de los alimentos se presenta en dos formas. El hierro hemínico, presente exclusivamente en los productos animales como la carne, es fácilmente absorbido por el organismo. En cambio, el hierro no hemínico, que encontramos en los alimentos vegetales y animales, no se

B12... Siempre la compro ecológica y rica en omega-3. Mi truco: para mantener el nivel de hierro cuando estoy menstruando, compro un montón de morcilla negra; consumo una de inmediato y congelo las demás para tomar una a la semana. Segundo truco: cuando voy a un restaurante, elijo carne roja (si es de alta calidad) en lugar de un plato de pasta. Si me apetece pasta, pido *alla vongole*, ¡porque las almejas son muy ricas en hierro!

- Hígado de ave ecológico: a pesar de mi reticencia, me esfuerzo en comerlo de vez en cuando por su aporte concentrado en vitamina B12 activa, hierro y vitamina A. Una dosis poderosa para los déficits ocultos, frecuentes en las mujeres, aunque esté muy lejos de ser mi alimento preferido.

Mis suplementos alimenticios recetados

Cualquier suplemento alimenticio debería ser prescrito por un médico en función de tu situación personal para minimizar los riesgos y optimizar los beneficios. Por ejemplo, si tienes una carencia en vitamina D, tomar 500 UI al día será insuficiente y probablemente necesitarás 5.000 UI diarias hasta que se resuelva el déficit. La vitamina D también se debe combinar con la vitamina K2 por su efecto sinérgico. En otras palabras, la dosis y la formulación óptimas deben determinarse escrupulosamente.

No estoy en contra de los suplementos alimenticios. A veces son fundamentales y yo también los tomo. Por ejemplo, he tomado yodo tras descubrir una deficiencia de esta sustancia,* aunque suelo tomar productos marinos (y el análisis de orina se hizo tras pasar seis meses a la orilla del mar con sesiones de surf diarias), vitamina D y omega-3. He aquí dos suplementos alimenticios de eficacia probada:

---

asimila tan bien. Su absorción varía en función de nuestras reservas de hierro, nuestra alimentación y otros factores. Por ejemplo, la vitamina C (presente en frutas como la naranja) favorece su asimilación, mientras que los taninos del té pueden reducirla. Ajustar nuestras comidas nos permite así responder a nuestras necesidades de hierro (ANSES).

* Realicé una breve cura, en un contexto médico específico. Hoy procuro, simplemente, consumir algas (véase pág. 279).

- La vitamina D: un déficit en esta vitamina es frecuente, por ejemplo en París, donde trabajo en interior y me falta luz solar. Esta vitamina es producida por el organismo al exponernos al sol y contribuye a fijar el calcio en los huesos, además de sintetizar hormonas fundamentales para la salud, y mucho más.
- La vitamina B9 (para las mujeres embarazadas): entre los suplementos alimenticios con beneficios científicamente demostrados y con un consenso científico y médico, podemos citar el ácido fólico o los folatos para prevenir un tipo de malformación congénita (espina bífida) debida a una anomalía del tubo neural que ocurre durante el crecimiento del feto. Muchos estudios han confirmado el interés de tomar este suplemento alimenticio antes y durante el primer trimestre de embarazo. Sin embargo, idealmente, conviene ajustar la dosis en función del análisis sanguíneo; el ácido fólico sintético no penetra en las células de la misma forma que la vitamina B9 alimentaria y puede implicar riesgos.[15] Opta por las formas metiladas de vitamina B9.

Foco en los omega-3

Los omega-3 son esenciales para el cerebro (véase pág. 198). En la familia de los ácidos grasos, encontramos el EPA y el DHA, que provienen principalmente de pescados grasos de mares fríos. Si no consumes el suficiente pescado de este tipo, es necesario un suplemento, aunque, sin duda, un alimento natural siempre es superior a los suplementos que intentan sustituir sus aportes. En efecto, los pescados también son una fuente de zinc, selenio y otros nutrientes esenciales. Si no consumes pescado, consulta a tu médico para que te haga un análisis de sangre (análisis cuantitativo de omega-3 en los glóbulos rojos) y empezar un tratamiento de EPA y DHA en función del déficit que hay que subsanar.

Personalmente, además de consumir pequeños pescados grasos, cada día tomo una píldora de ácidos grasos omega-3 con un contenido de 500 a 1.000 mg de EPA y DHA. Elige, con ayuda de tu médico, un suplemento certificado por su calidad, asociado a antioxidantes para prevenir la oxidación (fuera del alimento, el EPA y el DHA pueden estar sujetos a la oxidación, porque son muy sensibles al oxígeno, pero también a la luz y al calor), y en un envase opaco, protegido de la luz. Procura elegir un producto sometido a controles de calidad (por ejemplo, índices IFO, TOTOX...). Conserva el suplemento en la nevera para evitar la oxidación. Evita tomar un suplemento que haya estado mucho tiempo en la estantería de una farmacia y consúmelo rápidamente después de la compra. Pasados los seis meses, tira el envase si no lo has acabado.

Recomendación para las mujeres que proyectan quedarse embarazadas, están embarazadas o en periodo de lactancia

Dada la importancia del EPA y, sobre todo, del DHA para el buen funcionamiento del cerebro del feto y el niño, se recomienda el consumo de pescado o suplementos. Un estudio ha revelado que el 74 % de las mujeres en edad de procrear y el 85 % de las embarazadas consumen menos pescado que el recomendado para sostener el desarrollo neuronal.[16] De forma general:

- Consume entre 150 y 250 g de pescados grasos por semana (sardina, arenque, caballa, anchoa o trucha).
- Además, pide a tu médico que te realice un análisis de sangre para comprobar el nivel de ácidos grasos omega-3 y tomar un suplemento en caso de déficit. Idealmente, empieza el tratamiento seis meses antes de quedarte embarazada.

- No disminuyas tu consumo de pescado por la exposición al metilmercurio. Sencillamente, elige los pescados menos contaminados (véase pág. 198). Infórmate de la contaminación de los pescados capturados localmente en las páginas web de cada provincia.

Recomendación para las personas con enfermedad coronaria o con riesgo de padecerla

En la actualidad, se recomienda un aporte de 1.000 mg al día de EPA y DHA para reducir la mortalidad por enfermedad coronaria.[17] Dosis más bajas podrían bastar, pero, dado el riesgo más elevado en esta población, un aporte de 500 a 1.000 mg al día, en línea con el mayor ensayo de prevención secundaria,[18] parece razonable.

Respecto a los efectos sobre la salud cardiovascular, estos se producen semanas o incluso años después del aumento del consumo de pescado o de suplementos de ácidos grasos omega-3.

En ciertas patologías, en especial las autoinmunes, como la poliartritis reumatoide, se recomienda una dosis superior a 1 g al día.[19]

ETAPA 10
OPTIMIZA TU RUTINA DE LA NOCHE Y CONTROLA TU ESTRÉS

1. CUIDA DE TU SUEÑO

Si pensamos en ello, dormir parece ser un comportamiento peligroso: nos abandonamos a nosotros mismos, con una conciencia del entorno tan reducida que nos pone en peligro. Si un depredador nos encontrara, nos convertiríamos en su cena. Tampoco es un comportamiento que nos permita encontrar comida ni una pareja para reproducirnos, dos de las funciones esenciales para nuestra supervivencia. Sin embargo, la casi totalidad de los seres vivos, incluidas las plantas o las moscas, tienen un ciclo de vigila y sueño (o descanso). Si dormir es universal es porque todos tenemos una necesidad absolutamente crucial de ello. Nos pasamos una tercera parte de la vida durmiendo, ya que resulta esencial para todas las funciones del organismo. No hay un solo aspecto de la salud que no mejore de forma clara con una buena noche de sueño, y a la inversa. Esta última etapa del protocolo no es, pues, la menos importante. El sueño es uno de los principales pilares sobre los que podemos actuar para optimizar la salud, junto con la alimentación y la actividad física. Sin embargo, en la actualidad, una tercera parte de los adultos sufre trastornos del sueño,[1] y esto sin contar a quienes no duermen lo suficiente para mantener una salud óptima, ya sea por decisión propia, por negligencia, porque no es una prioridad o porque trabajan mucho... Compartiré contigo los trucos más interesantes para optimizar tu sueño y transformar tu vida (¡porque sabes que después de una buena noche todo va mejor!). También responderé a algunas ideas preconcebidas que me plantean con frecuencia.

El insomnio en cifras[2]

La prevalencia mundial de trastornos del sueño varía de una de cada diez personas a una de cada dos (o incluso dos de cada tres en poblaciones muy específicas). Las mujeres sufren de forma significativa más insomnio que los hombres. Entre los individuos que padecen apnea del sueño (para la que el sobrepeso y la obesidad son grandes factores de riesgo) o apnea obstructiva del sueño (AOS), la prevalencia del insomnio es del 38 %, con quejas específicas, como dificultad para conciliar el sueño (18 %), para mantenerlo (42 %) y un despertar matinal precoz (21 %). Entre los estudiantes, el 55 % afirma tener un sueño de mala calidad, lo que altera en gran medida su capacidad de memorización.

Para hacer un balance de tu sueño, puedes realizar el siguiente test.

(En francés)

¿Qué nos dice la ciencia?

Hay muchas fases del sueño y cada una cumple una función diferente. Al principio de la noche, por ejemplo, predomina el sueño profundo (de ondas lentas) y, al final de la noche, predomina el sueño paradójico. Cada ciclo, de una duración media de 90 minutos, incluye las fases esenciales de sueño ligero, profundo y paradójico, cruciales para la recuperación física, la memoria, la regulación emocional y otros muchos aspectos. También es importante dormir entre siete y nueve horas seguidas en función de tus necesidades y experimentar entre cuatro y seis ciclos de sueño completos. Atención: he dicho «en función de tus necesidades»; si necesitas dormir seis horas cada noche y te obligas a dormir ocho horas, te arriesgas a desarrollar trastornos del sueño, como insomnio psicofisiológico. Dormir demasiado es nefasto para la salud o señal de un problema; si es así, consulta a tu médico.

Algunas funciones del sueño

El sueño es uno de los principales pilares para fomentar un buen estado de ánimo. Una falta de sueño nos aboca a la irritabilidad, la tristeza, la falta de autoconfianza... El insomnio crónico se asocia a la depresión y tiene un efecto en los dos sentidos: la depresión favorece los trastornos del sueño y los insomnios fomentan los trastornos del estado de ánimo; algunos llaman «círculo vicioso» a este efecto bidireccional. Otro tanto puede decirse de los trastornos del estado de ánimo, que pueden afectar a la calidad del sueño, y las alteraciones del sueño pueden, a su vez, precipitar los trastornos del estado de ánimo.

El sueño también desempeña un papel absolutamente crucial en el mantenimiento de una buena memoria.* Sin embargo, con la edad, se observa una disminución del sueño profundo, lo que se asocia al declive cognitivo. Este fenómeno natural en la arquitectura del sueño puede afectar más a las mujeres que atraviesan la perimenopausia.

Impacto del sueño en el apetito, el peso y la glicemia[3]

Un sueño de corta duración aumenta el hambre y el aporte calórico, altera las hormonas que regulan el apetito y está asociado al aumento de peso y a la obesidad, así como a un mal control glicémico.

* Capacidades mnésicas.

En los estudios, los participantes sometidos a una restricción del sueño consumieron una media de 252,8 a 385 kcal más al día y experimentaron un aumento notable en la sensación de hambre. Se detectaron niveles más elevados de la hormona del hambre, la grelina, y niveles más bajos de la hormona de la saciedad, la leptina.

También se ha constatado que un sueño más breve o más tardío se asocia a regímenes alimentarios considerados menos sanos y a un comportamiento más sedentario, lo que puede contribuir al aumento de peso y a problemas metabólicos, como la obesidad y la diabetes tipo 2.

Dormir es como cenar

Quizá lo has experimentado: tras una breve noche, ¡al día siguiente tenemos más hambre y sentimos un apetito más acuciante por alimentos más grasos y azucarados!

Un mal descanso nocturno puede afectar especialmente a la producción de las hormonas que regulan el apetito. Por citar solo dos ejemplos: la leptina y la grelina. La sensación de saciedad se ve negativamente afectada por una mala noche. En consecuencia: a la mañana siguiente tenemos más hambre y tendemos a buscar alimentos más grasos y azucarados,* comemos más y, a largo plazo, podemos subir de peso. Ahora bien, sabemos que el sobrepeso y, en especial, la obesidad fomentan los trastornos del sueño. Nos encontramos ante un círculo vicioso: el sueño alterado favorece el aumento de peso debido a una alteración en el control de la ingesta alimentaria y otros mecanismos, y el aumento de peso resultante refuerza los trastornos del sueño, en especial las apneas obstructivas.

- La leptina es producida por las células adiposas. A veces recibe el nombre de «hormona saciadora» porque hace

* Más exactamente, alimentos más ricos en ácidos grasos saturados y en azúcares añadidos.

disminuir el apetito. La falta de sueño puede perturbar la producción normal de leptina, aumentar el apetito y, por lo tanto, conducir a un aumento de peso.

- La grelina influye en la relación entre la leptina y el sueño. Estimula el apetito y su nivel tiende a elevarse con la privación de sueño, exacerbando así el hambre.

Sueño y enfermedad de Alzheimer

Las personas que padecen trastornos del sueño tienen un riesgo entre 1,55 y 3,58 veces más elevado de desarrollar alzhéimer[4] y el 15 % de los casos podrían explicarse por esta razón. Estos aparecen de manera precoz, a menudo en las primeras fases de la enfermedad, y se agravan a medida que progresa. Estos trastornos del sueño son a la vez un síntoma y un factor de riesgo de la enfermedad; ¡un círculo vicioso! Tratarlos podría ayudar a reducir los riesgos y ralentizar el progreso de la enfermedad.[5] Si padeces apnea obstructiva del sueño (AOS), es importante consultar con tu médico. Este tal vez te recomiende una terapia de presión positiva continua (CPAP).[6] La pérdida de peso también es una estrategia que conviene contemplar si esa es la causa de la apnea.

Intervenciones precoces para mejorar la calidad y la cantidad de sueño podrían reducir la incidencia de la enfermedad de Alzheimer.[7]

Los procesos implicados, en detalle[8]

Durante la noche, cuando dormimos, tienen lugar diversos procesos de mantenimiento de los que no somos conscientes. Podemos imaginar que, cuando todo el mundo duerme en la «ciudad del cerebro», tiene lugar un gran proceso de limpieza, como en el caso de París, en el que las brigadas de limpieza realizan un trabajo formidable cuando todos estamos durmiendo.

Así pues, podemos imaginar que la falta de sueño provoca una acumulación de residuos en el cerebro,* y su putrefacción genera sustancias aún más nocivas.**

Favorece el estrés oxidativo y fomenta la neuroinflamación, que daña las células neuronales y las sinapsis, lo que contribuye a la neurodegeneración observada en la enfermedad de Alzheimer. Dormir lo suficiente es, pues, esencial para proteger la salud de tu cerebro.

Perimenopausia, menopausia y trastornos del sueño[9]

Un poco más de la mitad de la población mundial conocerá este gran cambio en la vida. Sin embargo, sigue siendo un tabú que ha sido objeto de poco estudio: las mujeres son ignoradas en muchos ámbitos, incluidas las ciencias (vosotras, mujeres jóvenes, ¡uníos a mí en la ciencia para cambiar el mundo!). Durante la perimenopausia, son muchas las que sufren alteraciones del sueño y trastornos del estado de ánimo. De manera general, conviene saber que el sueño evoluciona naturalmente con la edad.

Estos cambios incluyen:[10]

- Una disminución de la amplitud del ritmo circadiano (las señales biológicas de vigilia y sueño se vuelven menos marcadas).
- Una pérdida del tiempo total de sueño, con una reducción del sueño de ondas lentas, o sueño profundo, esencial para la recuperación.
- Un avance de fase: la necesidad de dormir puede llegar antes por la noche y el despertar también se puede adelantar.

* Marcador patológico de la enfermedad de Alzheimer.

** Como la hiperfosforilación de la proteína tau, que conduce a la formación de degeneraciones neurofibrilares que perturban la función neuronal y constituyen otro marcador patológico de la enfermedad de Alzheimer.

Con la perimenopausia, estas alteraciones se acentúan, sobre todo, a causa de los cambios hormonales:[11]

- La producción de melatonina disminuye con la edad y, en especial, con la menopausia. Aunque esta hormona del sueño no está directamente implicada en los sofocos, su disminución puede afectar al estado de ánimo, al bienestar general y al ritmo circadiano.
- La bajada de estrógenos provoca síntomas vasomotores, sobre todo, los famosos sofocos nocturnos, que fragmentan el sueño. Por suerte, los estudios demuestran que las terapias hormonales sustitutivas (THS) los reducen y mejoran la calidad del sueño al disminuir los despertares nocturnos.* [12]
- Otros factores agravantes:
  – La depresión y la ansiedad: la menopausia aumenta el riesgo de trastornos del estado de ánimo que establecen un círculo vicioso con las alteraciones del sueño. Busca ayuda lo más pronto posible si este es tu caso. Te mereces una bella segunda mitad de la vida y la ciencia y la medicina nos ofrecen muchas estrategias para mejorar y sentirnos bien.
  – El aumento de peso y las apneas del sueño: el sobrepeso puede acentuar los problemas respiratorios nocturnos, como las apneas, y reducir la calidad del sueño. Sin embargo, en la perimenopausia es frecuente experimentar una progresiva acumulación de masa grasa y un cambio en la composición corporal (véase la relocalización del tejido adiposo, pág. 40).
  – La inflamación: relacionada con la menopausia, puede alterar el metabolismo de la serotonina, molécula esencial para el estado de ánimo, el sueño y la regulación del apetito.

* Además, los THS ofrecen numerosos efectos beneficiosos adicionales, tanto para la mejora de la composición corporal como para la prevención de trastornos de la memoria y la enfermedad de Alzheimer.

Realiza el test del código QR abajo para saber si corres el riesgo de sufrir apneas del sueño. Si es así, consulta a tu médico para mejorar tu calidad de vida.

(En francés)

¿Cómo actuar para dormir mejor en la menopausia?

- Consulta a tu médico: evita la automedicación, sobre todo, con somníferos que enmascaran los problemas sin mejorar realmente la calidad del sueño. Explora con él las opciones disponibles, incluidas las terapias hormonales para tratar los sofocos.
- Prueba una TCC-I (terapia cognitivo-conductual para el insomnio): este enfoque es eficaz para gestionar los problemas de insomnio (véase pág. 303).
- Adopta hábitos favorables al sueño: mantén un peso estable para reducir el riesgo de apneas del sueño y aplica el resto de los consejos que ofrezco en este libro.
- Los trastornos del sueño vinculados a la menopausia son multifactoriales, pero hay muchas soluciones, desde protocolos médicos a cambios en tus hábitos de vida.

En la práctica: ¡hackea tu sueño!

Fomenta el trabajo en equipo de los procesos S y C

Tu sueño se apoya en dos mecanismos fundamentales que permiten explicar si necesitamos dormir (y si vamos a dormir bien) o cuándo y cuánto tiempo necesitamos dormir: el proceso S (presión de sueño) y el proceso C (reloj circadiano).[13] En general, el descanso se hace necesario cuando una fuerte presión de sueño (proceso S) coincide con una bajada de la vigilancia dictada por el reloj circadiano (proceso C). Si necesitas un apoyo visual para comprender esta importante teoría, busca en internet «*Two process model of sleep regulation*» y observa los esquemas. Comprender bien estos dos procesos puede ayudarte a adaptar tus hábitos para dormir mejor, sentirte menos cansada y evitar los insomnios. También te ayudará a comprender en qué momento del día tienes más o menos energía.

El proceso S: la presión de sueño

Ya hemos hablado de esto a propósito de la cafeína. Si tienes buena memoria, recordarás lo que viene a continuación. Podemos imaginar que la presión del sueño funciona como un reloj de arena. Cuando estás despierto, tu cerebro acumula una molécula del cansancio (adenosina), que le indica a tu cuerpo que necesita reposo. Cuanto mayor es la presencia de adenosina, mayor es la urgencia de dormir. Una noche de sueño permite «vaciar» el reloj de arena y reducir los niveles de adenosina. La presión del sueño, a veces llamada «proceso homeostático», está relacionada con el tiempo que pasamos despiertos. Cuanto mayor es ese tiempo, más presión se acumula y nos sentimos más cansados. Y disminuye mientras dormimos. Así, la necesidad de dormir está dictada por la duración de nuestra vigilia previa. Cuanto más larga ha sido, más fuerte es la necesidad de dormir. En un día normal, imaginemos que te levantas a las siete de la mañana. Hacia las once de la noche, es lo bastante intensa para darte ganas de dormir. Una noche completa permite recuperar el reloj de arena de la presión del sueño: dejas de sentir cansancio y te despiertas de un modo natural.

Pero, si pasas una noche en blanco, la adenosina sigue acumulándose y la presión del sueño alcanza niveles muy elevados. Sentirás mucho cansancio. Cuando al fin te acuestes, tu sueño será mucho más profundo para compensar y necesitarás dormir un poco más. Te despertarás más tarde de lo habitual si no pones el despertador. Sin embargo, para ciertas personas, es imposible; se despiertan todos los días a la misma hora, poco importa la presión del sueño, y esto se explica por su reloj biológico (proceso C) bien sincronizado.

Consejos prácticos para dormir bien según el proceso S

- Limita la cafeína: el café bloquea temporalmente los receptores de la adenosina, lo que reduce de manera artificial la presión del sueño (véase pág. 154). Consumir café por la tarde o por la noche puede retrasar el momento de conciliar el sueño y alterar su calidad.
- Evita las siestas si padeces insomnio: una siesta, sobre todo, a partir de las dos del mediodía, reduce la acumulación de adenosina, lo que contribuye a una mayor dificultad para conciliar el sueño por la noche. Incluso si no padeces insomnio, evita las siestas largas después de las tres (véase pág. 247). Evita a cualquier precio dormitar en el sofá por la noche: estas pequeñas siestas aniquilan la presión del sueño necesaria para la noche... ¡No te sorprendas si luego sufres insomnio!
- No te obligues a dormir (véase pág. 301).
- Mantente activo durante el día: la actividad física contribuye a reforzar la presión del sueño. Un paseo después del almuerzo o una sesión de ejercicio moderado pueden marcar la diferencia. Cuanto más activa estés durante el día, mejor será la calidad de tu sueño.

El proceso C: el reloj circadiano

Tu reloj biológico, situado en el cerebro (en el núcleo supraquiasmático), regula los ciclos de vigilia y sueño durante un periodo de veinticuatro horas. Está influido por la luz natural, los horarios de las comidas y tus hábitos cotidianos, y también por componentes genéticos (véase pág. 112). Podemos imaginarlo como grandes olas que marcan el ritmo de nuestros días. Cuando surfeas la cresta de la ola, tienes más energía. Cuando estás en el valle, pasa todo lo contrario: tu estado de alerta se encuentra en el punto más bajo. La ola alcanza su pico a mitad o al final de la mañana, seguida de un pequeño valle entre la una y las tres (el bajón de energía de la tarde, véase pág. 246), y sube por la tarde para volver a descender y alcanzar un valle profundo durante la noche.

Este proceso sigue nuestro reloj biológico interno, que oscila aproximadamente en un ciclo de veinticuatro horas. Regula los periodos de vigilia y somnolencia, independientemente de la duración del sueño anterior. Por ejemplo, la mayoría de las personas experimentan una bajada natural de la energía al principio de la tarde y durante la noche.

En un día normal, el reloj circadiano te lleva a lo alto de la ola por la mañana y luego te ofrece un pequeño valle al principio de la tarde. Al final de la tarde, deja lugar al sueño al favorecer la producción de melatonina. Pero, si pasas una noche en blanco, el reloj circadiano continúa haciendo su trabajo a su ritmo. Experimentarás entonces un pico de energía por la mañana, aunque no hayas dormido, pero al inicio de la tarde se presentará una fuerte bajada del nivel de atención. Esto demuestra que los dos procesos explican la sensación de energía y la calidad del sueño. En general, el sueño es necesario cuando una fuerte presión del sueño (proceso S) coindice con una bajada de la alerta dictada por el reloj circadiano (proceso C).

Consejos prácticos para dormir bien según el proceso C

- Sigue horarios regulares, exponte a la luz intensa de la mañana y respeta tu ritmo: a tu reloj circadiano le gusta la estabilidad. Estos consejos han sido tratados en la etapa 1 del protocolo (véase pág. 304): acuéstate todos los días a la misma hora, con una variación máxima de veinte minutos; exponte a la luz intensa del día al menos veinte minutos por la mañana, en cuanto te sea posible después de despertar, y vive en función de tu ritmo (profesional, ejercicio físico, comidas...).
- Utiliza tu energía con inteligencia: identifica tus picos de atención para las tareas importantes y planifica actividades relajantes para los bajones (entre una y tres de la tarde).

Otros consejos para reforzar tu ritmo circadiano

La sinfonía del sueño y, por lo tanto, la síntesis de melatonina tienen lugar de forma rítmica, cada noche a la misma hora, siempre y cuando esté bien sincronizada. El proceso C se regula principalmente de forma endógena, es decir, en el interior de nuestro organismo. Sin embargo, para actuar es importante saber que el ritmo circadiano está influido por ciertos factores ambientales, como la exposición a la luz o la temperatura.

Por la noche, crea un ambiente de luz tamizada

Con la caída de la noche, para estimular la síntesis de melatonina, una rápida conciliación y calidad del sueño, debes imitar las condiciones en las que ha evolucionado el cerebro: disminuye la intensidad luminosa para favorecer la relajación e informar a tu cerebro de que debe prepararse para dormir. Intenta recrear un espectro luminoso cálido y de intensidad débil en cuanto se pone el sol.

- Compra lámparas de intensidad luminosa variable para poder ajustarla.
- Opta por bombillas de luz cálida (roja, anaranjada, amarilla) y evita a toda costa la luz blanca intensa en cuanto se pone el sol. Por ejemplo, si en el baño tienes ledes blancos que te deslumbran, ¿por qué no comprar una pequeña lámpara suplementaria que te alumbrará de noche, cuando te cepilles los dientes? En efecto, los quince minutos que pasas cada noche en un baño iluminado por una luz blanca de hospital pueden perjudicar tu sueño.
- Evita las pantallas de dos a tres horas antes de acostarte: Si esto no es posible:

  – Aleja las pantallas. Por ejemplo, en lugar de ver una serie en el teléfono móvil, a dos centímetros de tus ojos, utiliza una pantalla o un proyector situados a muchos metros.

- Disminuye la intensidad luminosa y opta por una luz cálida. La mayoría de los smartphones, ordenadores y televisores la incluyen en sus parámetros. En mi teléfono, he activado un night shift automático cada día a la hora a la que se pone el sol. En mi ordenador he instalado la aplicación f.lux y la pantalla adquiere una progresiva tonalidad anaranjada en cuanto se pone el sol y, luego, entrada la noche, alcanza un tono rojizo-anaranjado. También podrías comprarte unas gafas que filtren la luz azul.
- No debe haber teléfonos en la habitación (volveremos sobre ello) y si, por alguna razón, dejas aparatos electrónicos en ella, asegúrate de que cualquier fuente de luz está completamente bloqueada. Una notificación silenciosa en la pantalla de tu teléfono a unos centímetros de tus ojos será percibida por tu cerebro, aunque tengas la sensación de que no te despertará.

• Duerme toda la noche. Si tu habitación da a las farolas de la calle o al letrero ultraluminoso de la tienda de enfrente (si por azar las personas que me leen tienen poder de decisión al respecto, gracias por hacer todo lo posible para detener esta contaminación luminosa) o si todas las noches, a las cinco de la mañana, te despiertan las luces del camión de la basura, compra unas cortinas que bloqueen por completo la luz.

Baja la temperatura

Cada noche, tu temperatura corporal baja en torno a 1 °C. Esta bajada está relacionada con la sinfonía de hormonas y otros procesos que favorecen la conciliación del sueño. Sin duda, ya habrás tenido la experiencia del insomnio en una noche de canícula: el sueño y la temperatura elevada no casan bien. Debes seguir el ritmo de tu director de orquesta.

• Disminuye la temperatura ambiente. Mantén tu habitación a unos 18,5 °C y evita calentarla si no es necesario. Por ejemplo, en París, aunque no ponga la calefacción en la habitación, la temperatura nunca baja de los 19 °C en invierno. Procuro abrir las ventanas para que entre aire limpio y disminuya un poco la temperatura.

- Evita la actividad física intensa antes de acostarte. Aunque la actividad física regular promueve un sueño de calidad y el efecto fomenta un círculo virtuoso: si duermes bien, tendrás más energía, mejor ánimo y motivación para hacer ejercicio. Sin embargo, si es muy intenso y está muy cercano a la hora a la que nos acostamos, tendrá un efecto contrario. Esta actividad elevará la temperatura corporal y alterará el sueño. Evita cualquier ejercicio físico intenso (CrossFit, *sprints*...) tres horas antes de dormir. Si comes entre dos y tres horas antes de acostarte, realiza el ejercicio entre cuatro y tres horas antes de ir a la cama, por ejemplo. Si quieres ponerte en movimiento después de la cena, no pasa nada, pero opta por un paseo tranquilo, una sesión de yoga suave o estiramientos.
- Trucos de friki: calienta brevemente las extremidades de tu cuerpo. ¿Has oído decir que se recomienda a las personas con insomnio dormir con calcetines o quizá hayas visto ilustraciones antiguas de personas que duermen con un gorro? Calentar las manos y los pies puede parecer banal, pero es un truco eficaz para estimular la conciliación del sueño. Tu cuerpo sigue un ritmo natural, el circadiano, que regula, entre otras cosas, tu temperatura interna a lo largo de las veinticuatro horas. Para conciliar bien el sueño, necesita enfriarse ligeramente, sobre todo, al nivel del «núcleo central» (tu torso y abdomen). Cuando calientas las manos y los pies, los vasos sanguíneos de esas zonas se dilatan (vasodilatación periférica), lo que permite a la sangre circular más fácilmente hacia las extremidades y eso ayuda a disipar el calor del centro del cuerpo. Se parece a abrir la ventana en una habitación caldeada: el calor «se escapa» y la temperatura global disminuye. En consecuencia, la temperatura central de tu cuerpo desciende ligeramente, lo que le indica a tu cerebro que ha llegado la hora de dormir.

¿Cómo calentar las extremidades de tu cuerpo?

- **Ducha caliente:** toma una ducha o un baño caliente una o dos horas antes de irte a la cama.
- **Botella de agua caliente o calcetines abrigados:** utiliza una botella de agua caliente en la parte baja de la cama o ponte calcetines suaves y abrigados durante unos minutos antes de dormir y luego quítatelos para evitar tener mucho calor. Algunas personas se los dejan en invierno. ¿Por qué no? Si el calor no te despierta después...
- **Baño rápido de pies:** sumerge los pies en agua caliente durante cinco o diez minutos antes de acostarte.
- **Lavarse las manos y la cara con agua caliente:** sumerge las manos en agua caliente y lávate la cara antes de irte a dormir.
- Estos gestos sencillos ayudan a tu cuerpo a alcanzar la temperatura ideal para conciliar el sueño, mejorando así la calidad de tu descanso y reduciendo el tiempo necesario para dormirte.

Adopta una rutina que entrene a tu cerebro para dormir

El sueño es una función biológica esencial, pero no basta con estar cansado para dormir bien. El cerebro, maestro de nuestros ritmos, funciona en gran medida gracias a hábitos y señales condicionadas. Si estas señales están desorganizadas, el sueño se resiente. Crear una rutina de descanso es como programar un despertador biológico: al repetir los mismos gestos cada noche, estás «entrenando» a tu cerebro para que se prepare para el descanso. Repetirlos crea una asociación mental entre los comportamientos y la conciliación del sueño.

- La cama es el templo del sueño y de los mimos. Nada más. Nada de teléfono ni de trabajo, nada de comer viendo una serie o una película. Cada vez que usas tu cama para otra cosa que no sea dormir o mantener relaciones íntimas, condicionas inconscientemente a tu cerebro para asociarla a actividades distintas al descanso. Resultado: cuando te acuestas para dormir, tu cerebro no sabe qué es lo que vas a hacer. Por lo tanto, tienes que ser estricta: ¡reserva tu cama para estas dos actividades esenciales, el sueño y las caricias! ¡Creo que es el único lugar en este libro en el que impongo una regla inflexible que hay que cumplir sin excepciones! Cuidado: si padeces insomnio, este consejo te atañe especialmente.

- Crea una separación clara entre el dormitorio y el resto de la casa. Para reforzar este condicionamiento, transforma tu habitación en un oasis dedicado a la calma. Instala separadores visuales, como una puerta cerrada o un biombo y una alfombra que delimite el santuario si vives en un espacio abierto. No permitas que el ordenador o los dosieres de trabajo invadan este espacio. Piensa en rituales sencillos para «clausurar» tu jornada antes de entrar en tu dormitorio, como dejar tu teléfono (¡fuera de la habitación!) o apagar las luces inútiles en el resto de la casa. Personalmente, he instalado una «estación de recarga» fuera de la habitación y utilizo un despertador antiguo para despertarme por la mañana.
- Excluye las pantallas y los relojes visibles. Ninguna distracción luminosa en la habitación: fuera pantallas, fuera televisor, ni siquiera la hora debe ser visible. Como sabes, las pantallas emiten una luz azul que altera la producción de melatonina, la hormona del sueño. En cuanto al reloj, verlo brillar durante la noche puede desencadenar una espiral de ansiedad si te cuesta dormir: «¡Ya es medianoche y aún no me he dormido!». Escóndelo, apágalo o utiliza una alarma discreta, sin luz visible.
- Desactiva las tensiones antes de dormir. Evita los temas sensibles o los conflictos familiares antes de dormir. Sin embargo, no permitas que disputas importantes y no resueltas perturben tu sueño. Encuentra un compromiso temporal, acuerda volver a hablar del problema a la mañana siguiente, pero libérate de la carga emocional antes de cerrar los ojos. Con mi pareja, no nos

vamos a dormir sin «sacar la basura»: si percibimos una tensión o un problema no resuelto, lo hablamos; tenemos la regla de no irnos a dormir con una carga emocional.

- Adopta una pequeña rutina para conciliar el sueño. La regularidad es tu mejor aliada. Crea una rutina que te diga: «Es hora de desconectar». Puede incluir todas las etapas precedentes, así como escribir una pequeña lista de tareas para realizar a la mañana siguiente con el objetivo de liberar tu mente de preocupaciones. Leer un libro relajante, escuchar música suave o sonidos envolventes, difundir aceites esenciales como la lavanda u otro puede actuar como una magdalena de Proust de la ternura.
- Calma tu mente con un ejercicio de respiración.
- Practica el *journaling* y medita. Como hemos visto, por la noche, el *journaling* expresivo o de gratitud es eficaz para relajarse, liberar los pensamientos estresantes antes de dormir y contemplar las situaciones de una forma más optimista (véase pág. 138). También podremos meditar o hacer yoga.
- Cuida tu higiene bucodental. Nuestro microbioma intestinal empieza en la boca (véase pág. 53).

A la atención de las personas que padecen insomnio

Si no consigues conciliar el sueño, no te quedes en la cama dando vueltas una hora entera. Levántate, sal de la habitación y practica una actividad tranquila, improductiva y monótona en la penumbra (como respirar, meditar o colorear un mandala). Evita comer, encender la luz salvo si es esencial y es de baja intensidad o de espectro muy cálido o encender una pantalla: sería contraproducente y podría desencadenar un insomnio crónico. Vuelve a la cama solo cuando sientas que el sueño se apodera de ti. Este principio, llamado «control de estímulos» (o *stimulus control*), es fundamental para entrenar al cerebro y que asocie la cama tan solo con el descanso nocturno.

El insomnio psicofisiológico es uno de los trastornos del sueño más habituales. Al contrario que los insomnios secundarios, provocados por factores externos (ruidos o luces) o problemas médicos (dolores o apneas), es consecuencia de un círculo vicioso de estrés, ansiedad y malos hábitos relacionado con el sueño. A menudo se manifiesta a través de la hipervigilancia, que puede incluir un aumento de la frecuencia cardiaca, de la temperatura corporal y de las obsesiones mentales, sobre todo, a la hora de acostarse o intentar volver a dormirse. Las personas afectadas desarrollan un condicionamiento negativo: la cama, supuesto lugar de reposo, se convierte en un espacio de frustración, lucha y angustia. Este miedo a no dormir y esta ansiedad por conciliar el sueño alimentan el insomnio.

¿Por qué no hay que intentar «dormir a cualquier precio»?

Uno de los errores más frecuentes de las personas que padecen insomnio es pretender forzar el sueño. Dormir no es una acción voluntaria, es un proceso fisiológico natural cuando tu cuerpo y tu mente están preparados. Intentar dormirte a cualquier precio no hará más que aumentar la activación del modo «estrés» (sistema nervioso simpático, véase pág. 305), que prepara tu cuerpo para la «acción» (frecuencia cardiaca elevada, estado de alerta). Por el contrario, para dormir hace falta activar el sistema parasimpático, el del reposo y la regeneración. Esto exige un planteamiento dulce y paciente, que restablezca un vínculo positivo con el sueño.

Hay muchas técnicas eficaces para superar el insomnio psicofisiológico:

- La terapia cognitivo-conductual para el insomnio (TCC-I): es el primer método elegido para tratar el insomnio psicofisiológico. Ha demostrado su eficacia a largo plazo, superando a los hipnóticos (somníferos) y sin efectos secundarios.[14] Esta terapia se apoya en varios pilares:

- La restricción del tiempo en la cama: una fase inicial limita el tiempo que se pasa en la cama para reconstruir una buena presión del sueño y redescubrir tus necesidades reales. Esta restricción también permite romper el vínculo cama-frustración relacionado con los despertares nocturnos, que no desaparecerán tan pronto. Un error habitual en muchas personas que padecen este tipo de insomnio es intentar dormir mucho por la mañana después de una noche en blanco, hacer siestas en cuanto sea posible o, peor aún, dormirse de noche en el sofá. Todo esto está prohibido.
- La reeducación cognitiva: aprenderás a identificar y a corregir los pensamientos y las conductas negativos que fomentan el insomnio. Por ejemplo, sustituir: «No voy a dormir esta noche y mañana no estaré preparado para esa cita importante» por: «Aunque no haya dormido mucho esta noche, seré capaz de gestionar mi jornada».
- Las técnicas de relajación: se enseña a utilizar herramientas, como la respiración profunda, la relajación muscular progresiva o la meditación para relajar el cuerpo y la mente antes de acostarse.

• Aparte de la TCC-I, existen otras muchas estrategias. Habla con tu médico, él podrá orientarte hacia una clínica especializada para un programa adaptado.

Superar el insomnio psicofisiológico exige tiempo y perseverancia. El sueño es un proceso natural que se restablece de forma progresiva cuando dejas de luchar contra él. Adopta una actitud serena, sigue una rutina amable y consulta a un profesional si es necesario. Puedes volver a construir una relación tranquila con el sueño, noche tras noche.

Mitos sobre el sueño

¿Es cierto que las horas antes de la medianoche cuentan el doble?

Sí y no... Las horas anteriores a la medianoche no cuentan el «doble», pero acostarse en fase con el ritmo de tu reloj biológico permite maximizar el sueño profundo (de ondas lentas), que es más habitual al principio de la noche. Las primeras horas de sueño están dominadas por el sueño profundo. Si todos los días te acuestas a las diez y esa es la hora que te conviene, empezarás tu noche en el momento en el que tu reloj biológico nutre tu sueño profundo con su sinfonía habitual. Vivir en sintonía con tu ritmo maximiza los beneficios de este sueño y eso refuerza la impresión de que esas horas son «más eficaces». Si de manera excepcional te vas a dormir a las seis de la mañana, hora a la que tu reloj biológico estimula el despertar, tu sueño no será óptimo.

¿Y por qué es falso? Para empezar, porque las primeras horas después de conciliar el sueño son ricas en sueño profundo, pero esto es cierto tanto si nos acostamos a las diez como a las dos de la madrugada. El problema es que, si te acuestas tarde, te arriesgas a perderte una parte de esta ventana de sueño profundo. En segundo lugar, si, desde hace años, todos los días te acuestas a la una, irte a dormir a las diez será, sin duda alguna, un fracaso. En otras palabras, ¡vive en sintonía con tu ritmo!

***Night owls* y *early birds*: ¿mito o realidad?**

¡Sí, los cronotipos existen! Estas preferencias son, fundamentalmente, predisposiciones genéticas a estar más activo por la mañana (*early birds*) o por la noche *(night owls*). Podemos descubrir nuestro cronotipo observando en qué momento del día tenemos más energía o a través de diversos test (véase pág. 112). Respetar tu cronotipo mejora la calidad del sueño y el rendimiento cognitivo.

¿Los adolescentes necesitan acostarse más tarde?

¡Cierto! Durante la adolescencia, los ritmos de vigilia y sueño se retrasan de forma natural. La fisiología única de esta etapa de la vida los impulsa a acostarse y a levantarse más tarde. Esto explica por qué las clases a una hora muy temprana pueden alterar su sueño. En un mundo perfecto, las clases tendrían que retrasarse algunas horas.

¿Las personas mayores deben acostarse más temprano?

En general, sí. Con la edad, la amplitud del ritmo circadiano disminuye, lo que puede implicar una necesidad de acostarse antes y levantarse temprano. Sin embargo, es esencial mantener hábitos regulares para favorecer un sueño de calidad.

2. CUANDO EL MODO ESTRÉS DOMINA DURANTE DEMASIADO TIEMPO

Habría podido escribir un libro entero sobre este tema. El estrés es una cuestión compleja. Pero explicar cómo desestresarnos es más fácil de decir que de hacer. Si padeces alteraciones del estado de ánimo, mi mejor consejo es ¡consultar a un profesional! Un terapeuta capacitado y empático podrá acompañarte y ayudarte a poner en práctica técnicas de gestión del estrés, como las que mencionamos aquí. Pero, a pesar de todo, te propongo un último y pequeño viaje al interior de nuestro cuerpo: ¡rumbo al sistema nervioso autónomo!

¿Qué nos dice la ciencia?

El sistema nervioso autónomo (SNA) es la central invisible de tu cuerpo. Actúa entre bastidores para regular todas las funciones esenciales sin que tengas que pensar en ellas, de forma autónoma: el ritmo circadiano, la respiración, la digestión, la temperatura corporal e incluso tus reacciones al estrés. El SNA está compuesto por dos ramas principales: el sistema nervioso simpático (SNS), al que llamaremos, para simplificar, «modo estrés», y el sistema nervioso parasimpático (SNP), al que llamaremos «modo relajación». Estos sistemas no son enemigos, sino más bien colaboradores que trabajan alternándose para mantener tu equilibrio interno, conocido como «homeostasis».

Fight, flight (or freeze): el modo «estrés»

El modo estrés es tu aliado en situaciones de peligro o urgencia. Prepara tu cuerpo para reaccionar rápidamente. A menudo se asocia a la expresión *fight or flight* ('combate o huida') y podríamos añadir *freeze* ('parálisis') porque, a veces, quedarse inmóvil puede ser una estrategia de supervivencia.

Cuando se activa el modo estrés, tu ritmo circadiano se acelera, tu respiración se vuelve más rápida, tus pupilas se dilatan para captar más luz y tus músculos reciben más sangre para permitirte correr, saltar o defenderte. Al mismo tiempo, pone en pausa las funciones «menos urgentes», como la digestión o la reparación celular.

Rest, digest, feed and breed: el modo «reposo»

Por su parte, el SNP es el modo *rest and digest* ('reposo y recuperación') y *feed and breed* ('alimentar y reproducir') y se activa cuando estás tranquilo y seguro.

Ralentiza el ritmo circadiano, facilita la digestión, estimula la secreción salival y la absorción de nutrientes y favorece las funciones esenciales, como la reparación de los tejidos y la fertilidad. Permite a tu cuerpo regenerarse y conservar la energía para afrontar un nuevo día.

¿Por qué el equilibrio es vital?

El equilibrio entre el SNS y el SNP es crucial. Pongamos un ejemplo: la función sexual. El modo estrés es responsable de la excitación inicial —que desencadena el deseo y el aumento de la frecuencia cardiaca—, pero es el modo relajación el que permite las fases siguientes, como la lubrificación o la erección, y una relajación completa después del acto. Si uno de los dos domina al otro, estas funciones pueden verse alteradas. Las personas que padecen estrés crónico experimentan con frecuencia una caída de la libido u otros trastornos de la función sexual.

Otro ejemplo: si me persigue una araña (*no comment*, este estímulo despierta un nivel de alerta muy elevado en mi cerebro), mi modo estrés se encuentra al máximo y me salva literalmente la vida al concederme la energía para huir y pedir ayuda. Pero, después de una carrera febril, en cuanto mi protector me ha liberado de este depredador feroz, el modo relajación debe tomar el relevo para calmar mi ritmo cardiaco y reparar los pequeños daños causados por el esfuerzo intenso. Sin este regreso a la normalidad, mi cuerpo se quedaría bloqueado en el modo estrés.

Si tu SNS está permanentemente activo —algo que suele ocurrir en el estrés crónico—, las consecuencias pueden ser graves. Este tono general del sistema simpático altera el equilibrio global del cuerpo. Entre los efectos se pueden contar:

- Un aumento persistente del ritmo cardiaco, que favorece la hipertensión y los trastornos cardiovasculares.
- Trastornos gastrointestinales, como úlceras, reflujo ácido e incluso dolores crónicos.
- Una alteración de la función inmunitaria, que deja el cuerpo más vulnerable a las infecciones.
- Una reducción de la capacidad de recuperación y de regeneración, con un envejecimiento celular acelerado.
- Una perturbación del sueño, porque el cerebro está en estado de alerta constante.

Además, el estrés crónico relacionado con un dominio del modo «estrés» puede agotar los recursos de tu cerebro en nutrientes esenciales y neurotransmisores, lo que contribuye a trastornos del estado del ánimo y a problemas como la ansiedad o la depresión. El estrés crónico psicológico alimenta el fuego de la inflamación de bajo grado a través de diversos mecanismos perjudiciales para la salud global.

En la práctica

El objetivo no es desconectar el modo estrés, sino facilitar un retorno al equilibrio después de este. Para ello, podemos activar de manera voluntaria el modo relajación gracias a sencillas prácticas:

- Una respiración lenta y profunda: espirar de forma lenta y prolongada activa directamente el modo «reposo». Ahora mismo, inspira 1, 2, 3, 4, bloquea 1, 2, 3, 4 y espira 1, 2, 3, 4, 5, 6, 7, 8. Repítelo entre tres y cinco veces. Esta larga espiración activa el sistema nervioso parasimpático, que ralentiza el ritmo cardiaco y relaja el sistema nervioso simpático, responsable del estrés. Repite este ejercicio entre tres y cinco veces para experimentar una relajación profunda. Personalmente, me encanta la aplicación RespiRelax.
- Actividades relajantes: marcha, meditación, yoga suave, música serena o incluso un buen baño caliente. Realiza una actividad len-ta-men-te. Si te apetece, crea una *playlist*, compra una vela o un aceite esencial, descarga una aplicación de meditación (me gustan las *apps* Calm o Headspace, pero las hay para todos los gustos).
- Momentos de placer: pasar tiempo con tus seres queridos, reír o disfrutar de una comida con conciencia plena también estimula el modo «reposo». Haz una lista de las veinte cosas que te hacen feliz, te sientan bien y a las que puedes acceder fácilmente, que son gratuitas o te puedes permitir.
- La supresión del microestrés: identifica las pequeñas cosas que se añaden a tu estrés cotidiano, como navegar por Instagram,

llegar siempre tarde, esos amigos que no te caen muy bien... Identifícalas y busca soluciones para eliminarlas.

- Hablar, expresarse: después de un estrés importante, comparte lo que sientes. Una relación empática o un contacto afectuoso, como un mimo o una caricia en el hombro por parte de alguien que te comprende, permite estimular el regreso al modo relajación. Por otra parte, se trata de un instinto natural, que nos vincula a los demás gracias a la oxitocina, que algunos llaman la «hormona del abrazo». En cambio, aislarse con el propio sufrimiento solo sirve para empeorar la experiencia.
- La búsqueda de ayuda: sí, porque «Relájate» es el consejo más fácil de dar, pero también el más estúpido, dado que se trata de un tema extremadamente complejo. Buscar ayuda: podría escribir todo un libro sobre este tema, pero he decidido tocar diversos aspectos del estilo de vida, así que seré breve respecto a las diferentes estrategias de gestión del estrés ya mencionadas (*journaling*, pág. 138; meditación, pág. 144; respiración, pág. 307). La actividad física es un excelente ansiolítico, el sueño cura las heridas, alimentar bien el cerebro mejora el estado de ánimo y la resiliencia y también es útil cultivar las relaciones sociales.

CONCLUSIÓN

El ejercicio de escribir un libro que pueda dejar una huella positiva en este mundo ha sido uno de mis sueños de infancia. Espero que te haya convencido del poder de tu estilo de vida y te haya ofrecido una multitud de claves para transformar tu salud física, mental y cognitiva.

Si quieres seguir aprendiendo a optimizar tu salud, puedes seguirme en las redes sociales: @TheBrainGutScientist. En mi página web, <feedyourbrain.io>, encontrarás todos los enlaces a los códigos QR presentes en el libro, muchas recetas y otros muchos conocimientos sobre el impacto de tu estilo de vida en tu salud.

Quiero conocer tus opiniones y el efecto que este libro ha tenido en su vida y agradezco a todos los que lo han hecho ya, especialmente en Instagram.

AGRADECIMIENTOS

Desde el fondo de mi corazón, gracias a Olivia Maschio Esposito, mi editora, sin la que este libro no habría sido posible. Su inmenso trabajo ha permitido transformar mis conocimientos y hacerlos prácticos y accesibles a todas y a todos. Gracias, Olivia, por tu amabilidad y tu dulzura y, sobre todo por creer en mí.

Gracias a las muchas mujeres que me sostienen, en especial en Ediciones Marabout y en otros lugares.

Gracias a Ariane Geffard, mi agente, que me «descubrió» y me animó a escribir este libro. Gracias, Ariane, por transmitir tu llama. A tu lado nada es imposible.

Doy las gracias a los muchos médicos e investigadores que han aceptado releer esta obra. Un agradecimiento especial a los revisores y revisoras más rigurosos por sus comentarios y apasionantes debates: Rivka de Paz, doctora en farmacia, especializada en medicina funcional (síguela en redes: @rivkadepaz_pharmd); la doctora Pauline Guillouche, médica gastroenteróloga especializada en enfermedades hepáticas (síguela en redes: @pauline.hepato); Nawale Hadouri, médica en medicina física y rehabilitación neurológica y doctora en ciencias (síguela en redes: @Dr_Nawell2.0), y el doctor Grégoire del Marmol, médico cardiólogo en medicina intensiva y reanimación.

Gracias a todos los colegas que me han brindado su apoyo, que han alimentado mi pasión y que afinado mi rigor científico. Desde los más recientes a los más antiguos: la profesora Karine Clément; las doctoras Tiphaine Le Roy, Solia Adriouch y Rohia Alili; los doctores Pierre Bel Lassen y Eugeni Belda, así como los profesores Gabriel Perlemuter, Michael Duchen, Thomas Blacker, Rob Markus, Philippe Peigneux y S. Simor, el doctor Olivier Coudron, la doctora Lamia Guettat, el profesor Bernard Hesbois..., hasta llegar a las profesoras Garnier y Lebegue, mis profesoras de ciencias, con quienes compartí la primera chispa de esta pasión.

Os agradezco a vosotros, lectores, por tener este libro en vuestras manos; formáis parte de mi misión. Espero que, a su vez, podáis transmitirlo a quienes os rodean. También doy las gracias a todos aquellos que me siguen, me apoyan y me animan, aquellas y aquellos que me escriben para contarme su historia y su transformación, sobre todo en Instagram.

Y, como el amor es el alimento más bello para el cerebro, quiero dar las gracias a mis tres hermanas y a mis padres. Gracias a vuestro amor incondicional, todo es posible. Necesitaría un documento tan largo como este libro para agradeceros el haberme traído hasta aquí. Sois el pilar inquebrantable de todos mis éxitos, de mis alegrías y de las hermosas relaciones tejidas a lo largo de mi vida.

Doy las gracias al amor de mi vida, que me hace creer que soy capaz de todo, lo que me permite realizar mis sueños más profundos. Es el hombre en la sombra, mi escudo, mi estratega y mi mayor apoyo. Gracias, Matthieu, tu amor me da alas.

NOTAS

Prólogo

1. Fadnes *et al.*, 2023; Fadnes *et al.*, 2022.
2. Jacka *et al.*, 2017; Dauwan *et al.*, 2019; Staudacher *et al.*, 2024 a y b; Leppamaki *et al.*, 2002; Li *et al.*, 2022; Schuch *et al.*, 2018; Scott *et al.*, 2021; Sarris *et al.*, 2015; Parlera *et al.*, 2019; Francis *et al.*, 2019; Bayes *et al.*, 2022; Aucoin *et al.*, 2021; Malmir *et al.*, 2023; Noetel *et al.*, 2024.
3. Smith *et al.*, 2010; Martínez-Lapiscina *et al.*, 2013; Wei *et al.*, 2023; Mavros *et al.*, 2016; Valls-Pedret *et al.*, 2015; Ngandu *et al.*, 2015; Nucci *et al.*, 2024; Iso-Markku *et al.*, 2022; López-Ortiz *et al.*, 2021; Zhang *et al.*, 2022.
4. Morris *et al.*, 2015 a y b; Neuffer *et al.*, 2024; Livingston *et al.*, 2020; Deckers *et al.*, 2014.
5. OMS, «Les 10 principales causes de mortalité», 2020; IHME, «Global Burden of Diseases Study», 2021.
6. Finkelstein *et al.*, 2012.

Por qué este libro

1. Matteson, 2015.

Parte 1. Cómo nos enferma nuestro estilo de vida

1. Nuestro estilo de vida favorece el aumento de grasa y la pérdida de masa muscular
2. Odoxa y ObÉpi-Roche, «Enquête épidémiologique nationale sur le surpoids et l'obesité pour la Ligue contre l'obésité», s. f.
3. Finkelstein *et al.*, 2012; Ritchie y Roser, 2017.
4. Estadísticas procedentes de los últimos estudios de salud pública a escala mundial, realizados entre 2016 y 2021.
5. Institute for Health Metrics and Evaluation, «Risk factors driving the global burden of disease».
6. Hu *et al.*, 2001.
7. Volpi *et al.*, 2010; Divaris *et al.*, 2023.
8. Speakman *et al.*, 2023.
9. Trexler *et al.*, 2014; Pontzer *et al.*, 2021.
10. Mavros *et al.*, 2017.
11. Mollinedo-Cardalda *et al.*, 2021; Wipfli *et al.*, 2011; J. Smits *et al.*, 2008.
12. Blundell *et al.*, 2023; Blundell *et al.*, 2015; Blundell *et al.*, 2003.
13. Stunkart *et al.*, 1990; Willyard *et al.*, 2014; Malik *et al.*, 2013; Mutch y Clément, 2006; Elks *et al.*, 2012. «La forma más frecuente de obesidad genética supone un porcentaje muy bajo de la obesidad y representa solo de un 2 a un 3 % de la obesidad infantil y adulta» (en Steinbach *et al.*, 2024).
14. Basolo *et al.*, 2020; Lund *et al.*, 2020.
15. Kordahi *et al.*, 2023; Chassaing *et al.*, 2017; Chassaing *et al.*, 2015.
16. Monteiro-Sepulveda *et al.*, 2015.
17. Pontzer *et al.*, 2021; Trexler *et al.*, 2014; Speakerman *et al.*, 2023.
18. Y otros que no detallaré aquí (Dulloo *et al.*, 2012; Rosenbaum *et al.*, 2008; Rosenbaum y Leibel, 2010).
19. Rosenbaum *et al.*, 2010.
20. Lowe *et al.*, 2013; MacLean *et al.*, 2011.
21. Dulloo, 2021; Rosenbaum y Leibel, 2010; Hinte *et al.*, 2024.
22. Jacquet *et al.*, 2020; Mackie *et al.*, 2017.
23. Trexler *et al.*, 2014; Zibellini *et al.*, 2016.
24. Rhee, 2017; Rzehak *et al.*, 2007; Villareal *et al.*, 2016; Williams *et al.*, 2015.
25. Willyard *et al.*, 2014; Hinte *et al.*, 2024.

Nuestro estilo de vida altera la salud de nuestro intestino y su microbioma

1. Zamani *et al.*, 2019.
2. Ford *et al.*, 2023.
3. Yao *et al.*, 2023; Yuan *et al.*, 2024.
4. Fernandes Costa *et al.*, 2021; Liu *et al.*, 2024; Song *et al.*, 2024.
5. Barford, 2013.
6. Ridaura *et al.*, 2014.
7. Brunault *et al.*, 2015; Lluch *et al.*, 1996.
8. Moris, 2022.
9. Oswald *et al.*, 2011.
10. Avena *et al.*, 2008; Ifland *et al.*, 2009.
11. Brunault *et al.*, 2014.
12. Brunault *et al.*, 2020.
13. Le Roy y Clément, 2022; Frank *et al.*, 2008; WHO, 2023; Fagherazzi *et al.*, 2013; Suez *et al.*, 2014, 2022.
14. Schulte *et al.*, 2015.
15. Anthony Fardet es un investigador francés que te invito a seguir por sus contenidos sobre esta materia. Este recuadro ha sido redactado a partir de algunas de sus publicaciones científicas (Fardet, 2017, 201, 2014); Louzada *et al.*, 2015; Monteiro *et al.*, 2019.
16. Barbasi *et al.*, 2020.
17. Clasificación de alimentos y definiciones extraídas del artículo de Monteiro *et al.*, 2019.

Nuestro estilo de vida influye en nuestro estado de ánimo y en nuestros comportamientos

1. INSERM; OMS; Global Burden of Diseases.
2. Arteaga-Henríquez *et al.*, 2019; Saghafian *et al.*, 2018; Matison *et al.*, 2024; Liu *et al.*, 2016; Gamage *et al.*, 2023; Tayab *et al.*, 2022; Alizadeh *et al.*, 2024; Su *et al.*, 2024; Kontogianni *et al.*, 2020; Bayes *et al.*, 2020; Devore *et al.*, 2012.
3. Zong *et al.*, 2024; Correia *et al.*, 2022.
4. Jacka *et al.*, 2013.
5. Layé *et al.*, 2017, 2018, 2020...
6. Young *et al.*; Bell *et al.*, 2001; Smith *et al.*, 1999; Bruce *et al.*, 2009; Kaye *et al.*, 2000.

7. Reynolds, 2013; Papakostas *et al.*, 2012; Altaf *et al.*, 2021; Liwinski y Lang, 2023; Martone *et al.*, 2018.
8. Jacka *et al.*, 2017.

Nuestro estilo de vida influye en nuestras capacidades intelectuales y su declive

1. INSERM, OMS, Li *et al.*, 2022; Nichols *et al.*, 2022; Global Burden of Disease Study, 2019.
2. Aamira *et al.*, 2019.
3. Global Burden of Disease Study, 2019.
4. Livingston *et al.*, 2020; Neuffer *et al.*, 2024.
5. Morris *et al.*, 2015 a y b.
6. Smith *et al.*, 2010; Martínez-Lapiscina *et al.*, 2013.
7. Devore *et al.*, 2012.
8. Kivipelto *et al.*, 2015; Mavros *et al.*, 2017.
9. Stern, 2012; Almeida *et al.*, 2015.
10. Deckers *et al.*, 2021; Schiepers *et al.*, 2017; Neuffer *et al.*, 2024; Livingston *et al.*, 2020.

Parte 2: Tu protocolo de vida en 10 etapas

Etapa 1: Sincroniza tu reloj interno nada más despertar

1. Lawrence *et al.*, 2012; Fadda *et al.*, 2012; Young *et al.*, 2019.
2. Ide *et al.*, 2016; Asher *et al.*, 2022.
3. Molnár *et al.*, 2010.
4. Seasonal Affective Disorder (National Institute of Health).
5. Rosenthal *et al.*, 1984.
6. Levitan *et al.*, 2007.
7. Eagles, 2004.
8. Levitan *et al.*, 2007.
9. Molnár *et al.*, 2010.
10. Maruani *et al.*, 2019; Ruhrmann *et al.*, 1998; Martensson *et al.*, 2015; Levitan *et al.*, 2007.
11. Buijze *et al.*, 2016; Van Middendorp *et al.*, 2016.
12. Huo *et al.*, 2022; Tabei *et al.*, 2023; Pérez *et al.*, 2022; Ravussin *et al.*, 2012; Riera, 2024.
13. Kox *et al.*, 2013; Van Middendorp *et al.*, 2015.

Etapa 2: Ejercita tu cuerpo y entrena tu cerebro en el optimismo y el buen ánimo

1. Organización Mundial de la Salud.
2. Mollinedo-Cardalda *et al.*, 2021; Wipfli *et al.*, 2011; J. Smits *et al.*, 2008; Lee *et al.*, 2022; Zhao *et al.*, 2020; De Sá Leitão *et al.*, 2025; Erickson *et al.*, 2011.
3. Mavros *et al.*, 2017; De Sá Leitão *et al.*, 2025.
4. Organización Mundial de la Salud Mental.
5. Lee *et al.*, 2022.
6. Zhu *et al.*, 2019; Pabbidi *et al.*, 2018; Appelman *et al.*, 2015.
7. Pontzer *et al.*, 2021; Trexler *et al.*, 2022; Speakman *et al.*, 2023.
8. Cunha *et al.*, 2019; Tolcher *et al.*, 2022 y 2024; Lorenz *et al.*, 2022; O'Connell *et al.*, 2017 y 2018; O'Leary *et al.*, 2015; Condon *et al.*, 2023; Tan *et al.*, 2021; Smyth *et al.*, 2018; Heekerens *et al.*, 2022; Nawa *et al.*, 2021.
9. Sara W. Lazar *et al.*, 2005.
10. Britta K. Hölzel *et al.*, 2011.
11. Hoge *et al.*, 2023.

Etapa 3: Optimiza tu consumo de café o té

1. Poole *et al.*, 2017; Grosso *et al.*, 2016; Santos *et al.*, 2010; Marventano *et al.*, 2016; Lee *et al.*, 2019; McLellan *et al.*, 2016.
2. Granfors *et al.*, 2005; Balogh *et al.*, 1995; Abernethy y Todd, 1985; Patwardhan *et al.*, 1980; Rietveld *et al.*, 1984.
3. Granfors *et al.*, 2005.
4. McLellan *et al.*, 2016.
5. Gardiner *et al.*, 2023.

Etapa 4: Toma tu primera comida después de haber ayunado un mínimo de doce o incluso catorce horas

1. Ezpeleta *et al.*, 2024.
2. Fulton *et al.*, 2022.
3. Lin *et al.*, 2023; Ezpeleta *et al.*, 2024.
4. C. J. Morris *et al.*, 2015; Qian y Scheer, 2016.
5. Deloose *et al.*, 2012.
6. Angoorani *et al.*, 2021; Frank *et al.*, 2021.

7. Mattson *et al.*, 2014.
8. Mattson *et al.*, 2018.
9. De Cabo y Mattson, 2019; Mattson *et al.*, 2018.

Etapa 5: Prepara un primer plato rico en proteínas, fibra y grasas buenas

1. Messier *et al.*, 2004; Pasman *et al.*, Strang *et al.*, 2017.
2. Edefonti *et al.*, 2014; Spring *et al.*, 1982; Wurtman *et al.*, 2003; Wurtman y Fernstrom, 1975.
3. Attuquayefio *et al.*, 2017.
4. Strang *et al.*, 2017. *Impact of nutrition on social decision making*.
5. Westerterp-Plantenga *et al.*, 2009b; Gosby *et al.*, 2011; Leidy *et al.*, 2013.
6. Westerterp-Plantenga *et al.*, 2009.
7. Pontzer *et al.*, 2021; Trexler *et al.*, 2014.
8. Moris, 2022; Westerterp-Plantenga *et al.*, 2003; Morell y Fiszman, 2017; Douglas *et al.*, 2008; Batterham *et al.*, 2006; Belza *et al.*, 2013; Smeets *et al.*, 2008; Lejeune *et al.*, 2006.
9. Tappy, 1996; Trexler *et al.*, 2014.
10. Tagawa *et al.*, 2020; Nunes *et al.*, 2022.
11. Morton *et al.*, 2018.
12. Katz *et al.*, 2019.
13. Willett *et al.*, 2019; Jacka *et al.*, 2017; Morris *et al.*, 2015; Berding *et al.*, 2021; Fadnes *et al.*, 2022; aHEI; DASH; ModiMed.
14. Stubbendorff *et al.*, 2022; Willett *et al.*, 2019.
15. Dobersek *et al.*, 2023; Jacka *et al.*, 2012.
16. Young, 2022.
17. Li *et al.*, 2014; Mozaffarian *et al.*, 2011; Smith *et al.*, 2015.
18. Aller *et al.*, 2004; Hull *et al.*, 2020; Du *et al.*, 2010; Silva *et al.*, 2013; Chandalia *et al.*, 2000; Reynolds *et al.*, 2019; Kim y Je, 2014; Liu *et al.*, 2015; Sitzman, 2005; Soliman, 2019; Anderson *et al.*, 2009; Reynolds, Akerman y Mann, 2020.
19. Reynolds *et al.*, 2019.
20. Reynolds, Akerman y Mann, 2020.
21. Sitzman, 2005; Soliman, 2019; Anderson *et al.*, 2009.
22. Stamataki *et al.*, 2017; Muir *et al.*, 2019.
23. Schwartz *et al.*, 2017.
24. Ascherio *et al.*, 1996; Hu *et al.*, 1997.
25. «Acides gras trans» (WHO); ANSES.

26. *Risques et bénéfices pour la santé des acides gras trans apportés par les aliments.*
27. Mozaffarian y Rimm, 2006.

Etapa 6: ¡Varía, colorea y combina!

1. Segata *et al.*, 2015; Yatsunenko *et al.*, 2012; De Filippo *et al.*, 2010; Martínez *et al.*, 2015; Clemente *et al.*, 2015; Sonnenburg *et al.*, 2019.
2. McDonald *et al.*, 2018.
3. Makkapati *et al.*, 2018.
4. MIND, DASH, aHEI, EAT LANCET, ModiMed, etc.
5. Morris *et al.*, 2015.
6. Zhang *et al.*, 2017.
7. Oh *et al.*, 2022.
8. Oh *et al.*, 2020.
9. Wastyk *et al.*, 2021.
10. Zhao *et al.*, 2024; Liang *et al.*, 2024; Hynes *et al.*, 2013; Levie *et al.*, 2019; Zimmerman, 2013.
11. Lee *et al.*, 2017; Razzak *et al.*, 2023.
12. Wang *et al.*, 2019; Ogulur *et al.*, 2023; Whelan *et al.*, 2024; Tanzer *et al.*, 2022; Brennan *et al.*, 2021.

Etapa 7: Gestiona los bajones y los antojos de la tarde

1. Leidy *et al.*, 2013.
2. Rosenthal *et al.*, 1984; Spring *et al.*, 1991; Wurtman *et al.*, 1981; Lieberman *et al.*, 1986; Sayegh *et al.*, 1995.
3. Zuraikat *et al.*, 2021.
4. Lane *et al.*, 2024.

Etapa 8: Aliméntate intelectual, social y emocionalmente

1. Almeida-Meza *et al.*, 2022.
2. Perry *et al.*, 2021.
3. Snowdon *et al.*, 2003; Snowdon *et al.*, 2001.
4. Scarmeas *et al.*, 2011.
5. Mitterová *et al.*, 2021; Kattenstroth *et al.*, 2013.
6. Mitterová y Kristina, 2021; Kattenstroth *et al.*, 2010.

7. Morris *et al.*, 2015 a, b.
8. Cherian *et al.*, 2019; Kivipelto *et al.*, 2005; Saczynski *et al.*, 2008; Solfrizzi *et al.*, 2017; Tangney, 2014.

Etapa 9: Una cena fundamentalmente vegetariana y no comer nada dos horas antes de acostarte

1. Zuraikat *et al.*, 2022; Lin *et al.*, 2020; Zhu *et al.*, 2019; Chen *et al.*, 2008.
2. Spring *et al.*, 1982; Wurtman *et al.*, 2003; Wurtman y Fernstrom, 1975; Zurakait *et al.*, 2021.
3. Bell *et al.*, 2001; Lam *et al.*, 1996; Smith *et al.*, 1999; Wurtman, 1982; Young *et al.*, 1985.
4. Bruce *et al.*, 2009; Kaye *et al.*, 2000; Smith *et al.*, 1999.
5. Fernstrom *et al.*, 1973; Kroes *et al.*, 2014; Leathwood, 1988; Rosenthal *et al.*, 1989; Wolfe *et al.*, 2000.
6. Markus, 2008.
7. Yasuda *et al.*, 2023; Gu *et al.*, 2020; Dashti *et al.*, 2020; Zero-Rugerio *et al.*, 2020; Chung *et al.*, 2020; Gu *et al.*, 2019.
8. López-Mínguez *et al.*, 2017; Gu *et al.*, 2019; Gu *et al.*, 2020.
9. Leung *et al.*, 2021.
10. Van der Merwe *et al.*, 2022; Sakthivel *et al.*, 2023.
11. Zurakait *et al.*, 2021.
12. Mursu *et al.*, 2011; Albanes *et al.*, 1996.
13. *Science & Santé*, «Compléments alimentaires: démêler le vrai du faux», n.° 23, 2018.
14. Gilard *et al.*, 2014; Balayssac *et al.*, 2012; Vaysse *et al.*, 2010.
15. *Science & Santé*, «Compléments alimentaires: démêler le vrai du faux», n.° 23, 2018.
16. Mozaffarian y Rimm, 2006.
17. Kris-Etherton *et al.*, 2002; Van de Werf *et al.*, 2003.
18. «GISSI-Prevenzione Investigators», *The Lancet*, 1999; Mozaffarian y Rimm, 2006.
19. Daien *et al.*, 2022.

Etapa 10: Optimiza tu rutina de la noche y controla tu estrés

1. Knutson *et al.*, 2017; Liu *et al.*, 2016; Kocevska *et al.*, 2020; Cao *et al.*, 2017; Jahrami *et al.*, 2019.

2. Knutson *et al.*, 2017; Liu *et al.*, 2016; Cao *et al.*, 2017; Jahrami *et al.*, 2019; Haitam *et al.*, 2019; Zhang *et al.*, 2019.
3. Zhu *et al.*, 2017; Zhu *et al.*, 2019; Zhurakait *et al.*, 2022; Capers *et al.*, 2015; Fenton *et al.*, 2020; Khatib *et al.*, 2017; Lin *et al.*, 2020; Chen *et al.*, 2008; Lee *et al.*, 2017.
4. Bubu *et al.*, 2017, *Sleep Med Revs*; Macedo *et al.*, 2017.
5. Minakawa *et al.*, 2019; Lucy *et al.*, 2020.
6. Bubu *et al.*, 2020, *Sleep Med Revs*.
7. Macedo *et al.*, 2017.
8. Macedo *et al.*, 2017; Wang *et al.*, 2019.
9. Joan *et al.*, 2015; Polasek *et al.*, 2023; Qunyan *et al.*, 2014; Kalmbach *et al.*, 2019; Cheng *et al.*, 2021; Baker *et al.*, 2017.
10. Ohayon *et al.*, 2004; Sella *et al.*, 2021; Evans *et al.*, 2021; Rosario *et al.*, 2020; Gui *et al.*, 2017.
11. Joan *et al.*, 2015; Polasek *et al.*, 2023; Qunyan *et al.*, 2014; Kalmbach *et al.*, 2019; Cheng *et al.*, 2021; Baker *et al.*, 2017.
12. Koebele *et al.*, 2021; Tang *et al.*, 2006.
13. «The Two-Process Model of Sleep Regulation»: Borbély *et al.*, 2016; Borbély *et al.*, 2022; Achermann *et al.*, 2004.
14. Trauer *et al.*, 2015; Zweerde *et al.*, 2019.